Future

Future

查爾斯·惠倫 CHARLES WHEELAN 著　許可欣 譯

NAKED ECONOMICS

把經濟學剝光光

從生活小事中搞懂世界運作邏輯

UNDRESSING THE DISMAL SCIENCE

惠倫有種「反向點石成金」的神奇之處，

如果他碰到黃金，可以為它賦予生命。

——摘自前言，柏頓・墨基爾（Burton G. Malkiel）

目錄

CONTENTS

各界讚譽 …… 6
前言　這是一本我自己也想要寫的書／柏頓．墨基爾 …… 8
序 …… 16
致謝 …… 27
第一章　市場的力量：巴黎是誰養活的？ …… 31
第二章　誘因很重要：為什麼割掉鼻子可以保住臉（如果你是黑犀牛） …… 65
第三章　政府和經濟：政府是你的朋友（為所有律師鼓掌） …… 95
第四章　政府和經濟II：軍方很幸運以五百美元買到那把螺絲起子 …… 127

第五章 資訊經濟學：麥當勞並未創造出更好的漢堡 …… 157
第六章 生產力與人力資本：為什麼比爾．蓋茨比你有錢？ …… 187
第七章 金融市場：經濟學能告訴我們如何快速致富（以及減肥！） …… 215
第八章 組織利益的力量：經濟學如何解釋政治 …… 249
第九章 計分：我的經濟規模比你的大嗎？ …… 269
第十章 聯邦準備制度：為何你口袋裡的紙鈔價值超過一張紙 …… 301
第十一章 國際經濟：像冰島這麼好的國家怎麼會破產？ …… 333
第十二章 貿易和全球化：亞洲血汗工廠的好消息 …… 367
第十三章 發展經濟：國家的富有與貧窮 …… 399
後記 生活在二〇五〇年的八個問題 …… 428
註釋 …… 441

各界讚譽

「我向所有想要輕鬆愉快地理解基本經濟學的人推薦這本書。」

——蓋瑞・貝克（Gary Becker），一九九二年諾貝爾經濟學獎得主

「我一口氣讀完了《把經濟學剝光光》。終於有位經濟學家講的是我聽得懂的語言！終於，我不僅理解了那些我過去不懂裝懂的縮寫，還弄清楚了它們所代表的機構與概念如何影響——且確實影響——我的生活。查爾斯・惠倫，太棒了！你完成了一件幾乎不可能的事：讓經濟學變得有趣、易懂，甚至讓人笑出聲來。」

——黛博拉・柯派肯・科根（Deborah Copaken Kogan），《快門女孩：愛與戰爭的冒險》（*Shutterbabe: Adventures in Love and War*）作者

「從簡單的供需原理到令人望而生畏的貨幣政策，本書成功用一種居然讓人感到有趣的方式，解釋了我們的全球經濟。」

——《*The Book magazine*》

「將專業經濟學家晦澀難懂的術語，轉化為一般讀者能夠理解的語言，讓那些好奇但感到挫折的讀者受益……清晰、簡潔、資訊豐富，且充滿機智。」

——《芝加哥論壇報》（*Chicago Tribune*）

「只需幾堂簡單的課程……惠倫就能教會最沒有經濟學基礎的讀者，也能像經濟學家一樣思考。」

——《柯克斯書評》（*Kirkus Review*）

前言 FOREWORD

這是一本我自己也想要寫的書

柏頓・墨基爾

人們普遍認為，蘇格蘭人湯瑪斯・卡萊爾（Thomas Carlyle）在一百多年前將經濟學稱為「黯淡的科學」，是因為它看起來枯燥乏味、不清不楚，充滿了「一方面、另一方面」（One hand, on the other hand）的模稜兩可。事實上，據說美國總統哈利・杜魯門（Harry Truman）曾表示希望能有「獨臂經濟學家」，能果斷避免歧義。然而，卡萊爾的原意截然不同：他想提醒我們，稀缺性無處不在——我們必須在不同的需求間做出選擇，在今天的滿足或未來的享受間衡量，在衝突的價值與目標間取捨。最重要的是，這位嚴肅的蘇格蘭人強調每件事都有其成本，一切生產皆需付出努力與犧牲。

當然，許多人的確認為經濟學和經濟學家是黯淡的，也就是說，極為沉悶。根據某個說法：「經濟學家是擅長數字但缺乏會計師特質的人。」經濟學家形象的失色，很大程度是因為他們傾向晦澀的寫作風格、使用難以理解的圖表、過度依賴數學，而且，他們經常不願承認自己所不知道的事。

為什麼經濟學成為這麼多笑話的題材，為什麼學生面對經濟學時往往會目光呆滯？我認為，原因在於經濟學家普遍文筆欠佳，且多數經濟學教材過度依賴代數演算和複雜的圖表。此外，少有經濟學家能夠傳達經濟分析的巨大魅力，也無法展現其與日常生活的相關性——不過，查爾斯・惠倫改變了一切。惠倫有著「反向點石成金」之術，他不是把沒用的物質變黃金，如果他碰到黃金，可以為它賦予生命。

這真的是一本很獨特的書，書中沒有方程式、沒有晦澀的術語，也沒有難以理解的圖表。儘管方程式和圖表是經濟學許多觀念背後的基礎，惠倫卻能提煉經濟學的精髓，並簡化為淺顯易懂的語言。他證明了「清晰的經濟學家」不是矛盾的存在。

在本書中，我們會看到許多對經濟學家的批評，其實並不公平。經濟分析是一門艱難且複雜的學科，在許多情況下，它的複雜程度甚至遠超自然科學中的分析。物理學能優雅地解釋一些簡單的封閉系統，例如行星圍繞太陽運行或電子繞原子運轉。然而，即使是自然科學，在理解自然現象時也常感到棘手，天氣預測就是一個例子。儘管有複雜的衛星觀測和精密的氣象預測模型，氣象學家仍常無法改善一些極其簡單的預測模型，例如「明天的天氣會和今天完全相同」。的確，這種慣性模型無法預測所有轉折點，但整體準確度卻相當不錯。而當自然科學預測者被要求對諸如全球暖化等議題進行長期預測時，他們的預測範圍之廣，反而讓經濟預測顯得相對精確。

經濟學比自然科學更困難，因為我們通常無法進行受控的實驗室試驗，也因為人們的行為總是難以預測。即便嶄新的行為經濟學分支結合了心理學家和經濟學家的見解，吸引了相當多的關注，但我們仍無法精準預測個體行為。然而，雖然我們難以理解一切，並不代表我們一無所知。我們知道個體行為會受到誘因的強烈影響，我們知道存在許多邏輯上的規律，我們的知識也在穩步累積，我們還知道每次販售都伴隨著消費，而且鮮少忽略顯而易見的獲利機會——這正是我們證券市場高度效率理論背後的基本觀念。

儘管經濟學可能不太準確，但它會直接影響我們的生活，且在政策制定中扮演至關重要的角色。政府經濟學家的職責早已包括了影響政府各個部門、推動經濟成長和高就業率，同時避免通貨膨脹。還記得比爾・柯林頓（Bill Clinton）在一九九二年選舉中最成功的競選口號嗎？「笨蛋，關鍵是經濟！」（It's the economy, stupid!）推動競爭、抑制壟斷（司法部）、限制污染（環保署）和提供醫療服務（衛生及公共服務部）是不同政府部門的重要活動，而這些活動中經濟扮演的角色至關重要。事實上，很難想像政府政治決策，無論是社會、稅收與支出、外交、農業或國安議題不會影響經濟。而無論政治家多麼質疑經濟學家解決這些問題的能力，仍不能忽視經濟學家的建議。正如約翰．梅納德．凱因斯（John Maynard Keynes）曾寫道：「實證派人士自認不受任何思想影響，可是他們通常是某位已故經濟學家的奴隸。掌權的瘋子憑空狂想，這瘋狂念頭卻是來自若干年前的某位學術狂人。」

經濟學家的影響力在商界和金融界也日益普遍。前富達麥哲倫互助基金（Fidelity's Magellan mutual fund）的經理彼得．林區（Peter Lynch）曾表示，如果你花十四分鐘和一位經濟學家交談，那你可能浪費了十二分鐘。諷刺的是，專業互助基金經理的投資績效，經常基於金融經濟學家所發展的技術進行評估。此外，經濟學家還影響無數商業決策，他們為各種公司預測產品需求，例如通用汽車（General Motors）和寶僑公司（Procter & Gamble.）；他們大量受僱於從事戰略規畫和庫存管理等業務的顧問公司；也透過分析預期收益和風險間的權衡，幫助投資公司設計證券投資組合；為公司財務長提供關於股利政策和債務對公司普通股價格影響的建議。在金融市場上，主要期權交易所的交易員使用手持電腦，內建的經濟學模型能告訴他們該以何種價格買賣期權。事實上，經濟分析對投資者、生產者及政府政策制定者而言，極具實用價值。

一般消費者也會發現，經濟學能解答日常生活中令人困惑的問題。為什麼個人購買健康保險這麼困難？為什麼我們在高速公路上會想停下來買麥當勞，即使其他餐廳可能有更好吃的漢堡？為什麼這麼多人申請「名校」，即使其他學校可以用低得多的學費提供同等優質的教育？你是否曾好奇，像「逆向選擇」、「公共財」和「囚徒困境」這些常見術語，和日常生活有什麼關係？這些都是這本趣味橫生的書所探討的主題。

人們常說，如果你問十位經濟學家同一個問題，會得到十個不同的答案。但我敢打賭，如果你問十位經濟學家，為什麼紐約市的計程車和公寓供應短缺，他們十有八九會回答：限制計程車營運牌照的數量和租金管制是限制這些商品和服務供應的主因。事實上，經濟學家在某些領域幾乎達成一致意見，他們壓倒性地認為，自由的國際貿易能改善貿易國家的生活水準，而關稅和進口配額則會降低整體福利。經濟學家普遍同意，租金管制會減少住房的數量和品質，他們也幾乎一致預測，二〇〇一年九一一的恐怖悲劇將會導致經濟活動的萎縮。根據我在政府中的經驗，經濟學家之間的分歧（無論是保守派共和黨人，還是自由派民主黨人）遠小於經濟學家與其他學科專家的分歧。持相反政治觀點的經濟學家在大多數議題上都能達成共識，而多數跨黨派的經濟學家，很可能會團結起來站在跨黨派政治家聯盟的對立面。

我相信，原因在於經濟學家有種獨特看待世界和解決問題的方式。像經濟學家一樣思考，涉及一連串的演繹推理，並結合像供需這樣的簡化模型。它需要在各種限制條件下辨識取捨，並以放棄另一選擇所帶來的利益來衡量一個選擇的成本。經濟學追求效率，即在有限資源中取得最大利益，它採用邊際或增量的分析方式，探討付出額外成本能帶來多少額外的利益。它承認資源有多種用途，並且可以透過不同資源的替代來達成預期結果。最後，經濟學家傾向於認為，讓個人自主選擇可以提升福祉，並主張市場競爭能反映個體選擇，是非常有效的機制。儘管所有經濟問題都涉及規範性議題（即對於「應該如何」的看法），經濟學家的思維則是著重分析方法，通常將「價值」議題抽象化，或至少放在次要位置。

這本書可謂是一顆寶石，內容平衡且極具全面性。它認識到自由市場在改善我們生活的優勢，並解釋了為何中央集權控制經濟最終無法提升公民的生活水準。與此同時，它也承認政府在創造法律框架以促成市場運作及提供公共財方面的關鍵作用。此外，當自由市場帶來不良外部性，例如環境污染，或無法生產某些公民所需的商品時，政府在糾正這些情況的角色也不容忽視。

你是否曾經好奇，為什麼生產安哥拉羊毛的農民數十年來都能獲得聯邦政府的補助？惠倫從政府與經濟的視角解釋了如何導致這些結果。你真的了解為什麼班・柏南奇（Ben Bernanke）常被稱為美國第二有權勢的人嗎？惠倫揭開了貨幣政策對經濟活動的影響。你是否曾覺得看不懂電影《你整我，我整你》（*Trading Places*，美國喜劇電影）最後一幕，那些壞人為何會在商品期貨市場中被消滅？惠倫讓供需理論變得清晰易懂。

你是否曾懷疑那些抗議全球化的人有沒有道理，減少經濟整合真的能讓已開發國家或開發中國家過得更好？惠倫將這些問題解釋得一清二楚。你在報紙上讀到當前經濟問題的爭論時，是否經常對五花八門的對立意見感覺眼花撩亂又令人沮喪？惠倫剖析了術語、穿透政治，清楚呈現本質問題。在此過程中，他成功地將「黯淡的科學」轉變為充滿活力的學科，把經濟學和政治學生動地編織進國家論述和政策的結構之中。

惠倫創作了一本讀來愉悅且易懂的經濟學指南。透過提煉經濟學的基本要素，他讓讀者成為更有見識的公民，能更好地理解當今主要經濟議題。他展示了經濟學可以在沒有圖表、表格和方程式的情況下進行解釋，並證明經濟分析也可以非常有趣。這本書可以作為大學和高中經濟學基礎課程的有益補充讀物，更重要的是，它本身就可作為經濟學領域的入門書，能改變那些曾將經濟學視為枯燥乏味學科的看法。我常考慮自己撰寫一本經濟學基礎入門書，但總是被其他計畫打斷。如果我真寫了，那麼這就是我想要寫的書。

柏頓・墨基爾
紐澤西州，普林斯頓
二〇一〇年一月

（本文作者為普林斯頓大學經濟學系化學銀行講座退休教授，
《漫步華爾街》（*A Random Walk Down Wall Street*）、
《投資的奧義》（*The Elements of Investing*）作者）

序

PREFACE

這個場景似曾相識。在一所大型美國大學，一名研究生站在宏偉的講堂前，在黑板上繪製著圖表和方程式，他的英語或許流利，也或許不流利。教材枯燥且充滿數字。到了考試時間，學生們可能被要求推導需求曲線，或是對總成本函數進行微分，這就是經濟學導論的內容。

然而，很少有人問學生，為什麼基礎經濟學會讓蘇聯解體成為必然（在沒有價格體系的情況下配置資源，從長遠來看是極其困難的），吸菸者為非吸菸者帶來什麼經濟利益（他們早逝，讓其餘人能獲得更多社會保險和退休金），或者為什麼強制要求更多產假福利，實際上可能對女性有害（雇主在招聘時可能會歧視年輕女性）。

有時，會有一些學生堅持學習這門學科，直到能理解「大局」，但絕大多數學生不會。事實上，大多數聰明且對知識充滿好奇的大學生都上過經濟學導論，快樂地拿到學分後，便永遠告別這門學科。經濟學被歸類為微積分和化學這些學科類別，這些需要大量記憶、與未來生活關聯不大，且十分嚴謹的課程。當然，許多聰明的學生一開始就避選這門課程。從這兩個層面來看，都是一種遺憾。

首先，許多在知識上充滿好奇心的人錯過了這門挑戰性強大且與我們生活幾乎每個層面都息息相關的學科。經濟學提供了許多對政治問題的深刻見解，從器官捐贈到平權運動。這門學科有時很直觀，有時又充滿令人愉悅的反直覺思維。經濟學裡有許多偉大的思想家，例如亞當・斯密（Adam Smith）和米爾頓・傅利曼（Milton Friedman），都吸引了主流關注。但還有些人，例如蓋瑞・貝克和喬治・阿克洛夫（George Akerlof）並未在學術圈外得到應有的認可。太多人願意捧著有關美國內戰的書，或塞繆爾・詹森（Samuel Johnson）的自傳，卻被這門應該易於理解且迷人的學科嚇跑了。

其次，許多最聰明的公民對經濟學一無所知。媒體充斥著對強大聯邦準備制度（Federal Reserve System，FRS）的討論，該機構在美國政府應對全球金融危機中發揮了關鍵作用，但有多少人能解釋這個機構到底做了什麼？即便是政治領袖也需要一劑經濟學導論的藥方。川普總統曾多次宣稱外包和全球化正「竊取」美國人的工作，讓美國人越來越貧窮、失業率越來越高。國際貿易像任何市場競爭一樣，的確會造成一些失敗者，但它不會讓所有人變得更糟。事實上，這些說法相當於警告美國海軍可能會航行至世界的邊緣。回想我的一生，對這種想法提出最精彩意見的人是羅斯・佩羅（Ross Perot），他是一九九二年第三黨候選人（當時柯林頓和小布希是主要候選人）；佩羅在總統辯論中強調，北美自由貿易協議（NAFTA）會導致「巨大吸食聲」，將工作機會流向墨西哥。這句話令人印象深刻，但經濟理論是錯誤的。事實上，這種現象並未發生。

佩羅的競選活動正如他說的那樣，是「一隻不會打獵的狗」。但這不意味著那些成功當選的世界領袖，對基本經濟學就有深刻理解。二〇〇〇年，法國政府啟動一項計畫，試圖以一項經濟學上等同於「愚人黃金」（編按：fool's gold，指長得像黃金但毫無價值的礦石）的政策，解決長期的兩位數失業問題。由社會黨領導的政府將每周工時上限從三十九小時降到三十五小時，其邏輯是若所有人的工時減少，就會有更多工作機會釋出。這些政策確實有一定的直觀吸引力，但同樣，使用水蛭吸血吸出體內毒素，也有一定的直觀吸引力。可悲的是，無論是水蛭還是縮短工時，長期來看都只會帶來傷害。

這些法國政策基於一個錯誤觀念：即經濟中存在固定數量的工作，因此必須進行配給——這完全是胡說八道。美國經濟在過去四十年創造了無數與網路相關的新工作，這些機會不僅在一九八〇年時並不存在，而且沒有人能預見到，這一切都沒有政府試著分配工作時間。

二〇〇八年，在尼古拉·薩科吉（Nicolas Sarkozy）領導下的法國政府通過立法，允許公司和員工協調取消每周工作三十五小時，這在很大程度上是因為這項政策無法解決失業問題。沒有一個有理智的經濟學家認為它會有效，但這並不代表政治家（及選民）願意聽從這些建議。

這並不是說美國自身沒有需要處理的經濟問題，反全球化的抗議者在一九九九年的西雅圖首次走上街頭，打破窗戶、翻倒汽車，抗議世界貿易組織的會議。這些抗議者是對的嗎？全球化和蓬勃發展的世界貿易是否會破壞環境，剝削開發中國家的員工，讓麥當勞遍及每個角落？還是《紐約時報》的專欄作家湯瑪斯・佛德曼（Thomas Friedman）更接近現實，他將抗議者形容為「一艘諾亞方舟，裡面載著地平說倡導者、保護主義貿易公會和迷戀一九六〇年代的雅痞。」[1]

在二〇一六年總統選舉中，川普猛烈批評像跨太平洋夥伴關係協議（Trans-Pacific Partnership，TPP）和NAFTA這樣的貿易協議。川普的批評是合理的經濟學分析，或者只是政治上的手段？（希拉蕊・柯林頓在歐巴馬政府中擔任國務卿時支持TPP；NAFTA則是在她丈夫比爾・柯林頓總統任內通過的。）讀完第十二章後，你可以自己判斷。

收入不平等已成為當今時代首要議題。個人電腦、網路、人工智慧和其他科技大幅改變我們的經濟，創造了贏家和輸家。根本的經濟學原則並未改變；勞動市場一直以來都對能創造利潤的技能給予報酬，無論是以每小時一百零一英哩的時速投擲棒球，或是經營跨國公司。然而，科技和全球化正在擴大高技術工人（通常透過新技術變得更有生產力的人）和低技術工人（最有可能被機器取代的人）之間的薪資差距。第六章將探討一個經濟學的核心問題（也是許多政治爭論的焦點）：為什麼有些人賺取數億美元，另一些人卻無法賺取足以脫離貧困的收入？

我在這本書裡只有一個承諾：不會有圖表、表格，也不會有方程式。這些工具在經濟學有其位置，數學的確可以提供簡單、甚至優雅的方式來表達世界，就像告訴某人外面的氣溫是華氏七十二度，而不必描述它有多暖或多冷。但基本上，經濟學中最重要的觀念是直觀的，它們的力量都源於將邏輯和嚴謹應用於日常生活中。以波士頓大學的理論經濟學家格倫．洛里（Glenn Loury）所提出的思想練習為例：假設有十名求職者競爭一個職位，九名求職者是白人，一名是黑人，公司的平權政策規定，當少數族群和非少數族群的求職者資格相等時，將選擇少數族群求職者。

再假設其中有兩個頂尖的求職者，一位是白人，另一位是黑人。根據政策，公司選擇了黑人求職者。洛里（本身是黑人）提出了一個微妙但簡單的觀點：只有一位白人受到了平權運動的影響，其他八位即使沒有這項政策也不會得到這份工作。**然而，九位白人求職者都感到憤怒，認為自己受到歧視**。洛里不一定反對平權行動，他只是在討論中增添了原本沒有的細節，平權行動可能會傷害它本應修復的種族關係。

或是，想想那些定期發起的運動，要求保險公司為分娩後的女性支付兩晚的費用，而不是只有一晚。柯林頓總統認為這個議題十分重要，他在一九九八年國情咨文中承諾要結束「速食分娩」。但這樣的計畫有其成本，應該明確提出來。多住院一天在醫療上不是必須，但卻是昂貴的，這也是為什麼新手爸媽不會自己支付這筆費用，保險公司也不想買單。如果保險公司被迫提供這項福利（或其他法律強制的新福利），那麼它們將提高保費來彌補額外的成本。保費上漲時，一些處於邊緣的群體將無法負擔任何健康保險。因此，真正的政策問題是：如果通過法律會讓許多女性感到舒適，但卻意味著更多人將會失去基本醫療保障，我們是否願意通過這樣的法律？

這個表面上狹隘的問題，背後的取捨在美國討論醫療改革時具有巨大的影響力。醫療系統提供的福利越慷慨，成本就越高。無論政府是否營運該系統，事實都不會改變。事實上，與醫療改革有關最重要的問題往往最被忽略：在昂貴醫療技術的繁榮發展下，有些技術帶來巨大的成果，有些則沒有，我們要怎麼設計一個系統，「同意」那些能證明其成本的醫療處置，「拒絕」無法證明其成本的療程？

經濟學是否在為共和黨做宣傳？不完全是這樣。即使是米爾頓．傅利曼，這位諾貝爾經濟學獎得主，自由市場最能言善辯的代言人，也會承認不受限制的市場可能會導致有嚴重缺陷的結果。以美國人對汽車的渴望為例，問題不在於我們喜歡車，而在我們不必支付開車的全部成本。是的，我們買車，然後支付維護、保險和燃料費用，但我們不必支付開車所帶來的其他重大成本：我們排放的廢氣、造成的交通壅塞、對公共道路的磨損，以及我們對小汽車駕駛造成的危險。這種情況有點像用爸爸的信用卡夜遊：我們會做許多如果需要全部自己買單時就不會做的事。我們開著大車，不使用公共交通，搬到偏遠的郊區，然後長距離通勤。

個人不會為這種行為買單，但社會要——以空氣污染、全球暖化、交通壅塞和城市蔓延的形式。想解決這個日益嚴重的問題，最佳方法並不是自由放任的保守派通常討論的那些辦法，而是對汽油和汽車徵收更高的賦稅。正如我們將在第三章所探討的，只有這些措施，讓開車（或開著大型休旅車）的成本增加，才能反映這些活動真正的社會成本。同樣，對公共交通更多補貼，也能正確地獎勵那些通勤者，因為他們沒有開車，從而減少了其他人的負擔。

同時，經濟學家在歧視等社會問題也做了不少重要工作。世界上的交響樂團是否歧視女性？哈佛經濟學家克勞蒂亞．戈丁（Claudia Goldin）和普林斯頓經濟學家塞西莉亞．勞斯（Cecilia Rouse）提出了一種新穎的研究方法。在一九五〇年代，美國的交響樂團開始採用「盲選」，也就是說，有抱負的樂手會在幕後演出，評審不會知道樂手的身分或性別。在這種盲選制度下，女性的表現是否更好？答案是肯定的。當甄選開始匿名後，女性進入第一輪的機會約為五〇％，進入最終選拔的機會也比之前多出數倍。[2]

經濟學為我們提供一套強大，但不一定複雜的分析工具，可以用來回顧並解釋事件為何以某種方式發展；用來理解周圍的世界；並且展望未來，讓我們能預見重大政策的影響。經濟學就像重力一樣：忽視它，你將面臨一些嚴重的意外。

二〇〇八年九月十五日，投資銀行雷曼兄弟（Lehman Brothers）宣布破產，這一事件引發了「金融危機」，且這場危機常被形容為自大蕭條以來最嚴重的經濟衰退。它是如何發生的？為何許多對自己福祉有理性理解的消費者，最終被房市「泡沫」壓垮？誰將這麼多錢借給他們這群傻瓜？為何華爾街會創造像「CDOs」（債務擔保證券）和信用違約交換這種東西，這些產品為什麼對金融體系如此具有毀滅性？

第二章會說明，許多導致金融危機的魯莽行為是可以預測的，因為這些行為源於制度內建的誘因。為什麼貸款經紀人會發放這麼多不顧後果的貸款？**因為那不是他們的錢！**發放貸款的銀行會付給他們佣金，借出更多貸款，代表更多佣金，更大筆的貸款，代表更大筆的佣金。

那麼，為什麼銀行願意將大量自有資本置於風險之中（尤其是用資本誘使貸款經紀人帶來更多顧客）？因為銀行通常會「出售」大部分抵押貸款，這意味著他們會從第三方那裡獲得一筆現金，並將未來的貸款支付流轉交給這位投資者（現在你可能已經認出這種情況像是成人版的「燙手山芋」；只要在借款人違約前能將貸款轉變出去，貸款的好壞並不重要）。

那麼，誰會購買這些貸款呢？那就是第二章要解釋的內容。我現在給你一個線索：華爾街涉入其中，結果並不美好。

寫了這麼多，我必須承認，經濟學界現在正進行一些自我反思。儘管從這些事實看來，金融危機似乎顯而易見，但很少有經濟學家能預見它的發生（當然也有一些顯著的例外）。幾乎沒有人預測到它可能會如此嚴重。二〇〇五年秋季，幾位傑出的經濟學家在一份著名期刊中寫道：「在二〇〇四年末，我們的分析並未找到房市泡沫存在的證據。」[3]

錯了。事實上，那篇文章大錯特錯，因為它是專門寫來駁斥連外行人都看得出來的泡沫現象——這就像消防隊來到一個屋頂正冒煙的房子前，卻聲稱「不，那不是火災」，結果二十分鐘後閣樓開始竄出火焰。泡沫確實存在。將心理學結合經濟學，最能解釋這個現象，特別是個體會誤以為現在發生的事，未來也很可能發生。

經濟學像所有學科一樣，都在不斷發展。其中最有趣也最具生產力的領域之一，是行為經濟學，它探討個體如何做出決策——有時候，這些決策並不像經濟學家傳統理論所描述的那麼理性。我們人類低估了某些風險（肥胖），卻高估了其他風險（飛行），我們讓情感蒙蔽了判斷力，對好消息和壞消息都過度反應（房價上漲後又下跌）。

這一切在莎士比亞裡很顯而易見，但對主流經濟學來說相對較新。正如《紐約時報》的專欄大衛·布魯克斯（David Brooks）所指出的：「優雅的模型可以預測經濟行為。這種觀點解釋了很多問題，但解釋不了目前的金融危機——為什麼這麼多人會在同一時間這麼愚蠢、無能和自我毀滅。這場危機給古典經濟學帶來了打擊，並將心理學研究從公共政策的邊緣推到最前線。」[4]理查·塞勒（Richard Thaler）因闡明人類決策中與傳統經濟學理論不符的常見怪癖，而獲得二〇一七年諾貝爾經濟學獎。他指出，我們認識到人們做出錯誤決策的方式和原因後，就能做出更好的決定。

當然，許多舊有的觀念仍非常重要。班·柏南奇（Ben Bernanke）在金融危機期間被任命為聯準會主席之前，是普林斯頓大學研究大蕭條的學者。第十章將闡述柏南奇在聯邦準備制度中的創新和積極干預，其中許多措施是被一九三〇年代的錯誤所啟發，這些措施也避免情況惡化得更為嚴重。本書帶領讀者走過經濟學中一些最具影響力的概念，同時簡化了基礎概念，甚至完全跳過它們。每個章節都涵蓋了可以獨立成書的主題，事實上，每章節中都有一些細節，曾經啟發並維持整個學術生涯。我略過或跳過許多構成這門學科骨幹的技術結構，而這正是重點：一個人不需要知道怎麼安排承重牆，也能欣賞法蘭克・洛伊・萊特（Frank Lloyd Wright）的建築傑作。本書不是為了「傻瓜」設計的經濟學；而是為那些從未學過經濟學（或對學習過程只有模糊記憶）的聰明人所設計。在去除複雜的包裝，經濟學中大多數偉大的概念都是直觀的，這就是**《把經濟學剝光光》**。

經濟學不該由專家獨享，這些想法既重要，又非常有趣。事實上，被剝光的經濟學甚至可以是好玩的。

致謝 ACKNOWLEDGMENTS

在許多人的幫助下，讓這個計畫得以實現，就像一場接力賽，每個階段都有新的力量接力推動我邁向終點。一開始，Tifanny Richards 堅信市場需要一本平易近人的經濟學書籍，她的美妙鼓勵讓這本書成功起步。Tabitha Griffin 向 W. W. Norton 出版社提出這個專案，對此我永遠心存感激。

然後進入第二階段。當 Tifanny 和 Tabitha 轉向其他機會時，我有幸再次遇到了優秀的夥伴。Tina Bennett 是每個人夢寐以求的經紀人：聰明、有支持力，而且總是對新想法感興趣。同時，我很幸運，能夠讓 Drake McFeely 擔任本書的編輯工作，誰知道這個人怎麼抽出時間來經營公司、編輯書籍，還能與諾貝爾獎得主共度時光的，但他就是做到了，我也成為他經驗和判斷力的受益者。當然，Eve Lazovitz 讓 Drake 第一版的編輯工作能按時完成，而且處理得非常細緻。Jeff Shreve 則是第二版親切但嚴厲的監工，沒有他們的支持（和截止期限），這本書至今還會是一份潦草寫在法律紙上的草稿。後來，輪到 Nat Dennett 接下重任，出色地促成第三版的面世。

Mary Ellen Moore 和 Danielle Kutasov 提供了極好的研究協助，找到那些我未曾發現的事實、數據和軼事。三位出色的經濟學家慷慨抽出寶貴時間，閱讀第一版手稿，並提出寶貴的意見：柏頓．墨基爾、Robert Willis 和 Kenneth Rogoff。這三個人是專業領域的巨擘，每個人都非常忙碌。Robert Johnson 十分友善地閱讀了第二版新增的國際經濟學章節，很感激他願意分享這一領域的專業知識。

我也要感謝《經濟學人》（*The Economist*）的前編輯們。John Micklethwait 慷慨地允許我在完成本書第一版時消失一段時間，並願意閱讀最終成品，並提出評論意見。我也要感謝 Ann Wroe，她為這本書想出了絕佳的副標題。John 和 Ann 能夠在撰寫自己的書籍的同時，還抽出時間編輯全球知名的出版刊物，並且照顧家庭，他們的成就持續激勵著我。

最近，芝加哥大學的哈里斯公共政策學院（The University of Chicago Harris School of Public Policy）和達特茅斯學院（Dartmouth College）都成為了我在學術上的「家」，我有幸能教導出色的學生並參與這類專案的研究。在哈里斯學院，前院長 Susan Mayer 非常熱衷地支持我繼續將重要的學術思想傳遞給一般大眾。在達特茅斯學院，Bruce Sacerdote 既是出色的智識夥伴，也是很棒的滑水夥伴。

要感謝的人太多了。本書中絕大多數觀點並非我所創，事實上，我是個翻譯者，我的工作來自汲取原作的菁華，而這些菁華來自數世紀來偉大思想家的努力。希望這本書能反映出我對這些工作的深厚敬意。

最後，我想感謝那些激發我對書中這些主題興趣的人。我曾說過，經濟學的教學常常很糟糕，這是真的。但這門學科在合適的人手中能煥發光彩，這也是真的，而我有幸和許多人一起學習和工作過：Gary Becker, Bob Willis, Ken Rogoff, Robert Willig, Christina Paxson, Duncan Snidal, Alan Krueger, Paul Portney, Sam Peltzman, Don Coursey, Paul Volcker。我希望這本書有助於將他們的知識和熱情傳遞給許多新的讀者和學生。

第一章

市場的力量：
巴黎是誰養活的？

一九八九年，柏林圍牆倒塌時，可口可樂歐洲區負責人道格拉斯・艾維斯特（Douglas Ivester，後來成為執行長），在彈指間做出一個決定。他將銷售團隊派往柏林，告訴他們開始發放可樂，免費。在某些情況下，可口可樂的業務會從圍牆的洞傳出汽水瓶。他回憶起動盪時期在東柏林的亞歷山大廣場漫步，試圖判斷是否有人認可可口可樂品牌。他說：「我們走到哪裡，都問他們在喝什麼，是否喜歡可口可樂。但我們連名字都不用說！只要用手比出瓶子的形狀，大家就懂了。我們決定要盡可能推銷可口可樂，越快越好，即使還不知道怎麼收費也沒關係。」[1]

可口可樂很快在東德建立業務，向商家提供免費的冷藏櫃，以存放「真正的可口可樂」。這在短期內是會虧損的計畫，當時東德貨幣仍一文不值，對世界其他地方而言，它只是一些紙片，但這卻是一個比任何政府機構的動作更迅速也更聰明的商業決策。到了一九九五年，前東德的人均可口可樂消費量已經達到西德的水準，且西德早已是個強大的市場。

在某種意義上，正是亞當・斯密（Adam Smith）那雙看不見的手讓可口可樂穿越柏林圍牆。可口可樂的業務將這種飲品傳遞給剛解放的東德人，算不上什麼偉大的人道舉動，也不是在對共產主義的未來作出大膽的宣示。他們是為了商業，為了擴展他們的全球市場，增加利潤，讓股東開心。這就是資本主義的精髓：市場透過調整激勵機制，讓個人為了自己的最佳利益而行事——發放可口可樂、花費數年讀研究所、種植大豆、設計能在淋浴時使用的收音機——從而使大多數（雖然不是全部）社會成員的生活水準得以改善、繁榮發展。

經濟學家有時候會問：「誰在養活巴黎？」這是一種修辭手法，意在引起人們注意那些讓現代經濟得以運作的複雜多樣、令人眼花撩亂的日常活動。無論如何，適量的新鮮鮪魚會從南太平洋的漁船送到里沃利路的餐廳裡；街坊的水果攤每天早上都能供應顧客所需——從咖啡到新鮮的木瓜——即使那些產品可能來自十到十五個不同的國家。簡而言之，一個複雜的經濟體系每天涉及數十億筆交易，其中絕大多數沒有政府直接干預。而且不僅僅是完成交易，我們的生活在這種過程中也會越來越好。能舒適地在家裡隨時購買電視已經是非常了不起的事；同樣令人驚訝的是，在一九七一年，二十五吋的彩色電視需要一位普通工人花費一百七十四小時的工資；但今日，一台更可靠、能接收更多頻道、信號更好的二十五吋彩色電視，所需的工資不到十小時。

如果你認為更好、更便宜的電視不是衡量社會進步的最佳標準（但我承認這是個合理的觀點），那麼或許你會被以下事實打動：在二十世紀，美國人的平均壽命從四十七歲攀升到七十七歲，嬰兒死亡率下降了九三％，我們消滅或控制了如小兒痲痺、結核病、傷寒和百日咳等疾病。[2]

我們的市場經濟對這些進步功不可沒。有則冷戰時期的故事，描述一位蘇聯官員參觀美國藥局，明亮的走道上擺滿了從口臭到腳氣的各種藥物。他說：「真令人印象深刻，但你怎麼知道每家藥局都有這些存貨呢？」這則故事之所以有趣，是因為它顯露出對市場經濟運作的全然無知。在美國，沒有像蘇聯那樣的中央集權指示商店應該販售哪些商品，商店販售人們想買的產品，而公司則生產商店想販售的商品。蘇聯經濟失敗的主因之一是政府官僚指導了所有事務，從伊爾庫茨克的工廠生產多少條肥皂，到莫斯科有多少學生攻讀電機工程，最終，這項任務證明過於艱鉅。

當然，我們這些習慣於市場經濟的人，對共產主義中央計畫經濟的理解也很有限。我曾是伊利諾州代表團成員，前往古巴訪問，因為那次訪問有美國政府的授權，代表團每個成員都可以帶回價值一百美元的古巴商品，包括雪茄。由於成長於折扣商店的時代，我們都開始尋找價格最優惠的高希霸雪茄（Cohibas），這樣一百美元零用錢就能獲得最大價值。經過徒勞無功的幾個小時後，我們領悟到共產主義的重點：雪茄價格在任何地方都是一樣的。商店之間沒有競爭，因為沒有我們所熟知的那種利潤。每間商店都依斐代爾．卡斯楚（Fidel Castro）所定的價格，販售包含雪茄在內的每個商品，而每個雪茄店店長，都拿著政府規定的工資，這和他們賣了多少雪茄無關。

一九九二年贏得諾貝爾獎的芝加哥大學經濟學家蓋瑞．貝克曾經指出（借用蕭伯納的話）：「經濟學是充分利用生活的藝術。」經濟學就在研究我們如何做到這一點。所有值得擁有的事物的供應量都有限：石油、椰奶、完美的身材、潔淨的水，能修理卡紙印表機的人等等。我們如何分配這些東西？為什麼比爾．蓋茲擁有私人飛機，而你沒有？你可能會說，他很富有。但他為什麼富有？他對世界有限資源的擁有權為什麼比其他人多？同時，在像美國這麼富裕的國家，一個花三千三百萬美元僱用職業棒球選手克萊頓．克蕭（Clayton Kershaw）打球的地方，卻有五分之一的孩子生活在貧困中，還有些成年人被迫翻垃圾桶找食物？在我芝加哥的家附近，三隻狗烘焙坊只賣狗吃的蛋糕和糕點，富裕的專業人士花十六美元買生日蛋糕給他們的寵物。與此同時，芝加哥無家可歸者聯盟估計，在這個城市的任何一個夜晚，都有一萬五千人餐風露宿。

當我們放眼美國以外的世界時，這種差異更加明顯。中非的查德（Chad）有半數人無法取得潔淨的飲用水，更不用說為寵物提供糕點了。世界銀行估計，全球超過七億五千萬人每天的收入不到一．九美元。這一切是如何運作的，或者在某種情況下，為什麼無法運作？

經濟學從一個非常重要的假設開始：個人的行為是讓他們自己盡可能過得好。用專業術語說，個人尋求最大化自身的效用，這是一個類似幸福的概念，但範圍更廣。我從接種傷寒疫苗和繳納稅款中獲得效用，這些都不會讓我特別高興，但可以讓我避免死於傷寒或進監獄。長期看來，這讓我過得更好。經濟學家並不特別在意是什麼給我們帶來效用；他們只是接受每個人都有自己的「偏好」。我喜歡咖啡、老房子、經典電影、狗、騎自行車和許多事物，世界上每個人也都有自己的偏好，這些偏好可能與我的有關，也可能完全無關。

事實上，不同個體有不同偏好，這個看似簡單的觀察，有時會被那些通常表現精明的政策制定者忽視。舉例來說，有錢人和窮人的偏好不同，同樣的，我們的個人偏好也可能隨著生命周期而改變，尤其是我們（希望）變得更富有時。「奢侈品」一詞對經濟學家來說有個技術性含義；它指的是當我們財富增加時，購買量會隨之增加的商品，例如跑車和法國葡萄酒。關懷環境則是個比較不明顯的奢侈品。富裕的美國人願意花更多錢來保護環境，**這筆支出占他們收入的比例遠高於較不富裕的美國人**；同樣的關係在國家層面也成立，富裕國家比貧窮國家投入更多資源保護環境。原因很簡單：我們關心孟加拉虎的命運，**因為我們可以**。我們有房子、有工作、有乾淨的水，還可以為狗準備生日蛋糕。

還有個棘手的政策問題：對於我們這些過著安逸生活的人來說，將我們的偏好強加於開發中國家的個人，是否公平？經濟學家認為這是不公平的，雖然我們經常這麼做。當我在《紐約時報》周日版上讀到南美村莊砍伐雨林，並破壞珍稀的生態系統的故事時，我驚訝且厭惡地差點打翻我的星巴克拿鐵咖啡。但我不是他們，我的孩子沒有挨餓，也沒有面臨死於瘧疾的風險。如果出現這種前提，而破壞珍貴的野生動物棲息地，可以幫助我養家糊口，買得起蚊帳，我也會磨利斧頭開始砍伐，才不會在乎殺了多少蝴蝶或斑點鼬。這不是說開發中國家的環境不重要，它很重要。事實上，從長遠來看，許多環境劣化的例子會讓貧窮國家更加貧困。砍伐那些森林對其他人也有壞處，因為森林砍伐是導致二氧化碳排放上升的主因之一（經濟學家常常認為，富裕國家應該付錢給貧窮國家，讓他們保護具有全球價值的自然資源）。

顯然，如果已開發國家能更加慷慨，那麼巴西的村民就不必在摧毀雨林和購買蚊帳間做出選擇。目前的問題更基本：將我們的偏好強加在生活情況截然不同的個體上，從經濟學角度來看是不妥的。本書稍後在討論全球化和世界貿易時，這將是非常重要的點。

我再提出一個關於個人偏好的重要觀點：最大化效用並不等於自私行事。一九九九年，《紐約時報》刊登了奧西奧拉．麥卡蒂（Oseola McCarty）的訃聞，這位女士於九十一歲辭世，她的一生都在密西西比州哈提斯堡當洗衣工，獨自住在一個簡陋的小屋裡，屋裡只有一台只能接收一個頻道的黑白電視。讓麥卡蒂女士與眾不同的是，她並不貧窮。事實上，在她去世的四年前，她捐出了十五萬美元給她從未就讀過的南密西西比大學，設立了幫助貧困學生的獎學金。

麥卡蒂的行為是否顛覆了經濟學領域的思維模式？諾貝爾獎是不是要被召回斯德哥爾摩？不，她只是在將錢存下來且最終捐出獲得的效益，要比將其花在大螢幕電視或高級公寓上所得到的更多。

好吧，那只是錢。那麼來看看韋斯利．奧特里（Wesley Autrey）的故事，他是一位建築工人，五十歲，住在紐約市。二〇〇七年一月，他和兩個小女兒在上曼哈頓等地鐵時，附近一名陌生人突發癲癇，然後跌落到地鐵軌道上。如果這還不夠糟糕，那麼一號線的列車已經駛入視野，即將進站。

奧特里先生跳下軌道，用自己的身體保護那名男子，五節車廂差點就要從他們身上輾過去，近到在奧特里的帽子上留下了一道油漬。火車停下來時，他從底下大喊：「我們沒事，但我兩個女兒在上面，告訴她們，爸爸沒事。」[3]這一切都是為了幫助一個毫無關係的陌生人。

大腦科學——透過觀察人們在做決策時的大腦活動，我們獲得了關於利他主義的新見解。為什麼有人會做出沒有明顯利益，甚至可能讓自己陷入危險的事（例如跳到地鐵軌道上）呢？《經濟學人》解釋道：「根據神經科學的說法，答案是這樣做讓人感覺快樂。」對他人，包括陌生人，表現出友好的行為，會活化大腦的獎勵中心，就像性、金錢、巧克力和毒品一樣。[4]

演化生物學提供了更詳細的解答。利他行為有助於人類相互合作，而合作有助於物種生存，因此，利他行為並不像它單獨看來那麼不理性。大腦已經演化出會獎勵那些促進群體成功的行為，「利他主義或許比以前想像的更加根深蒂固。」洛杉磯加州大學塞梅爾神經科學與人類行為研究所的科學家於二〇一六年如此宣稱。[5]

每個人都經常做出利他決定，儘管通常是在較小的範圍裡。我們或許會多花幾分錢購買不傷害海豚的鮪魚、捐錢給喜歡的慈善機構，或是志願參軍，這些不會被認為是自私的行為都能為我們帶來效用。美國人每年捐贈超過兩千億美元給各種慈善機構，我們會為陌生人開門，會做出充滿勇氣和慷慨的行為，這一切都不與基本假設相抵觸：即個人會尋求讓自己過得更好，無論他們如何定義「好」。這個假設也不意味我們總是能做出完美的決定，甚至是好的決策。我們不會。但每個人都會依當時可獲得的資訊，盡量做出最佳決策。

所以，在這些討論之後，我們已經能回答一個深刻且古老的哲學問題：為什麼那隻雞要過馬路？因為牠最大化了牠的效用。

請記住，效用最大化不是個簡單的命題。生活充滿複雜性和不確定性，我們在任何時間點都有無數種可能的行動選擇。事實上，我們所做的每個決定都涉及某種權衡，我們可能在當下和未來的效用之間做取捨。舉例來說，在公司年度野餐會上用划槳敲你老闆的頭，可能會帶來一些滿足感，但那片刻的效用，可能不足以抵消未來幾年牢獄生活所帶來的痛苦（但那只是我的偏好）。更嚴肅的是，許多重要的決定牽涉當下與未來消費價值的平衡。我們可能在研究所吃好幾年的泡麵，因為如此做能大幅提升未來的生活水準。或是反過來說，我們可能在今天刷卡購買大螢幕電視，儘管那筆信用卡的循環利息會減少未來的消費能力。

相似地，我們也在工作和休息間尋找平衡。一名投資銀行家每周辛苦工作九十小時，可以賺取大量收入，但享受那些用收入購買的商品的時間會變少。我弟弟開始他的管理顧問生涯時，薪水至少比我現在的薪水多出一位數，另一方面，他的工時既長又不靈活。有年秋天，我們兩個都興奮地報名參加了由羅傑·伊伯特（Roger Ebert）教授的晚間電影課，我弟**連續蹺了十三周的課**。

無論我們的薪水多高，都可以將它們花在數不勝數的商品和服務上。當你購買這本書，你隱含地決定不把錢花在其他地方（即使書是你偷來的，你本可以將史蒂芬·金的小說塞進你的外套裡，這在某種程度上也是一種讚美）。同時，時間是我們最稀缺的資源，此刻，你正在閱讀這本書，而不是工作、與狗玩、申請法學院、購物或做愛。生活是關於取捨的，經濟學也是。

簡而言之，早上起床和做早餐所牽涉的決策，比一場普通的象棋比賽還要複雜。（那顆煎蛋會在二十八年後害死我嗎？）我們如何管理這些決策？答案是，我們每個人都在不知不覺間衡量每一件事的成本與收益。經濟學家會說，我們試圖在可用資源的範圍內讓效用最大化；我爸會說，我們努力讓每一分錢發揮最大效益。請記住，為我們帶來效用的不一定是物質商品。如果你正在比較兩份工作——在國中教數學，或推銷駱駝牌香菸——後者薪水幾乎肯定較高，而前者能得到更多的「心理效益」，這是一種文雅的說法，意思就是在過完一天後，你會對自己做的事覺得比較開心。這種效益與較低的薪水成本相比是完全合理的。最終，有人會選擇教數學，有人會選擇賣香菸。

同樣的，成本的概念遠超過你在收銀台支付的金錢。某物的真實成本是你為了得到它而必須放棄的東西，這通常不僅僅是金錢。如果你要在雨中排隊六小時才能拿到音樂會的門票，那麼它就不是「免費的」。如果你開會快遲到了，而對方是個性情易怒的客戶，她若等你太久可能會撤回五萬美元的訂單，那麼花二．七五美元搭公車，可能不如花十五美元搭計程車划算。在折扣店買東西很省錢，但很花時間。我是個作家，我的報酬取決於我的產出，我可以開車九十英里去威斯康辛州肯諾沙的大賣場，買一雙便宜五十美元的新皮鞋，或是我可以走到密西根大道諾德斯特龍百貨公司，吃午飯的時候順便買雙鞋。我通常會選擇後者；總成本是兩百二十五美元、十五分鐘的時間，還有來自我母親的嘮叨，她總是會問：「你為什麼不開車去肯諾沙？」

人類行為的每個面向都會以某種方式對成本作出反應。當某樣東西的成本下降時，對我們的吸引力就會變大。你可以透過需求曲線了解這個現象，或是在聖誕節過後的打折購物，也能看出端倪，因為人們會搶購幾天前還不願意用高價購買的東西。相反地，當成本上升，使用量會減少。這一點適用於生活中的一切事物，甚至是香菸和快克古柯鹼。經濟學家計算出，古柯鹼在街頭的價格下降一〇%，最終會導致成年古柯鹼使用者增長約一〇%。同樣的，研究人員估計，最初菸草業和各州之間提議的和解方案提高三四%香菸價格，從而使青少年吸菸者人數下降四分之一，十七歲或以下的美國人因吸菸相關疾病而過早死亡的人數減少一百三十萬人（美國參議院在一九九八年駁回此方案）。[6]當然，社會已經用提高香菸售價以外的方法，提升了吸菸的成本，例如，站在十七度的辦公大廈外吸菸，也成了工作時吸菸的一部分成本。

這種對成本的廣泛看法可以解釋一些非常重要的社會現象，其中之一就是已開發國家驟降的出生率。生養孩子的成本比五十年前高多了，這並非因為家中多一個小孩的吃穿用度變得更昂貴，如果說有什麼變化的話，也是因為製作食物和衣物等基本消費品生產效率變高了，這類成本已經下降。當今養育孩子的主要成本是父母，通常仍是母親，為了在家照顧孩子而辭職或減少工作時間所放棄的收入。由於女性的職業機會比過去好，他們離開職場的成本也會變得更高。我的鄰居曾是一位神經科醫生，在第二個孩子出生後，她決定留在家裡，而**辭去神經科醫生的工作是昂貴的**。

與此同時，大家庭的經濟利益在已開發國家大多已經消失。年幼的孩子不再幫助農務，也不再為家庭提供額外收入（儘管他們可能從小被教會去冰箱拿啤酒）。我們不再需要擁有很多孩子，來確保其中一些能撐過童年，或是有足夠的依賴者養活退休後的我們。即使最悲觀的經濟學家也會承認，我們從生兒育女中獲得巨大的快樂，重點是，現在養十一個孩子比以往更昂貴，數據證明了這一點：一九〇五年，美國女性平均生育三．七七個孩子；如今平均只生育二．〇七個，下降了四五％。[7]

經濟學有第二個強而有力的假設：企業——無論是熱狗攤販還是跨國公司——都會努力讓利潤最大化（透過銷售物品所賺取的收入減去生產成本）。簡單來說，企業會試圖盡可能地賺錢，因此，我們可以回答生活中另一個重大問題：為什麼企業家過馬路？因為她到馬路另一邊可以賺更多錢。

企業以各種方式結合投入資源，像是土地、鋼鐵、知識、棒球場等等，從而增加價值。這個過程可以像在下雨時，於紐約市繁忙街角賣廉價雨傘那麼簡單。（那些人是哪裡來的？）也可能像組裝波音七八七夢幻客機那麼複雜（這架客機光是設計就耗費克雷超級電腦八十萬小時）。一個有利可圖的企業就像一名廚師，準備了三十美元的食材，創造出價值八十美元的餐點，她以天賦創造出遠超過投入成本的價值。這不是一件容易的事，企業必須決定生產什麼、如何生產、在哪裡生產、產量多少，還有以什麼價格出售——與消費者相同，這一切都要面對不確定性。

怎麼做？這些都是極為複雜的決策。市場經濟的一個強大特點是，它將資源引導至最具生產力的用途。為什麼雷恩·葛斯林（Ryan Gosling）不賣汽車保險？因為這太浪費他獨特的才能了。沒錯，他是個充滿魅力的人，或許能比一般銷售員賣出更多保單，但他也是世界上少數能「開片」的人之一，這意味著全球有數百萬人會因為葛斯林的參與，而去看那部電影。這在風險重重的好萊塢電影裡就是穩賺不賠，因此電影公司願意支付高額酬勞邀請葛斯林出演主角——每部電影約三千萬美元。保險公司也願意為葛斯林的魅力付錢，但最多可能只有五萬美元。葛斯林會選擇他能賺最多錢的地方，而他能在好萊塢賺最多錢，因為那裡是他能創造最大價值的地方。

價格就像巨大的霓虹招牌，閃爍著重要資訊。在本章開始時，我們問到，為什麼巴黎里沃利路的餐廳在大部分晚上都能準備數量剛好的鮪魚，這一切都是關於價格。當點生魚片開胃菜的顧客變多時，餐廳老闆會向魚商增加訂單，如果鮪魚在其他餐廳也變得更受歡迎，那麼批發價格就會上漲，這表示太平洋的漁夫抓到鮪魚時，能比過去得到更多報酬。因此，一些漁夫會發現鮪魚比其他魚類更有價值，便會開始撈捕鮪魚，而不是鮭魚。與此同時，一些鮪魚漁夫會延長出海時間，或是改用更昂貴的捕魚方法，因為鮪魚價格的漲幅值得他們投入更多。這些人不在乎巴黎高端食客，他們只在乎魚的批發價格。

金錢是有話語權的。為什麼製藥公司會到雨林中尋找具有罕見治療特性的植物？因為他們可能會發現能賺取巨額金錢的熱門藥物。其他類型的創業活動雖然規模較小，但在某些方面同樣令人印象深刻。有幾年夏天，我在芝加哥較為貧困的區域卡布里尼綠色家園（Cabrini Green）附近教小聯盟棒球隊，隊裡有個習慣是定期去吃披薩，我們最喜歡的地方是切斯特家（Chester's），那是家位於迪維森路和塞治威克路轉角的小店，卻體現了企業家們的韌性和智慧（後來為了積極開發卡布里尼綠色家園，興建新公園時，拆除了那個小屋子）。切斯特家的披薩很不錯，而且總是人滿為患，所以，那裡基本是武裝搶劫的熱門候選區域。但那沒有嚇退切斯特家的管理人員，他們只是安裝了與銀行得來速同等級的防彈玻璃，顧客把錢放到小轉盤上，然後轉盤經過防彈玻璃上的縫隙轉到另一邊，披薩則從另一邊轉出來。

像鯊魚見到血一樣，利潤機會吸引企業，即使需要安裝防彈玻璃。我們尋找大膽的新方式來賺錢（例如打造第一個實境秀）；如果這樣不行，我們會試圖進入一個別人正賺得豐厚利潤的行業（從而創造出越來越糟糕的實境秀）。在這個過程中，我們利用價格來衡量消費者的需求。當然，不是每個市場都容易進入，雷霸龍·詹姆斯（LeBron James）以一億五千三百萬美元的四年合約加入洛杉磯湖人隊時，我心想：「我也要為湖人隊打籃球。」能以九千八百萬美元簽約，我就很高興了，甚至是九萬八千美元也可以。然而，有幾個原因讓我無法進入這個市場：一，我身高一百七十公分；二，我動作很慢；三，在壓力下投籃時，我有時會投出麵包球。為什麼雷霸龍一年可以拿到近四千萬美元？因為沒人能像他那樣打球，他的獨特才能為我們其他人設置了進入障礙。雷霸龍也是芝加哥大學勞動經濟學家舒爾文·羅森（Sherwin Rosen）所稱「超級明星」現象的受益者。隨著市場規模擴大（例如職業籃球的觀眾群），微小的才能差異會被放大成巨大的薪資差異，只要比對手稍微好一點，就能在這個市場中占有更大（且有利可圖）的份額。

事實上，與談話節目主持人拉許．林堡（Rush Limbaugh）的薪水相比，雷霸龍的薪水簡直小巫見大巫。林堡最近和清晰頻道通訊公司（Clear Channel Communications）簽定為期八年的四億美元合約，該公司將負責在全美播放他的廣播節目。拉許真的比其他願意發表意見的政治名嘴好嗎？他不必比較好，只需要比當時最好的廣播選擇有趣一點點，就能吸引到廣大的觀眾群，每天大約兩千萬名聽眾。沒人會收聽第二喜歡的廣播電台，所以在聽眾和願意花大錢接觸聽眾的廣告商面前，這是個贏者全拿的競爭。

無論製作小商品的利潤有多大，許多市場都有阻止新公司進入的障礙。有時，是物理或自然的障礙，松露每磅要賣五百美元，因為它無法人工種植；它只能生長於野外，必須由專門尋找松露的豬或狗來挖掘。有時是法律的進入障礙，你不能在街角賣壯陽藥，不然就得吃牢飯。威而剛不是吸食或注射的毒品，也是合法藥物，但專利權在輝瑞手上，是由美國政府授予的法律獨占權（輝瑞的威而剛專利於二〇二〇年四月到期）。經濟學家可能會爭論專利應該持續多久，或是哪種創新應該能申請專利，但多數人會同意因專利而產生的進入障礙，會激勵企業投資研發新產品。政治過程也會因某種可疑的原因創造出進入障礙。一九八〇年代，美國汽車業面對日本汽車製造商的激烈競爭時，美國汽車公司有兩個基本選擇：一、他們可以製造更好、更便宜、更省油的汽車，這些車可能受消費者青睞；或是二、他們可以重金投資遊說者，說服國會制定關稅和配額，將日本汽車擋在市場之外。

有些進入障礙更微妙。航空業的競爭遠不如它看來那麼激烈，你和大學朋友可以共同創辦一家新的航空公司，條件相對容易，問題是你的飛機無處降落。大多數機場的登機門數量有限，且通常由大公司控制。芝加哥的奧黑爾機場（O'Hare Airport）是全球最大、最繁忙的機場之一，美國航空和聯合航空控制了約八成的登機門。[8]在網路時代還有一種非常重要的進入障礙：網路效應。網路效應的基本概念是，某些商品的價值因使用者人數的增加而上升。你能創造一個臉書的替代品，從而變得像馬克・祖克柏（Mark Zuckerberg）一樣富有嗎？或許不能。臉書擁有近二十億用戶（我不確定這個數字是否包含俄羅斯駭客），臉書之所以如此受歡迎，是因為臉書本身就受歡迎。只要世界上大多數人都上臉書，想推出一個競爭的社交媒體網站都會非常困難，無論你的技術功能多麼出色。

同時，企業不只要選擇生產什麼商品或服務，也要決定生產的方式。我永遠不會忘記在尼泊爾加德滿都機場下飛機時看到的景象：入眼是一群男人蹲著，手持鐮刀手工修剪機場草坪。尼泊爾的勞動力很便宜，割草機卻非常昂貴。美國的情況正好相反，因此我們不會看到一群手持鐮刀的勞工。這也是為什麼我們擁有ATM自動提款機、自助加油站，和那些讓人非常煩躁的電話語音（「如果您已經煩躁到想使用暴力，請按井字鍵」），這都是企業將過去使用人力的工作自動化的例子。畢竟，提升利潤的方式之一是降低生產成本，這可能意味著裁員兩萬人，或是將工廠蓋在越南，而非科羅拉多州。

企業，像消費者一樣，也面臨一大堆複雜的選擇。再次強調，指導原則相對簡單：長期來看，什麼能讓企業賺取最多的錢？

這一切都將我們引向生產者與消費者相遇的時刻。你願意為櫥窗裡的小狗付多少錢？基礎經濟學有個非常簡單的答案：市場價格。這一切都關乎供給和需求。在供應的狗的數量和消費者想購買的狗的數量恰好匹配時，價格就會達到平衡。如果潛在的寵物主人多於出售的狗，狗的價格會上升，有些消費者可能因此決定改買雪貂，一些寵物店也會因為預期更高的利潤，而找來更多狗出售。最終，狗的供應量會符合需求。令人驚訝的是，市場確實是這樣運作的。如果我選擇在納斯達克上賣出一百股微軟股票，我別無選擇，只能接受「市場價」，這個價格就是市場上出售的微軟股票數量恰好等於買家願意購買的股票數量。

大多數市場並不像教科書中那樣運作，例如GAP的運動衫並未像股票一樣，隨著合理價格的供需變化，而出現每分鐘波動的「市場價格」。相反地，GAP和大多數公司一樣，有某種程度的市場力量，簡單來說，GAP對它的售價有一定的控制權。它可以用九．九九美金販售運動衫，每件只賺取微薄的利潤，或是可以賣二十九．九九美元，雖然銷售會大幅減少，但每件利潤會更可觀。如果你此刻有興趣做些計算，或者我有興趣寫這一方面的內容，那麼我們現在就能找到最大化利潤的價格，我記得自己在期末考曾看過這個題目。基本的要點是，GAP會試圖選擇一個價格，使得該價格所帶來的銷售量，能為公司賺取最多的利潤。行銷主管可能會出現錯誤：他們或許會將商品定價過低，結果被搶購一空；或者定價過高，導致庫房裡堆滿了運動衫。

其實，還有另一個選擇。公司可以嘗試以不同的價格向不同的人銷售相同的商品（它有個很炫的名字叫「價格歧視」），下次你坐飛機時，試試這個實驗：詢問鄰座的人花了多少錢購買機票。或許和你的價格不同，甚至相差甚遠，你們坐在同一班飛機上，飛往同樣的目的地，吃著同樣的花生，但你們的機票價格可能差到幾位數。

對航空業來說，基本的挑戰是區分商務客和度假旅客，因為商務客願意花大錢買機票，而度假旅客的預算有限。如果航空公司每張機票的價格都相同，無論選擇的價格是多少，一定都會損失一些利潤。商務客或許願意花一千八百美元購買芝加哥到舊金山的來回機票，但只是去參加堂兄弟婚禮的人，預算不會超過兩百五十元。如果航空公司收取高票價，就會失去所有度假旅客；如果收取低票價，就會失去能從商務客身上賺取的利潤。該怎麼做呢？學習區分商務客和度假旅客，然後向不同群體收取不同票價。

航空公司非常擅長此道。為什麼彈性機票的費用通常比需付高額手續費才能更改航班的票更貴？因為商務客通常比遊客需要更多靈活性，所以他們願意提前支付更多費用，以便在最後一刻更改機票。同樣地，提前兩周購買通常比在起飛前十一分鐘買票便宜得多。遊客會事先計畫行程，而商務客（還有非常富有的人）傾向在最後一刻購票。航空公司是差別定價最明顯的例子，但如果你四處觀察，就會發現這種情況無處不在。在二〇〇〇年總統選舉期間，艾爾・高爾（Al Gore）抱怨他母親和他的狗服用相同的關節炎藥物，但他母親的處方藥價格更高。無論他是否在知道人狗之間的定價差異後杜撰了這個故事，這仍是個完美的例子。事實上，同樣的藥物以不同的價格賣給狗和人並不奇怪，就像機位一樣，人們會為自己的藥物支付比寵物藥物更多的錢。所以，利潤最大化的策略就是對兩條腿的病人收取一種價格，對四條腿的病患收取另一種價格。

隨著技術的發展，企業可以收集更多客戶的訊息，差別定價也越來越普遍。例如，現在可以對線上訂購的客戶收取不同的價格，而不只是以電話購物的客戶。或是，公司可以依客戶過去的購買模式，對不同的線上客戶收取不同的價格。像Priceline這種公司（消費者競標旅行服務的網站）背後的邏輯就是，每個顧客理論上都可以為機票或飯店房間支付不同的價格。《華爾街日報》一篇名為〈技術如何調整價格〉的文章中指出：「雜貨店似乎都採用統一定價的模式，但到了今天，它們也會有定價，有優惠券價格和常客卡價格，商店也會利用常客卡收集顧客購物習慣的詳細數據。」[9]

從這些現象中，我們能推斷出什麼？消費者試圖讓自己過得更好，而企業試圖讓利潤最大化。這似乎是簡單的概念，卻能告訴我們許多關於世界運作的重要訊息。

市場經濟是一股能讓我們生活變得更好的強大力量，企業獲利的唯一方法是提供我們想購買的物品，它們創造新的產品，從保溫咖啡杯到救命的抗生素，或是改進現有的產品，讓它變得更便宜或更好。這種競爭對消費者而言是極其有利的。一九九〇年，從紐約打電話到芝加哥，三分鐘收費五．四五美元，相當於今日的一百四十美元。現在只要你有不限通話次數的手機費率，這種通話基本上是免費的。利潤刺激了偉大工作的出現，甚至在高等教育、藝術和醫學等領域也是如此。有多少世界領袖需要做開心手術時，會飛到北韓？

同時，市場是不講道德的。不是不道德，而是不講道德。市場獎勵稀缺性，而這與價值本身並無關聯。鑽石一克拉價值數千美元，而水幾乎免費（如果你敢直接喝水龍頭的水）。如果地球上沒有鑽石，我們會覺得不方便；如果水都消失了，我們會死。市場提供的不是我們需要的商品；而是提供我們**想購買**的商品。這是關鍵的區別。美國的醫療體系不為窮人提供健康保險，為什麼？因為他們付不起。我們最有才華的醫生會為好萊塢巨星進行隆乳或拉皮手術，為什麼？因為他們付得起。與此同時，企業可以做些缺德事賺大錢，為什麼歐洲犯罪集團會綁架東歐的年輕女孩，並將她們賣到更富有的國家做妓女？因為這是有利可圖的。

事實上，罪犯是最具創新精神的人。毒販將古柯鹼從生產地（南美叢林）運送到消費地（美國大小城鎮），可以賺得巨額利潤。當然，這是非法的，美國當局投入大量資源來攔截這些走私毒品，防止毒品流入潛在消費者手上。與其他市場一樣，那些想方設法逃離當局追捕的販毒份子會獲得豐厚的利潤。

海關官員非常擅長查緝大規模跨國毒品走私，因此毒販們發現繞過邊境檢查，讓違禁品搭小船走海路進入美國會更容易。當美國海岸警衛隊開始追蹤漁船時，毒販又投資於能跑過執法機關的「快艇」。當美國執法機關採用雷達和直升機追捕快艇時，毒販再次創新，像山寨製作「魔鬼氈」或「iPhone」一樣，他們自製出潛水艇。二〇〇六年，海岸警衛隊偶然發現一艘四十九英呎長的潛水艇，它是在哥倫比亞的叢林中手工製作的，能躲避雷達，且可承載四個人和三噸古柯鹼。二〇〇〇年，哥倫比亞警方突襲了一個倉庫，發現一艘正在建造中的潛水艇，長一百英呎，能載運兩百噸的古柯鹼。海岸警衛隊少將約瑟夫．尼米奇（Joseph Nimmich）告訴《紐約時報》：「就像任何一種生意一樣，如果你損失越來越多的貨物，就會努力找出另一種方式。」[10]同樣的例子還有隧道。二〇一一年，警方發現一條長四百碼的隧道，連接了墨西哥的提華納市和聖地牙哥南部的一處倉庫，[11]美國邊境巡邏隊便開始使用機器人搜尋邊境是否還有這樣的隧道，[12]二〇一二年，毒販利用空氣砲將裝滿大麻的罐頭射過邊境，進入亞利桑那州。[13]這樣的事情還有很多。

市場如同進化論一樣，是一種極其強大的力量，因為它獎勵敏捷、強壯且聰慧的人。話雖如此，最好記住，地球上最適應環境的兩個物種就是老鼠和蟑螂。

我們的系統利用價格來分配稀缺資源。既然一切值得擁有的事物都是有限的，那麼任何一種經濟體系的最基本功能，就是決定誰能得到什麼。誰能拿到超級盃的門票？願意付最多錢的人。誰在舊蘇聯的最高蘇聯盃中擁有最好的座位（假設有這種活動存在）？由共產黨選擇人選，價格與此無關。如果莫斯科屠夫收到一批新的豬肉，他會標上國定豬肉價格，如果價格夠低，導致消費者多於豬肉量，他也不會提高價格來賺取更多現金；只能將豬肉賣給排在隊伍前面的人，隊伍尾端的人就沒這好運氣了。資本主義和共產主義都會配給商品，我們透過價格做到這一點，蘇聯透過排隊做到這一點（當然，共產黨也有很多黑市，屠夫很可能會在後門非法販售多餘的豬肉）。

因為我們使用價格來分配商品，多數市場都會自我校正。石油輸出國組織（OPEC）的石油部長們會定期在某個異地開會，達成限制全球石油生產的協議。隨後會發生幾件事：一、石油和天然氣價格開始上漲；二、政客開始紛紛提出各種干預石油市場的想法。但高價格就像發燒，它既是症狀，也是潛在的治療。當政客在眾議院發表言辭激烈的演講時，一些重要的事情開始發生。我們開車的次數減少了，拿到暖氣費帳單後，決定為閣樓加裝隔熱層，在我們走進福特汽車展廳時，會直接走過Expeditions車型，直奔Escort。

二〇〇八年，油價接近每加侖四美元時，美國消費者的快速反應甚至讓經濟學家都感到驚訝。美國人開始購買更小型的車輛（休旅車銷量暴跌，小型車銷量上升），開車的總里程減少了（三十年來第一次月度下降），開始搭乘公車和火車，很多人是第一次搭大眾運輸，公共交通的乘客量比任何時候都高，甚至比五十年前州際公路尚未建成時還多。[14]

並非所有行為改變都是健康的。許多消費者從汽車換成摩托車，雖然省油，卻更危險。美國摩托車死亡人數持續下降數年後，在一九九〇年代中期開始上升，正好是油價開始上漲的時候。《美國公司衛生期刊》的一項研究估計，油價每增加一美元，每年摩托車死亡人數就會增加一千五百人。[15]

高油價也會引發供應面的變化。OPEC以外的石油生產國開始加大石油開採，才能好好利用這波漲價；事實上，OPEC國家通常也會在自己的生產配額上作弊。美國國內的石油公司開始開採油價低時並不划算的油井，與此同時，許多聰明人開始更認真地研究並商業化替代能源。隨著供應量上升，需求減少，油價和天然氣價格開始下滑。

如果我們固定市場體系中的價格，私營企業會找到其他方式競爭。消費者經常懷舊地回顧「過去」搭飛機旅行的日子，那時餐點好吃，位置更大，人們旅行時也會注意穿著打扮。這不只是懷舊情緒，經濟艙的飛行品質的確大幅下滑，但機票價格下滑的速度更快。在一九七八年前，機票由政府定價，從丹佛飛往芝加哥的每班飛機票價都一樣，但美國航空和聯合航空仍在爭奪顧客，當時他們利用服務品質做出區分。當行業放寬管制後，價格成為主要競爭指標，這大概是因為消費者更在乎價格。從那時起，所有與飛機相關的事物都開始變得不那麼愉快，但經過通膨調整後，平均票價已經下降了近一半。

一九九五年，我在南非旅行時，對沿途加油站的卓越服務感到驚訝不已。員工穿著整齊的制服，常常還戴著領結，會迅速跑來加油，檢查機油，並擦拭擋風玻璃。洗手間一塵不染，與我在美國開車時看到的恐怖畫面大相徑庭。南非有什麼特殊的加油站服務理念嗎？沒有。油價由政府制定，因此加油站雖然是私營企業，就只能透過領結和乾淨的洗手間來吸引顧客。

每一個市場交易都讓所有參與方變得更好，企業在追求自己的最佳利益，消費者也是。這是個簡單的概念，卻擁有巨大的力量。舉一個具有爭議的例子：亞洲的血汗工廠問題其實在於數量不夠多，成年勞工自願在這些條件惡劣且低薪的工廠內工作（我說的不是強迫勞動或童工，這兩者是不同的問題）。因此，兩種情況中必須有一種成立：其一是工人選擇在血汗工廠做這令人不悅的工作，因為這是他們僅有的工作選擇；其二是亞洲的血汗工廠工人比較不聰明，雖然有許多更具吸引力的工作機會，但他們繼續選擇在血汗工廠工作。

大多數反對全球化的論點都在暗示第二種情況。反全球化的抗議者常常試圖表明，如果我們縮減國際貿易，從而關閉為已開發國家生產鞋子和手提袋的血汗工廠，那麼開發中國家的工人將會過得更好。但這到底怎麼讓貧窮國家的工人過得更好呢？如此並不會創造任何新的機會。這種作法唯一有可能提升社會福利的情況，就是解僱血汗工廠的工人，而他們可以接受更新、更好的工作，那些他們在血汗工廠工作時可能會忽略的機會。試問，最後一次美國的工廠關閉，卻被稱為對工人有益的消息，是什麼時候？

血汗工廠按西方標準來看，是個可怕的地方。是的，有人可能會說，耐吉公司應該出於純粹的利他主義，支付外國工人更高的工資。但這種工廠是貧窮的症狀，而非原因。耐吉給越南工廠一般工人的年薪大約是六百美元，這是個可悲的數字，但它也是越南工人平均年收入的兩倍。[16]事實上，血汗工廠在像南韓和台灣這類國家的發展中扮演了重要角色，我們將在第十二章討論這一點。

既然經濟學的假設基礎，在於人類行為的目標是讓自己更好，可能會引出一個合理的疑問：我們真的有那麼理性嗎？結果發現，並非總是如此。對「絕對理性」概念的最猛烈攻擊來自一個看似愚蠢的觀察，經濟學家理查．塞勒（我前面提到的二〇一七年諾貝爾獎得主）幾年前舉辦了一場晚宴，餐前他端出一碗腰果，他注意到賓客吃得非常快，甚至可能會因此影響晚餐的胃口。於是，塞勒拿走了那碗腰果，這時賓客們竟然感謝他。[17]

不管你相信與否，這個小插曲揭露了微觀經濟學基本原則的一個缺陷，並引導了塞勒之後的大部分研究：理論上，想透過剝奪理性個體的某些選擇，來讓他們過得更好，應該是不可能的。不想吃太多腰果的人，只要不吃就好了，但他們沒有這麼做。那個發現的影響遠遠不只是加鹽堅果。舉例來說，如果人們缺乏自律，無法做些他們知道長久之後會讓自己過得更好的事（例如減肥、戒菸或為退休儲蓄），那麼社會有可能透過幫助（或強迫）他們做些不願或無法做的事，來讓他們過得更好，就像是把腰果碗拿走的公共政策。塞勒在諾貝爾晚宴演講中說道：「人們總是心不在焉，常常會有點超重、常常推延，還會出了名的過度自信，當然，我們仍需要傳統經濟學理論，但若想做出精準預測，我們需要加入社會科學的見解，來豐富這些理論。」[18]

行為經濟學結合了心理學和經濟學，提供人類如何做決策的深刻見解。普林斯頓大學心理學和公共事務教授丹尼爾．康納曼（Daniel Kahneman）研究人們如何在不確定性下做出決策，尤其是「人類決策如何系統性地偏離標準經濟學理論的預測」，因而在二〇〇二年獲得諾貝爾經濟學獎。[19]

康納曼和其他人提出了「有限理性」的概念，多數人會以直覺或經驗法則做決策，就像看天空來判斷會不會下雨，而不是花幾個小時研究天氣預報。大多數時候，這種方法很好用，有時候不行。行為經濟學家研究這些經濟法則如何導致我們做出那些長期來看會影響自身效用的決策。

例如，一個人不一定總是對危險和機率有特別精細的感知。最近，我在新罕布什爾州欣賞一輛停在人行道上的大型哈雷摩托車（該州騎車不用戴安全帽），車主走過來問我：「你想買嗎？」我回答說摩托車對我來說有點太危險了，他驚訝地說：「你敢坐飛機，不是嗎！」

事實上，騎摩托車每公里的風險是飛行的兩千倍，這不是一個完全公平的比較，因為摩托車旅行通常短得多。即使如此，任何一次摩托車之旅，不管長短，都比任何一次搭飛機失事死亡的機率高十四倍。傳統經濟學表明，有些人選擇騎摩托車（無論是否載安全帽），因為他們從高速的快感中獲得的效用超過了他們承擔的風險，這是完全理性的選擇。但如果人們做決策時並不理解其中涉及的真正風險，那麼它也許不是一個理性的取捨。

行為經濟學已經發展出這類潛在錯誤的目錄，其中許多錯誤顯然是日常生活的一部分。許多人並未擁有我們想要擁有的自我控制能力，八成的美國吸菸者說他們想戒菸，但大多數人沒有做到。一些非常著名的經濟學家，包括諾貝爾獎得主，已經爭論了數十年，認為「理性上癮」是存在的，意即個人在買下第一包香菸時，會考慮到成癮的可能性，以及未來所有成本。曾對吸菸行為進行大量研究麻省理工學院經濟學家強納森．格魯伯（Jonathan Gruber）覺得這是胡說八道。他認為消費者並未像標準經濟學模型所假設的那樣，理性地權衡吸菸帶來的樂趣和未來健康風險及其他成本。格魯伯寫道：「這個模型建立在對吸菸決策的描述上，這與實驗室證據、吸菸者行為、計量經濟（統計）分析和常識相悖。」[20]

在某些情況下，我們也可能缺乏做出明智決策所需的基本知識。喬治華盛頓大學商學院的安娜瑪麗亞．盧薩爾迪（Annamaria Lusardi）和賓州大學華頓商學院的奧利維亞．米契爾（Olivia Mitchell）對五十歲以上的美國人進行了一項大規模的金融知識調查。只有三分之一的人能做出簡單的利率計算，多數人不了解投資多元化的概念（如果你也不知道這是什麼，我們在第七章會介紹）。基於盧薩爾迪的研究，「金融文盲」是普遍存在的。[21]

這不只是學者在教師休息室裡討論的有趣小事。錯誤的決策會帶來不良的後果，對所有人來說都一樣，全球金融危機便可說是根源於不理性的行為。我們行為的「經驗法則」就是在隨機中看見模式，我們假設現在發生的事，未來會再發生，即使數據、機率或基本分析都提出相反的結論。連續四次擲硬幣出現正面，就會認為這代表「幸運」；連續投籃命中三次的球員就是「手氣好」。

一組認知心理學家透過分析NBA數據，並對康乃爾大學的男女籃球隊進行實驗，藉此推翻籃球中的「熱手效應」理論，對這一領域做出持久的貢獻（這是少數訪問了費城七六人隊的學術論文之一）。九一%的籃球迷相信，「比起前兩、三球投籃失敗，前兩、三球投籃命中的球員更有可能再次投籃得分。」事實上，沒有證據顯示上一球進籃與否會影響下一球——無論是在七六人隊的比賽，還是波士頓塞爾提克隊的罰球，或是被當成控制組的康乃爾球員投籃。[22]

籃球迷會對此感到驚訝，正如二〇〇六年，許多房屋主人會對房地產價格停止上漲感到驚訝一般。許多人在假設價格會持續上漲的情況下借了很多錢，後來出現一波法拍屋，並對全球經濟產生了毀滅性的連鎖反應——這比吃太多腰果更為嚴重。第三章將討論公共政策應該如何應對我們的非理性傾向。

正如約翰・甘迺迪的名言：「生活是不公平的。」資本主義在某些重要方面也不公平，那麼它是一個好制度嗎？

我會說，市場經濟對經濟學而言，正如民主對政府的意義：在許多壞選擇中，是個體面但有瑕疵的選擇。市場符合我們對個人自由的看法，我們或許對政府是否應強制我們戴安全帽產生意見分歧，但多數人同意政府不應告訴我們住哪裡、做什麼工作，或怎麼花錢。的確，當我花錢買小狗的生日蛋糕時，絕不是什麼合理花費，因這筆錢本可以用來給非洲的小孩接種疫苗。但任何一個強迫我把錢花在疫苗，不是小狗生日蛋糕的體制，最終只能透過壓迫才能維持。二十世紀的共產主義政府利用控制人民的生活，來控制他們的經濟，但過程中往往同時摧毀了經濟和人民。二十世紀，這些政府在和平時期殺害了約一億名自己的人民，無論是因鎮壓或饑荒。

市場符合人性，因此在激勵實現潛力方面極為成功。我寫這本書，是因為我喜歡寫作。我寫這本書是因為我相信經濟學對普通讀者來說也是有趣的。我寫這本書是因為我兩個孩子就快上大學了。我們能從工作中直接受益時，會更努力工作，而努力工作通常會帶來重大的社會收益。

最後，最重要的是，我們可以也應該利用政府，以各種方式改變市場。二十世紀的經濟戰爭是資本主義和共產主義的戰爭，資本主義勝利了，即使我的左翼姐夫也不相信集體農業或公有鋼鐵廠會成功（雖然他曾說，他希望能看到一個模仿美國郵政系統的醫療保健體系）。另一方面，理性的人可以激烈的討論政府應在何時、以何種方式參與市場經濟，或是對受到資本主義不公正對待的人提供什麼樣的安全網。二十一世紀的經濟論戰將集中於我們的市場應該有多自由。

第二章

誘因很重要：為什麼割掉鼻子可以保住臉（如果你是黑犀牛）

黑犀牛是地球上最瀕臨絕種的物種之一，分布於南非，數量從一九七〇年的六萬五千隻減少至目前約五千隻。這是一場生態災難，而基礎經濟學可以告訴我們，這個物種為何會身處困境，甚至或許能告訴我們該怎麼解決。

為什麼人們要殺黑犀牛？和他們販毒或逃稅的理由一樣。因為相對於被抓住的風險，他們可以大賺一筆。在許多亞洲國家，黑犀牛角被認為是一種強效春藥和退燒藥，它也用於製作傳統葉門匕首的劍柄，一隻犀牛角在黑市上能賣到三萬美元，這對人均年收入不到一千美元的國家來說，無疑是筆豐厚的金額。換句話說，對貧困的南非人來說，黑犀牛死了比活著更有價值。

不幸的是，這是一個無法自我修正的市場。與汽車或個人電腦不同，企業無法在供應減少時，生產新的黑犀牛。事實上，有股恰好相反的力量在發揮作用，隨著黑犀牛越來越瀕危，犀牛角的黑市價格上漲，進一步誘使盜獵者捕殺剩餘的動物。這種惡性循環因另一個常見的環境挑戰而加劇：大多數黑犀牛屬公共財產，而非私人財產。這聽起來或許很美好，但事實上，帶來的保育問題更多。想像一下，假如所有黑犀牛都屬於一位貪婪的牧場主人，他會毫無心理負擔地將犀牛角製成葉門匕首柄販賣，根本不在乎環境保育問題；事實上，他極度自私刻薄，只要能帶來效用，他還會踢狗。但這個食人魔般的犀牛牧場主人會讓犀牛群在五十年內從六萬五千隻減少到五千隻嗎？絕對不會。他會繁殖並保護這些動物，才能永遠有大量的犀牛角供應市場，就像養牛牧場主管理牛群一樣。這與利他主義無關，完全是將稀缺資源的價值最大化有關。

另一方面，公共資源帶來一些獨特的問題。首先，生活在這些巨型動物附近的村民通常無法從中獲得任何利益；相反地，像犀牛和大象這種大型動物可能會對農作物造成重大損害。想像自己站在當地村民的角度，想像那些非洲人民突然對北美褐鼠的未來產生濃厚興趣，而保護策略至關重要的一環，就是允許這些動物在你家中生活繁衍。再進一步想像，一個盜獵者來到你家，給你現金，讓你說出地下室的褐鼠巢穴位置。嗯……的確，全球數百萬人從保育黑犀牛或山地大猩猩這樣的物種中獲得了效用，但這其實可能也會成為問題的一部分；人們很容易只想「搭便車」，讓別人或別的組織承擔保育工作。過去一年，你為保護瀕危動物貢獻了多少時間和金錢？

旅遊社和野生動物觀察業者可以透過帶富有旅客觀賞稀有的野生動物賺取豐厚的利潤，他們也面臨相似的「搭便車」問題。如果某家旅行社在保育工作上投入大量資金，那其他未作投資的公司也能享受到保護黑犀牛帶來的所有好處，那麼那家花錢做保育工作的公司就會在市場中處於成本劣勢。他們不得不提高團費（或者不得不接受較低的利潤率），以便彌補保育投資的成本。顯然，政府在這方面必須介入。但撒哈拉以南的非洲政府資本匱乏，最糟糕的是，許多政府腐敗或功能不彰。唯一擁有明確且強大誘因的角色是盜獵者，他們獵殺剩餘的犀牛，鋸下犀牛角，來賺取巨額收入。

這種情況相對令人沮喪。但經濟學至少能提供一些見解，幫助我們理解如何拯救黑犀牛和其他瀕危物種。要制定一個有效的保育策略，必須適當調整生活在黑犀牛自然棲息地附近人們的誘因機制。也就是說，給當地居民一個理由，讓他們希望這些動物活著，而不是死去，這就是新興生態旅遊業的基本理念。如果遊客願意支付大量金錢來觀賞並拍攝犀牛，且更重要的是，如果**當地人能從中分得一些利潤**，那麼當地居民就有很大的誘因去保護這些動物的生命。哥斯大黎加實現了這種模式，該國將二五%的國土劃為國家公園，成功保護了熱帶雨林和其他生物，現今旅遊業每年能創造超過十億美元的收入，占國民收入的一一%。[1]

可悲的是，目前山地大猩猩的情況正好相反。山地大猩猩也是瀕臨絕種的物種，因黛安．佛西（Dian Fossey）所著《迷霧中的大猩猩》（*Gorillas in the Mist*）而聞名，據估計，東非密林中只剩六百二十隻山地大猩猩。然而，該地區的國家——烏干達、盧安達、蒲隆地和剛果——正經歷一連串內戰，當地旅遊業也因此受到重創。過去，當地居民保護大猩猩棲息地並不是因為他們有多尊敬山地大猩猩，而是因為從遊客身上賺到的錢，超過他們砍伐大猩猩棲息地的森林。隨著當地暴力衝突持續不停，局勢發生改變，一位當地人告訴《紐約時報》：「（大猩猩）在吸引遊客時很重要。如果沒有遊客，牠們就不重要。如果遊客不來，我們就會去森林碰碰運氣。在以前，我們可是很厲害的伐木工。」[2]

與此同時，保護官員正在嘗試另一個經濟學最基礎的想法。黑犀牛被殺，是因為牠們的角能賣得很高的價錢，如果沒有角，那麼或許就沒有理由去盜獵這些動物。因此，有些保育官員開始抓捕黑犀牛，鋸下牠們的角，然後再放回野外。如此一來，雖然犀牛相對於一些掠食者有些劣勢，但被最致命的敵人——人類獵殺的可能性降低了。這方法有效嗎？證據結果不一。某些情況下，盜獵者仍持續獵殺去了角的犀牛，原因有很多，獵殺去角的動物能節省盜獵者追蹤動物的時間；此外，去角犀牛仍能賣得一筆錢，甚至角的殘根也能賣錢。而且，遺憾的是，即使沒有角，死去的犀牛會讓這個物種變得更瀕危，從而提高現有犀牛角的價值。

納米比亞甚至允許戰利品獵人射殺犀牛來保護牠們。這種想法並沒有想像中荒唐（儘管存在爭議）。每年，納米比亞政府會拍賣最多五張黑犀牛獵殺許可證；獵人的獵殺費通常定在每隻三十五萬美元，所有收入都會用於保育工作。建立保護區、在野生犀牛角上植入傳感器，以追蹤牠們的蹤跡、健康，以及打擊盜獵者。這些犀牛獵人只允許獵殺超過正常繁殖年齡的老年公犀牛，正如一位支持者所指出的：「獵殺一隻犀牛可能會拯救更多犀牛免於被屠殺。」[3]

這一切都忽略了需求面。我們應該允許由瀕危物種製成的產品交易嗎？大多數人會說不。美國等國家將犀牛角匕首列為非法，如此可以降低整體需求，從而減少盜獵者獵殺這些動物的誘因。同時，也有一種可信的不同意見：有些保育官員認為販賣合法積存且有限數量的犀牛角（或象牙），能產生兩個有益的效果。首先，它將籌集資金，幫助財政困難的政府支付反盜獵所需的費用；其次，這將降低這些非法物品的市場價格，從而減少盜獵動機。

就像任何複雜的政策問題一樣，沒有標準答案，但有些處理問題的方式比其他方式更有成效。重點是，保護黑犀牛至少和經濟學一樣，與科學有關。我們已知黑犀牛如何繁殖、吃什麼、棲地在哪裡，我們需要弄清楚的是如何阻止人類獵殺牠們，而這需要理解人類行為，而非黑犀牛的行為。

誘因很重要。如果工作能得到佣金，我們會更加努力；如果油價上漲，我們會減少開車；我對學生的指定讀物進行測驗時，他們更有可能讀完那本書。亞當・斯密在《國富論》提出一個見解：「屠夫、釀酒師或麵包師不是出於仁慈提供我們晚餐，而是出於他們自己的利益。」比爾・蓋茲不是為了加入和平部隊才自哈佛休學，而是為了成立微軟，這使他成為地球上最富有的人，並在過程中引發個人電腦革命，讓我們所有人也從中受益。自利驅動世界運行，這一點非常顯而易見，明顯到讓人覺得有些愚蠢，但卻經常被忽視。老話說：「各盡所能、各取所需。」它構成了一首美妙的民謠，但在經濟體系中，這句話卻導致了從低效到大規模饑荒等所有問題。在任何不依賴市場的體系中，個人誘因通常與生產力脫節，企業和工人不會因創新和努力工作而得到獎勵，也不會因懶惰和低效而受到懲罰。

情況會有多糟？經濟學家估計，在柏林圍牆倒塌時，有些東德汽車工廠其實價值大跌。由於製造過程極為低效，最終產品的品質也很低劣，生產出來的汽車價值甚至低於投入的成本。基本上可以說，他們有完美的鋼鐵卻毀了它！這種低效的情況也存在於名義上是資本主義，實際上經濟大部分由政府擁有和營運的國家，例如印度。一九九一年，印度斯坦肥料公司（Hindustan Fertilizer Corporation）已經營運了十二年，[4]每天有一千兩百名員工上班，宣稱目標是生產化肥。只是有個小小的問題：這家工廠從未生產過任何可銷售的化肥，什麼都沒有。政府官僚用公共資金經營這家工廠；安裝的機械從未正常運作過。然而，一千兩百名員工每天都來上班，政府也持續支付薪資，整個企業就是場工業鬧劇。它之所以勉強運作，是因為沒有機制強迫它關閉。當政府為企業提供資金時，就沒有生產商品並以高於生產成本價格出售的需求。

這些例子看來在某種程度上很可笑，但其實不然。現在，北韓經濟已經混亂到無法自給自足，也無法生產任何足夠有價值的東西來和外界交換大量的食物。根據外交官、聯合國官員和其他觀察家的說法，這個國家正處於饑荒邊緣。這場大規模的饑荒將可能重演一九九〇年代的悲劇，那場饑荒奪走了一百萬條人命，六成的北韓兒童因此營養不良。記者描述當時饑餓的人們只能吃草，並在鐵路軌道上尋找掉落的煤塊或食物。

在美國，人們對兩個能源相關問題感到非常憂慮：我們對外國石油的依賴，以及二氧化碳排放對環境的影響。對經濟學家來說，這些問題相互關聯，而解決這些問題的辦法簡直易如反掌：提高化石能源的成本。如果成本變高了，使用量會減少，污染也會因此減少。我記得很清楚，小時候父親不太熱愛環境，但卻像個鐵公雞一樣，在家裡四處走動，關閉衣櫃門，然後告訴我們，他不會為我們的衣櫃開冷氣。

與此同時，美國公共教育的運作更像是北韓，而不是矽谷。以教育中與誘因有關的顯著現象為例：美國教師的薪資與表現完全無關；教師工會一直反對任何形式的績效薪資。相反地，幾乎所有公立學校的薪水都是依經驗和年資這些與教學表現不太有關的因素來決定的。這種統一的薪資制度創造了經濟學家所稱的逆向選擇誘因，由於最有才華的教師通常在其他專業也能做得很好，他們有強烈的誘因離開教職，去尋找那些薪資與生產力更有關聯的工作。對最不具才華的教師而言，誘因則恰好相反。

這個理論很有趣，資料更是驚人。當以測試成績作為能力指標時，最聰明的人會在每個階段都遠離教職，最聰明的學生在大學最不可能選擇教育系；主修教育的學生中，那些考試成績好的，較不可能成為教師；進入教學行業的學生中，考試成績最高的人最有可能早早離開教職。這一切並不能證明美國教師已得到足夠的薪資，許多教師，尤其是那些因熱愛教學而選擇留下的人，薪水並不高。但一般問題仍然存在：只要是教師薪資平等的體系，都會強烈刺激最有才華的教師尋找其他工作機會。

寫到這裡，要提醒大家：金錢並不是完美的誘因，有時甚至不起作用。哈佛經濟學家羅蘭．弗賴爾（Roland Fryer）在全國數百個學校進行實驗，想知道付錢給學生，是否能讓學生改善學業成績（如提高考試成績），例如，芝加哥的九年級學生如果學業有大幅進步，可以賺得兩千美元。結果如何？完全沒有用。可以得到獎金的學生與沒有這類誘因的對照組學生，兩者表現沒有任何區別。

弗賴爾的理論是，學生不知道如何提升自己的表現，因此，提供現金誘因，希望他們表現得更好，並不會產生實質性的行為改變。在另一個實驗中，二年級學生每讀一本書，就能得到兩元。這種針對投入的獎勵（學生可以直接控制的東西）確實改變了行為，最終提升了成績（雖然學生不會因這些成績而獲得獎勵）。[5]與此同時，處罰不良行為可能會使人的行為變得更糟，而不是更好。以色列的幾個經濟學家進行了一項實驗，如果父母到托兒所接小孩時，遲到十分鐘以上就要罰款，遲到的父母數量反而翻倍。最好的解釋是，罰款抹去了遲到的羞恥感，將其替換為一個「價格」；家長讓孩子留校不會再過意不去，因為他們現在為此付出費用。[6]

人類是複雜的生物，他們會盡可能讓自己變得更好。有時，預測這一過程的結果很簡單，有時卻極其複雜。經濟學家經常提到「不當誘因」，即當我們打算做某件事時，不經意創造的誘因偏離了一開始的目標。在政策圈中，有時稱此為「意外後果法則」。以一項出於善意的提案為例：要求所有嬰孩在搭飛機時必須使用兒童座椅。在柯林頓政府期間，FAA（聯邦航空管理局）局長珍・加維（Jane Garvey）在一次安全會議上表示，她的機構致力於「確保兒童在飛機上和成人一樣安全」。當時的美國國家運輸安全委員會主席詹姆斯・霍爾（James Hall）感慨，行李在起飛前必須妥善存放，而「飛機上最珍貴的貨物——嬰兒和幼兒卻沒有被約束」。[7]加維和霍爾舉出幾個案例，嬰兒若是受到約束，在墜機中就有可能生還。因此，要求嬰孩在飛機上使用安全座椅，可以預防受傷並挽救生命。

但是，這有用嗎？使用安全座椅代表要求家庭在飛機上多購買一個座位，這大幅增加飛行成本。航空公司不再提供高額兒童折扣；兒童必須占位，且可能至少要幾百美元。因此，一些家庭可能會選擇開車，不搭飛機。然而，開車的危險性遠高於飛行，就算有用安全座椅也一樣。因此，要求在飛機上使用安全座椅，可能會導致更多兒童（甚至成人）受傷和死亡，而不是減少。

再舉另一個例子，說明因為未仔細思考誘因，就可能造成好心辦壞事的結果。墨西哥市是世界上污染最嚴重的城市之一；周圍的山脈和火山困住城市的污濁空氣，《紐約時報》形容它是「一種灰黃色的污染布丁」。[8]從一九八九年開始，政府展開對抗污染的計畫，而這些污染大部分來自汽車和卡車排放，新的法律要求所有汽車每周輪流停駛一天（例如，某些車牌號碼的車輛周二不能上路）。這個計畫的邏輯很簡單，路上的車子越少，空氣污染就越少。

那麼，結果如何呢？正如預期，許多人不喜歡駕駛日受限的不便，分析師或許早就能預測到人們的反應，但他們卻沒有預料到，有能力購買第二輛車的家庭購買了第二輛車，或者在購買新車時保留舊車，好讓他們不管哪一天都一定有車可用。這使得排放情況比沒有政策時還糟糕，因為路上的舊車比例上升，而舊車比新車污染更嚴重。這項政策的淨效果是讓更多污染車輛上路，而非減少。隨後的研究發現，整體汽油消耗量增加了，空氣品質也完全沒有改善，這項政策後來被廢除，取而代之的是強制排氣測試。[9]

好的政策運用誘因來達成某個正向目的。倫敦便是運用市場邏輯來解決塞車問題：

提高尖峰時間的開車成本。自二〇〇三年開始，倫敦市開始對早上七點至下午六點半之間所有進入市中心八平方英里區域的駕駛人收取五英鎊（八美元）的交通擁擠稅。[10]二〇〇五年，交通擁擠稅漲到八英鎊（十三美元），二〇〇七年，擴大了收費區域。駕駛人需要透過電話、網路或特定商店支付費用，大約七百個地點安裝了攝影機掃描車牌，並與支付紀錄進行比對，未繳費的駕駛人會被罰款八十英鎊（一百三十美元）。

這項計畫旨在利用市場的最基本特徵：提高價格會減少需求。提高開車成本會讓一些駕駛人卻步，從而改善交通流量。專家們還預測公共運輸的使用量會增加，因為它是較便宜的替代選擇，也因為公車可以更快速地穿越倫敦市中心（更快速的旅程可以減少搭乘公共運輸的機會成本）。不到一個月，就出現明顯的變化：交通量減少了二〇%（幾年後穩定在降低一五%），堵塞區的平均時速加倍；公車誤點率減少了一半，搭乘公車的人數也增加了一四%。這項計畫唯一令人不悅的意外是，它對交通威懾作用太過強大，以致於交通擁擠稅的收入低於預期，[11]商店也抱怨這項費用會讓人們不願意進倫敦市中心購物。

好的政策利用誘因來引導行為達成預期結果，壞的政策或是忽視誘因，或是未能預見理性個體可能如何改變行為以避免受罰。

當然，私營部門的奇蹟在於，誘因會神奇地自我調整，讓每個人都能受益。對吧？不完全是。美國企業界從上到下充斥著競爭和錯誤誘因，你是否曾在速食店收銀機附近看過一種標語，寫著：「若您未收到收據，您的餐點免費。請聯絡經理。」漢堡王難道對提供收據讓你能好好記帳有強烈興趣嗎？當然不是。漢堡王不希望員工偷竊，而員工偷竊卻不被發現的唯一方式就是不透過收銀機交易，例如賣你漢堡和薯條，但不開收據，然後將現金中飽私囊。這就是經濟學家所說的「委託人—代理人問題」。委託人（漢堡王）僱用代理人（收銀員），收銀員有動機做出許多不一定符合公司最佳利益的事，漢堡王可以花很多時間和金錢來監控員工是否偷竊，或是它可以提供誘因，讓你來幫忙監控。收銀機旁的小標語就是一個巧妙的管理工具。

委託人—代理人問題在美國企業界的高層和基層都同樣存在，在很大程度上是因為經營美國大型公司的代理人（執行長和其他高階主管）並不一定是擁有公司的人（股東）。我持有星巴克的股份，但我甚至不知道執行長的名字，我要怎麼確定他（或她）會以我的最佳利益行事？事實上，有大量證據顯示，公司管理階層和漢堡王的收銀員沒什麼區別，他們都有動機不以公司的最佳利益做事。他們可能盜用公款，為自己購買私人飛機和俱樂部會員資格，或是做出利於他們卻不利於股東的戰略決策。舉例來說，令人震驚的是，三分之二的企業併購並沒有為合併後的公司增加價值，三分之一的併購使股東處於更糟的境地。為什麼這些非常聰明的執行長會經常做出那些看似沒有財務意義的行為？

經濟學家認為，部分是因為即使股東遭受損失，執行長仍能因併購受益。執行長透過策畫複雜的企業交易，吸引了大量關注，併購後，他將經營一家更大的公司，這幾乎總是能讓他更具聲望，即使新成立的公司比合併前的公司利潤更低。大公司有更大的辦公室、更高的薪水和更大的飛機，另一方面，有些併購和收購確實具有完美的戰略意義。作為一名對公司了解不多、擁有大量股權的股東，我要怎麼分辨其中的差異？如果我連星巴克執行長的名字都不知道，我要怎麼知道她（或他）不是把大部分時間花在辦公室追求迷人的秘書呢？天啊，這比做漢堡王的經理還難。

聰明的經濟學家曾一度認為股票期權是解決之道。它們與執行長的關係，應該等同於收銀機旁問你有沒有拿到收據的標語。大多數美國執行長和其他重要管理階層的大部分薪酬是以股票期權的形式支付的，期權持有者未來可以用某個預定價格購買公司股票，比如十美元。如果公司利潤很高，股票表現良好，價格上漲到例如五十七美元，那麼這些股票期權就變得非常有價值（能以十美元的價格購買一股市場價格為五十七美元的股票是多美妙的事）。另一方面，如果公司股票跌至七美元，期權就毫無價值。當你在公開市場上花七美元就能買到的東西，為何還要花十美元呢？這份薪酬架構的重點是讓執行長的誘因和股東的利益一致化，如果股價上漲，執行長會變富有，股東也能獲益。

結果證明，狡猾的執行長可以找到濫用期權遊戲的方式（就像收銀員可以找到新的偷竊方式）。在本書第一版發表之前，我請前聯邦準備制度主席保羅・沃爾克（Paul Volcker）閱讀本書，因為他曾是我的教授，他讀了，他喜歡這本書，但他說我不應該讚揚股票期權能夠成為協調股東和管理層利益的工具，因為它們是「魔鬼的工具」。

沃爾克是對的，我錯了。期權的潛在問題在於執行長可能做出一些短期內能拉抬公司股價的事，但這些決策對公司長期而言是有害、甚至是災難性的——在執行長賣出數萬份期權賺取天文數字的利潤後。哈佛商學院教授麥可・詹森（Michael Jensen）專注於研究管理誘因相關的議題，他對股票期權的看法甚至比沃爾克更嚴厲。他形容期權是「管理層的海洛因」，因為它創造了讓管理者尋求短期刺激的誘因，而對長遠未來造成巨大的傷害。[12]研究發現，授予大量期權的公司更容易從事會計詐欺行為，也更可能違約無法償還債務。[13]

與此同時，執行長（無論是否擁有期權）也面臨著監控上的困難。像雷曼兄弟和貝爾斯登（Bear Stearns）這樣的投資銀行，因為員工冒了巨大的風險，讓公司付出了代價而被摧毀。這是金融危機因果鏈中的關鍵環節；在華爾街，一個壞問題演變成了災難。全國各地的銀行能用魯莽的貸款促成房地產泡沫，因為它們可以迅速將這些貸款打包，即「證券化」後賣給投資者（銀行拿到你、我和其他人的抵押貸款一起打包，成套賣給願意用現金購買的買方，這樣買方在未來能獲得收入流，也就是我們每月償還的貸款）。如果這個過程負責任地運作時，這不是什麼壞事，銀行可以馬上收回資金，用於發放新的貸款。然而，如果忽略了「負責任」這幾個字，就變成壞事了。

前國際貨幣基金組織首席經濟學家西蒙．強森（Simon Johnson），在二〇〇九年於《大西洋》（*The Atlantic*）撰寫了一篇出色的金融危機事後分析。他指出，「主要的商業和投資銀行——以及與之並行的避險基金——是這十年來房市泡沫和股市泡沫的最大受益者，它們的利潤來自於日益增長的交易量，這些交易的基礎是相對較小的實體資產。每當一筆貸款被出售、打包、證券化和轉售時，銀行就會獲得交易費用，買入這些證券的避險基金也會因持有量增長賺取越來越多的費用。」[14]

每一筆交易都有內在風險，問題在於，靠買賣「有毒資產」賺取巨大佣金的銀行家並不承擔這些產品的全部風險；它們的公司才是風險承擔者。結果好時他們獲利，結果不好時公司損失。雷曼兄弟的案例幾乎就是這種情況。是的，雷曼的員工失去了工作，但那些該對公司倒閉負最大責任的人，卻不必歸還他們在公司景氣時賺到的巨額獎金。

還有一個應該被提及的有罪方是錯誤的誘因，它再次成為關鍵問題。信用評級機構——標準普爾（Standard & Poor）、穆迪（Moody）等——被認為應該是獨立的權威機構，負責評估這些新型產品的風險。許多現在成為金融危機核心的「毒資產」都獲得了極高的信用評級，部分原因是純屬不稱職。然而，問題在於，信用評級機構是由發行這些債券或證券的公司支付報酬，這情形有點像是二手車銷售商僱用一位鑑價師站在車場裡幫顧客提供有用的建議：「鮑伯，你要不要過來這裡，告訴客戶他是不是買到好車了。」你覺得那會多大用處？

至少就我所見，這些企業的誘因問題仍未解決，無論是對上市公司的高階管理人員，還是那些用公司資本冒險的員工來說。這裡存在一個根本性的衝突，難以解決。一方面，企業需要獎勵創新、冒險、洞見和努力工作等行為，這些行為對公司有益，能做好這些事的員工應該獲得豐厚的報酬——某些情況下，甚至是天文數字的報酬。另一方面，從事精巧工作（如設計新的金融產品）的員工，總是比他們的上司更了解自己在做什麼，而他們的上司又比股東更了解。挑戰便在於如何獎勵好的結果，同時避免創造出讓員工為了短期利益而操縱系統的誘因，這樣的操縱從長遠來看可能會對公司造成損害。

不一定非得是企業巨頭才能處理委託人—代理人問題，我們經常需要聘請那些誘因與我們相似但不完全相同的人，而「相似」和「完全相同」之間的區別，可能會帶來截然不同的結果。以房仲業者為例，這類無賴通常聲稱是為了你的最佳利益著想，但實際上並非如此，無論你是買房或賣房。我們先看買方的情況。房仲熱情地帶你參觀許多房屋，最後你找到了心儀的房子，到目前為止，一切順利。現在是時候和賣方商討價格了，你的房仲通常是你的主要顧問，然而房仲會根據最終成交價得到佣金，你出價越高，房仲賺得越多，整個過程結束得越快。

從賣方角度看也有問題，雖然這些問題比較微妙。你賣房子的價格越高，房仲賺得越多，這是件好事。但你們的誘因並不一致。假設你正在賣一棟價值三十萬美元的房子，房仲可能將價格定在二十八萬，並在二十分鐘內成交；或是房仲可以定價三十二萬，等待一位真正喜歡這個地方的買家。對你來說，定高價的好處是巨大的：四萬美元。你的房仲卻或許有不同的看法，高價代表需要花費幾周時間來展示房子、舉辦開放日，還要烤些餅乾，讓這個地方聞起來香香的。換句話說，這是項繁重的工作。假設佣金是三%，你的房仲幾乎什麼都不做時可以賺到八千四百元，努力好幾個禮拜可以賺九千六百元，你會選擇哪一個？無論買方或賣方，房仲最強烈的誘因是完成交易，無論價格對你是否有利。

經濟學教我們如何調整誘因。正如葛登・蓋柯（Gordon Gekko）在電影《華爾街》（*Wall Street*）中告訴我們的那樣，貪婪是好的，所以要確保它為你所用。然而，蓋柯先生並不完全正確。貪婪也可能是不好的，即使對完全自私的人來說也是如此。事實上，經濟學中一些最有趣的問題涉及理性個體在追求自己最佳利益的過程中，反而讓自己陷入更糟的境地。然而，他們的行為卻是完全符合邏輯的。

經典的例子是囚徒困境，這是個有些刻意設計、但極具影響力的人類行為模型。基本的概念是，兩個人因涉嫌謀殺而被逮捕，他們立即被分開，彼此無法溝通，以便分開訊問。他們牽涉的案子並不嚴重，警察想要他們認罪。事實上，當局願意提出交易，讓其中一人揭發另一個人是開槍的人。

如果兩個人都不認罪，警察將以非法持有武器指控他們，他們可能面臨五年刑期。如果兩個人都認罪，每個人將被判二十五年的謀殺罪。如果一個人背叛另一方，出賣者將作為共犯被判三年徒刑，而他的同夥將被判無期徒刑。結果是什麼？

這兩個人最好的集體利益是保持沉默，但他們並沒有這麼做，他們都開始思考。囚徒A認為如果他的夥伴保持沉默，那他可以靠出賣夥伴來獲得較輕的三年刑期。然後他意識到，他的夥伴一定也在想一樣的事，於是他最好還是認罪，以免整個罪行都落在自己身上。事實上，他最好的策略就是不管夥伴怎麼做，都選擇供認：如果夥伴保持沉默，他會得到三年刑期；如果夥伴揭發他，他也能避免被判無期徒刑。

當然，囚徒B也有相同的誘因。最終，他們都認罪了，兩人都被判二十五年徒刑，而本來他們只需要服五年刑期。可是，兩人都沒有做出任何不理智的決定。

這個模型的驚人之處在於，它很好地洞察了現實世界中未受限制的自利行為是怎麼導致不良結果。它特別適用於像漁業這類可再生自然資源，在許多人從共同資源中獲利時會出現的情況。例如，如果合理捕撈大西洋劍魚，比如限制每季捕撈的數量，那麼劍魚的數量將保持穩定，甚至增加，為漁民提供永續的生計。但沒人「擁有」這個世界的劍魚資源，就很難監控誰捕撈了多少。因此，獨立的漁船開始像我們受到審訊的囚徒一樣，他們可以選擇限制捕撈數量來保護資源，或者可以盡可能地多捕撈。結果會是什麼呢？

正如囚徒困境所預測的：漁民們不夠信任彼此，以至於無法協調出一個能讓大家都獲益的結果。羅德島的漁民約翰．索爾連（John Sorlien）在《紐約時報》關於漁業資源逐漸枯竭的採訪中說：「現在，我唯一的誘因是出海捕盡所有魚，我沒有保護漁業的誘因，因為我留下的魚只會被其他人捕走。」[15]所以，這個世界的鮪魚、鱈魚、劍魚和龍蝦數量正逐漸耗竭。同時，政治家們經常透過各種補貼紓困陷入困境的漁民，使情況變得更糟，這些補貼只會讓漁船繼續出海，即使某些漁民原本會選擇放棄。

有時，保護人們的最好方式是阻止他們自己，澳洲南岸的林肯港（Port Lincoln）龍蝦社區就是個很好的例子。在一九六〇年代，這個社區設定了可設置陷阱的數量限制，並出售這些陷阱的許可證。從那之後，任何新來的漁民只能透過向其他龍蝦漁民購買許可證，才能進入這個行業。這個抓捕量的限制讓龍蝦的數量得以繁榮。然而，諷刺的是，林肯港的龍蝦漁民比美國同業捕獲更多龍蝦，工作時間卻更少。與此同時，在一九八四年可用兩千美元購得的許可證，現在已經漲到三萬五千元。正如澳洲龍蝦漁民達里爾．斯賓塞（Daryl Spencer）在《時代》雜誌中所說：「為什麼要傷害漁業？這可是我的退休金，如果沒有龍蝦，不會有人付三萬五千美元買我的許可證。如果我現在就把漁產榨乾，十年後我的許可證就將一文不值。」史賓塞先生並不比他身邊的漁民更聰明，或更有利他心；他只是有不同的誘因。奇怪的是，一些環保組織反對這種許可配額制度，因為它將公共資源「私有化」，他們還擔心，大公司會收購這些許可證，將小漁民擠出市場。

迄今為止，證據強烈表明，創造私有財產權——賦予個別漁民對某種捕撈權的所有權，包括出售該權利的選擇——是在面對商業漁業崩潰時最有效的工具。二〇〇八年發表於《科學》期刊中一項關於世界商業漁業的研究發現，個人可轉讓配額可以停止，甚至逆轉漁業資源的崩潰。以可轉讓配額管理的漁業，比使用傳統方法管理的漁業，崩潰的機率降低一半。[16]

還有兩個值得注意、關於誘因的重點。首先，市場經濟鼓勵辛勤工作和進步，不只是因為它獎勵贏家，也因為它會打擊失敗者。一九九〇年代是加入網路的美好時代，對電動打字機行業卻是艱難的日子。亞當．斯密的「看不見的手」中隱含著「創造性破壞」的概念，這是奧地利經濟學家約瑟夫．熊彼得（Joseph Schumpeter）所提的名詞，市場不會容忍傻瓜。以沃爾瑪為例，這是一家極其高效的零售商，但它往往會造成其他地方的損失。美國人蜂擁而至沃爾瑪，因為這家商店的產品包羅萬象，而且價格比其他地方便宜。這是一件好事，能用更便宜的價格購買物品，本質上等於擁有更多收入。同時，沃爾瑪對伊利諾州佩金市的艾爾玻璃或其他小型商店而言是一場噩夢。這個模式非常明確：幾年後，大街上的小店都將關閉。

資本主義可以是一個殘酷無情的系統，市場激發的創新對失敗者來說可能是毀滅性的。對像蒸氣機、紡織機和電話這類技術性突破，我們回想或討論時都驚艷不已，但那些進步也曾讓鐵匠、裁縫和電報操作員過得很不幸。創造性破壞不是市場經濟中可能發生的事，它是必然發生的事。二十世紀初，半數美國人從事農業或牧業，[17]現在這個數字只剩一%，而且仍在下降（愛荷華州每年大約減少一千五百名漁民）。請注意，有兩件重要的事並未發生：一、我們沒有餓死；二、我們沒有四九%的失業率。相反的，美國的農民生產力很高，我們不用那麼多農民就能餵飽所有人。九十年前可能從事農業的人現在正在修車、設計電腦遊戲、踢職業足球等。試想一下 如果傑夫・貝佐斯（Jeff Bezos）、史蒂芬・史匹柏（Steven Spielberg）和歐普拉是玉米農的話，我們的集體效用會損失多少。

從長期來看，創造性破壞是一股極其正面的力量。壞消息是，從長期來看，人們會付不起他們的帳單，只有貸款公司的人才會非常堅持每月去收款。當工廠倒閉或某個行業被競爭淘汰時，可能需要數年、甚至一整代的人，才能讓受影響的工人和社區恢復過來。任何曾經駕車穿越新英格蘭區的人都看過被遺棄或未充分利用的工廠，它們象徵美國曾經製造紡織品和鞋類的日子。你也可以開車穿越印第安納州的蓋瑞市，那裡有數英里的生鏽鋼鐵廠，提醒著人們這座城市並不總是以全美謀殺率最高而聞名。二〇一六年川普的當選，部分原因是憤怒選民的抗議，因為他們覺得全球競爭讓他們落後。

競爭代表會有輸家，這也解釋了為什麼我們在理論上熱衷於競爭，卻經常在實踐中大力反對競爭。我有個大學同學畢業後不久就到密西根州的議會工作，他不能開自己的日製車去上班，唯恐別人會看到它停在某位密西根州國會議員的專屬停車位上。這個國會議員幾乎可以肯定會告訴你，他是個相信市場的資本主義者，但日本公司製造出更好、更便宜的車，購車的員工最好認命搭地鐵上下班（我會主張，美國汽車製造商如果在一九七〇和一九八〇年代日本車進口的第一波衝擊中，能正視這場國際競爭，而非尋求政治庇護，長期來看他們應該會更強大）。這不是什麼新聞，競爭總是最好的——尤其它涉及其他人時。在工業革命時期，英國郊區的紡織工人曾進行示威、向國會請願，甚至焚燒工廠，試圖抵制機械化。如果他們成功了，我們會變得更好嗎？還是我們必須手工製作所有衣服？

如果你發明了更好的捕鼠器，世界會爭相來買；如果你製作的是舊款捕鼠器，那麼是時候開始裁員了。這有助於解釋我們對國際貿易和全球化、對沃爾瑪這樣無情的零售商，甚至是對某些技術和自動化的矛盾態度。競爭也創造一些有趣的政策權衡，政府不可避免地會面臨壓力，要求協助受到競爭威脅的公司和行業，並保護受到影響的員工。然而，許多減少競爭痛苦的措施，例如挽救企業或使裁員變得困難，都會減慢或停止創造性破壞的過程。引用我國中橄欖球教練的話：「一分耕耘，一分收穫。」

另一個與誘因有關的問題大大地增加了公共政策的複雜性：將金錢從富人轉移到窮人並不容易。國會可以通過法律，但富有的納稅人不會坐視不管，他們會改變行為，盡可能避稅，像是轉移資金、進行避稅投資，或是在極端的情況下，搬到其他地區。比約恩．柏格（Bjorn Borg）主宰網球世界時，瑞典政府對他徵收極高的稅，柏格沒有遊說瑞典政府降低稅收，也沒寫過激烈的文章來談論經濟中賦稅的角色，他只是搬到摩納哥，因為那裡的稅收負擔低得多。

至少他還是在打網球，稅收會對避免或減少被課稅活動提供強大的誘因。美國的大部分稅收來自所得稅，那高稅率會抑制……收入？人們會因為稅率而真的停止或開始工作嗎？是的，尤其是涉及到家中第二份收入的工作者。《彭博社》作家、前《紐約時報》的經濟學專欄作家維吉尼亞．波斯特瑞爾（Virginia Postrel）指出，稅率是一個女性主義的議題。由於「婚姻稅」，在高家庭收入的家庭中，第二份收入者（更可能是女性）平均要支付五〇％的稅金，這對工作與否的決策大有影響。「透過不成比例地懲罰已婚女性的工作，稅制扭曲了女性的個人選擇。並且透過抑制有價值的工作，它也降低了我們的生活水準。」她還提供了一些有趣的證據，一九八六年稅制改革後，最高收入層的女性邊際稅率的降幅比低收入層的女性更大，也就是說，她們每次領薪水時，被政府扣掉的稅少了很多。她們的反應是否與未得到大幅減稅前不同？是的，她們的勞動力參與率增加了三倍。[18]

在企業方面，高稅收也可能產生類似的影響。高稅收會降低企業的投資回報，從而減少對投資工廠、研究和其他促進經濟成長活動的誘因。我們再次面臨一個不愉快的取捨：提高稅收以提供對貧困美國人的慷慨福利，同時可能會阻礙本可以改善他們生活的生產性投資。

如果稅率過高，個人和公司可能會進入「地下經濟」，選擇違法避稅。斯堪地那維亞的國家有慷慨的政府計畫，資金來自於高邊際稅率，但這些國家的黑市經濟也大幅增長。專家估計，挪威的地下經濟在一九六〇年占國內生產毛額的一．五％，到一九九〇年中期，增長至一八％。逃稅成為一個惡性循環，隨著越來越多個人和企業進入地下經濟，為了保持相同的政府收入，其他人必須承擔更高的稅率，更高的稅收又會導致更多人轉向地下經濟，如此循環。[19]

將金錢從富人轉向窮人的挑戰，不僅在於稅收方面。政府福利同樣會創造不良誘因。慷慨的失業福利會減少尋找工作的誘因，美國在一九九六年改革前的福利政策只向失業的單親媽媽提供補助，這暗示性地懲罰了已婚或是受僱的貧窮女性——上述這兩種情境，其實政府本意並沒有要抑制。

這不是建議所有政府福利都發放給窮人。最大的聯邦福利計畫是適用於所有美國人的社會安全保險和美國醫療照護措施，即使是極為富有的人。這兩項計畫針對老年人提供保障，因此可能會抑制個人儲蓄。事實上，長期以來一直對此存在爭議。有些經濟學家認為，政府的老年福利會導致我們儲蓄減少（從而降低國家儲蓄率），因為我們不需要為退休準備那麼多錢。另一些人則認為，社會安全保險和醫療照護措施不會減少個人儲蓄，只會讓我們將更多的錢傳給子孫。實證研究並未找到一個明確的答案，這不只是學術界中的深奧爭論，本書稍後也會討論，低儲蓄率會限制資本池的規模，進一步減少了我們對改善生活品質的投資。

這些都不該被解釋為對稅收或政府計畫的全面反對。相反，比起政治家，經濟學家花更多時間思考我們應徵收什麼稅，如何設計政府福利。例如，汽油稅和所得稅都能帶來稅收，但它們的誘因明顯不同。所得稅會抑制一些人工作的動力，這是壞事；汽車稅會抑制一些人開車的動力，這可能是好事。事實上，對可能危及環境的活動徵收「綠色稅」，對香菸、酒精和賭博徵收「罪惡稅」，都能達到創收的目的。

總的來說，經濟學家偏好廣泛、簡單和公平的稅收。簡單的稅制容易理解和徵收；公平的稅制意味著兩個相似的個體，例如兩個相同收入的人，繳納相似的稅金；廣泛的稅制表示對大多數人徵收較少的稅，而不是對少數人徵收大筆稅金。廣泛的稅制更難逃避，因為豁免較少，而且因為稅率較低，逃稅的誘因也較小。例如，我們不該對紅色跑車徵收重稅，這項稅收可以輕易且合法地避開，只需購買另一種顏色，但這樣一來，大家都變得更糟，政府收不到稅，跑車熱愛者也不能選擇他們最喜愛的顏色。這種現象，即稅收讓人們更糟，沒有讓任何人變得更好，稱為「無謂損失」（編按：Deadweight loss，描述當市場資源因稅收、價格控制、壟斷、補貼或其他扭曲而無法達到最有效率配置時，所造成社會總福利減少）。

向所有跑車，甚至所有汽車徵稅會更理想，因為這樣能以較低的稅率徵收到更多的收入。同樣的，向駕駛人徵收汽油稅就像對新車徵稅一樣，不過它也提供了節省汽油的誘因，開車更多的人將支付更多的稅款，這樣我們就能以極小的稅率創造大量收入，也可以對環境有所貢獻。許多經濟學家甚至會往前再推一步：我們應該對所有化石燃料徵稅，例如煤、石油和汽油。這樣的稅收可以在廣泛的基礎上增加稅收，同時創造誘因，節約不可再生資源和減少導致全球變暖的排碳行為。

可惜的是，這樣的思考過程並未引導出最佳的稅收方案，我們只是換了一個問題而已。對紅色跑車徵稅只會由富人支付，碳稅則會由富人和窮人共同支付，且對窮人來說可能會占收入較大的比例。稅收負擔更多落於窮人身上的稅，也就是所謂的累退稅，經常會觸動我們對正義的敏感神經（累進稅，如所得稅，則對富人徵收更多稅）。在此，正如其他地方一樣，經濟學不會給我們「正確答案」，只是提供了一個分析框架，幫助我們思考重要問題。事實上，最有效的稅制——廣泛、簡單且公平（就稅收相關的意義來說）——是定額稅，也就是對一個地區的每個人徵收相同的稅。前英國首相柴契爾夫人在一九八九年曾嘗試過社區稅，或稱「人頭稅」，結果呢？英國人上街頭暴動，因為每個成年人都必須為當地社區服務支付相同稅金，無論收入多寡，無論貧窮富貴（雖然學生、窮人和失業者有些減免）。顯然，良好的經濟學並不總是等同於良好的政治。

同時，並非所有福利都是平等的。近年來，最大的消除貧窮工具是勞動所得稅額補貼制度（EITC），這是經濟學家推動了數十年的想法，因為它創造了比傳統社會福利計畫更好的誘因體系。大多數社會計畫是向那些沒有工作的個體提供福利，EITC則恰恰相反，它利用所得稅系統來補貼低薪工人，使他們的總收入可高過貧窮線。一個賺取一萬一千美元、且養育一家四口的工人，透過EITC和對應的州計畫，能額外獲得八千美元。這個想法是「讓工作有所回報」，事實上，這個系統為個人提供強大誘因，促使個人進入勞動力市場，希望他們可以學習技能，並晉升到更高薪的工作。當然，這個計畫也有明顯的問題。與福利不同，EITC無法幫助那些根本找不到工作的人；實際上，這些人可能最迫切需要幫助的。

多年前，我在申請研究所時寫了一篇文章，表達我對一個能把人送上月球的國家，卻依然有人露宿街頭的困惑。這個問題的一部分來自政治意願，如果我們將它列為國家優先事項，明天就會有許多人能有家可歸。但我也逐漸意識到，NASA的工作經鬆許多，火箭遵循不變的物理法則，我們知道月亮在特定時間的位置，知道太空船進入地球軌道的速度，只要正確解出方程式，火箭就會準確地降落在預定位置——永遠如此。人類比這些要複雜得多。一個鴉片成癮者的行為不像軌道中的火箭那麼可預測，我們也沒有公式來說服一個十六歲小孩不要輟學，但我們有個強大的工具：我們知道人們尋求讓自己變得更好，不論他們如何定義「更好」。改善人類處境的最佳希望，是理解我們行為的原因和方式，然後據此進行規畫。當計畫、組織和體系能正確地設計誘因，就能運作得更好，就像順流而下，事半功倍。

第三章

政府和經濟：
政府是你的朋友
（為所有律師鼓掌）

我擁有的第一輛車是本田喜美，我愛那台車，但即使它還能開很久，我還是將它賣了。為什麼？原因有二：一、車裡沒有杯架；二、我太太懷孕了，我怕坐在車裡的家人會被雪佛蘭壓扁。我本可以忽視杯架問題，但想把嬰兒座椅放進一輛重量只有普通休旅車四分之一的車裡，是不可能的。所以我們買了福特探險者，成了還在駕駛本田喜美者的困擾。*1

重點是：我購買並駕駛休旅車的決定影響每個用路人，然而那些人根本無權對我的決定發表意見，我不必因為我讓本田喜美車主的生命變得更危險而補償他們，我也不必補償那些因我在城市中開著每加侖跑九英里的車，排放廢氣而受到影響的哮喘兒童，我也從未寄過支票給住在太平洋小島上的人們，這些人可能有一天會因為我的二氧化碳排放，導致極地冰帽融化，使他們的國家被淹沒。然而，這些都是開一輛高油耗車所帶來的真實成本。

我購買福特探險者的決定，會造成經濟學家所說的外部性，意思是我的行為所帶來的私人成本和社會成本不同。當我和妻子來到柏特・溫曼（Bert Weinman）的福特經銷商，銷售人安潔兒問我：「我要怎麼做，你們才願意買這輛車呢？」我們計算了探險者取代喜美的成本：更多油費、更昂貴的保險費、更高的車貸。我們的計算紙上不包含氣喘兒童、融化的極地冰帽或開 Mini Cooper 的孕婦。這些是開探險者所帶來的成本嗎？

是的。我們必須支付這些成本嗎？不。因此，它們並未成為我們決策的一部分（除了我們考慮告訴住在科羅拉多州波爾德，為了省水每天只沖一次馬桶的環保親戚時，心裡隱隱有一絲愧疚）。

當外部性——即某些行為私人成本與社會成本間的差距——很大時，個人會有動機去做些以他人為代價，但能讓自己受益的事。在放任市場自由運作的情況下，這些問題不會得到解決。事實上，市場「失靈」是因為它鼓勵個人和企業投機取巧，結果卻使社會變得更糟。如果這個概念真像大多數經濟學教科書所說的那麼枯燥，那麼像《全面反擊》（*Michael Clayton*）這樣的電影就不會賺得數百萬票房了。畢竟，那部電影講的就是簡單的外部性：一家大型農業公司被指控生產的農藥滲入當地水源，毒害了當地家庭。**在這種情況下，市場沒有解決方案；市場本身就是問題。**那家公司向無辜的受害者銷售致癌產品，從而獲得最大化的利潤。未注意或不在乎這些污染的農民，實際上會因為購買更多產品而獲得獎勵，因為這些產品比其他無毒的競爭品更便宜或更有效。這部

*1 當我們的福特探險者三年後以時速六十五英里在高速公路上翻車後，我們又再買了一輛富豪汽車。

電影中唯一的救濟方式（像是之前的電影《永不妥協》〔*Erin Brockovich*〕和《法網邊緣》〔*A Civil Action*〕），就是透過非市場的政府支持機制：法院。當然，喬治．克隆尼（George Clooney）很帥，他確保了正義得以伸張（就像茱莉亞．羅勃茲（Julia Roberts）和約翰．屈伏塔（John Travolta），在其他電影中曾做過的那樣）。

再舉一個較為平凡，但會激起許多市民憤怒的例子：那些不清理狗大便的人。在完美的世界裡，我們每個人都會帶著拾便器，因為我們會從負責任的行為中獲得效用。但我們的世界並不完美。從某些遛狗人狹隘的角度看來，忽視小狗不雅的便便，然後快樂地繼續前進，會更輕鬆（以經濟學來說，就是「成本較低」）。（若有人覺得這個例子微不足道，據《紐約時報》報導，巴黎每年大約有六百五十人因為踩到狗大便滑倒而骨折或住院）。[1]誰會為早上趕公車，但踩到狗大便而跌倒，一天就毀了的女士發聲呢？沒有人，這就是為什麼大多數城市都立法要求寵物主人要清理寵物排泄物。

值得慶幸的是，有個更廣泛的觀點：在市場經濟中，政府有個重要角色就是處理外部性，即個人或企業進行私下活動時，這些行為會對社會造成更廣泛的影響。我在第一章曾提到，所有市場交易都是自願交換，使涉及交易的雙方獲得好處。這一點仍然是對的，但注意「涉及」這個詞留下了些許靈活空間。問題在於，並非所有受到市場交易影響的個體都參與了交易過程。我以前的鄰居史都華是個狂熱的邦戈鼓玩家，我們兩家共用一面牆，我敢肯定，他和音樂商店的店長都很高興他買了一套新的邦戈鼓（根據傳播過來的噪音，他甚至可能還買了高科技的放大器）。**但我對這筆交易一點也不高興**。

外部性是所有政策問題的根源，從平凡小事到那些實際上會威脅地球的問題：

- 《經濟學人》曾有篇語帶急躁的文章，述說帶小孩搭飛機旅行的家庭應該被要求坐在飛機後排，這樣其他乘客才能享有「無童區」。雜誌中一篇社論指出：「孩童就像香菸或手機一樣，顯然對附近的人造成負面外部性，如果有人曾在十二小時的航班上，遇到前排有個不停哭鬧的嬰兒，或是後排有個無聊的小孩惡意踢著座椅，都會很想抓住小孩脖子，他們也會很快理解這一點。這是明顯的市場失靈：父母沒有承擔全部的成本（事實上，嬰兒可以免費搭飛機），所以他們非常願意帶著吵鬧的孩子一起旅行。當需要管理者狠打一記時，那雙看不見的手在哪裡？[2]
- 在公共場所（如餐廳和通勤電車）中使用手機應受到更嚴格的監控，因為這些行為非常惱人，而且在開車時使用手機，也更可能導致意外。發送訊息是開車時第二危險的事，僅次於酒後駕駛。
- 一些國家和幾個美國城市已經對含糖飲料徵稅。世界衛生組織提倡以這種「汽水稅」，作為扼止不健康飲食的方式。與肥胖相關的醫療費用現在大約與吸菸相關的費用相當，社會至少透過政府健康計畫和較高的保險費承擔了部分費用，這讓我有理由關心你午餐是否吃了大麥克。

- 氣候變遷無法僅僅透過市場來解決，因為排放大量溫室氣體的公司只承擔了很小一部分成本。事實上，即便是這些公司所屬的國家，也沒有承擔全部的污染成本。位於賓州的鋼鐵廠所排放的二氧化碳，未來某天可能會在孟加拉引發洪水，與此同時，因美國碳排引起的酸雨已經在摧毀加拿大的森林，世界各地許多工廠也是如此。解決全球變暖的方案將不得不提高排放溫室氣體的成本，並強制所有地球上的污染者都遵守——這可不是一項簡單的任務。

值得注意的是，外部性也可以是正向的；個體行為對社會也能產生正向影響，即使他或她不會因此獲得全部的補償。我曾經有一扇辦公室的窗戶，可以看到芝加哥河對面的瑞格利大廈和論壇報大廈，這兩座是芝加哥這座以建築聞名的城市中最美麗的建築。一個晴朗的日子，天際線的景致，尤其是這兩棟建築，令人感到格外振奮。但我在那間辦公室待了五年，都沒有為這些美麗建築帶給我的效用支付任何費用，我並未在每次瞥見窗外景色時寄支票給《論壇報》。又比如，在經濟發展領域，一家公司可能會選擇對不景氣的社區進行投資，這樣的投資可能會吸引其他類型的投資，然而這家公司並未因為引領可能成為經濟復興的契機而獲得補償，這也是為什麼地方政府經常對這種投資提供補助的原因。

有些行為會同時產生正向和負向的外部性。香菸會致使吸菸者死亡，這已經不是新聞了。負責任的成年人可以選擇要不要吸菸，但香菸煙霧也會傷害那些恰巧在旁邊的人，這就是為什麼大多數辦公大樓認為吸菸比在走廊裸奔更不可接受。於此同時，五十個州對菸草行業提起集體訴訟（隨後接受了巨額和解金），理由是吸菸者產生額外的醫療保健成本，這些成本必須由州政府承擔。換句話說，我的稅金被用來摘除某位吸菸者的部分肺臟（私人保險公司則沒有這個問題，它們對吸菸者收取更高的保險費，來彌補額外的保險成本）。

同時，吸菸者也對其他人提供了好處——他們死得早。根據美國肺臟協會（American Lung Association）的資料，吸菸者的平均死亡年齡比非吸菸者早七年，這表示吸菸者在整個工作生涯繳納社會安全和私人退休基金，但他們領取這些福利的時間不會很久。平均來說，非吸菸者收回的會比他們所繳納得更多。菲利普莫里斯公司（Philip Morris）為我們量化了這一好處，二〇〇一年，他們發布了一份關於捷克共和國的報告

（恰逢議會考慮提高香菸稅），指出吸菸造成的早逝每年為捷克政府節省了大約兩千八百萬美元的退休金和老年住房福利，吸菸對政府的淨福利，包括稅收和扣除公共健康成本後，估計為一．四八億美元。[3]

市場經濟如何處理外部性問題呢？有時候，政府會監管受影響的行為。聯邦政府每年會發布數千頁的規章，內容包括地下水污染、家禽檢查等各種事項，各州也有自己的監管結構。例如，加州就對汽車排放設有嚴格的標準。當地政府立法禁止私人房地產所有人建設不安全、不適合社區或醜陋的建築，侵害鄰居的利益。南特基島（Nantucket）僅允許幾種特定顏色的外牆油漆，以免不負責任的屋主用過於鮮艷的顏色破壞該島的古樸風格。我住在一個歷史悠久的社區，每次房子外牆要改變時（從新窗戶的顏色到花箱的大小），都必須經過建築委員會的批准。

經濟學家有時會偏好另一種處理外部性問題的方法：對不良行為徵稅，而非禁止它們。我承認我的福特探險者對社會是一種威脅，正如康乃爾大學經濟學家羅伯特．法蘭克（Robert Frank）在《紐約時報》專欄指出，我們陷入了一場休旅車軍備競賽。他寫道：「每個家庭只能選擇自己車輛的大小，不能指示別人該買什麼車，任何單方面購買小型車的家庭，可能因單方面解除武裝，而將自己置於風險之中。」[4]應該禁止悍馬車嗎？應該命令底特律的汽車製造商生產更安全、更省油的車輛嗎？

經濟學家，包括羅伯特・法蘭克先生會認為不該這樣做。休旅車，甚至所有車輛的主要問題在於駕駛成本過低。駕駛悍馬車去雜貨店的私人成本顯然遠低於社會成本，那麼，就提高私人成本。正如法蘭克先生所寫：「鑑於駕駛笨重的污染車輛會對其他人造成損害這一無可辯駁的事實，唯一實際的補救措施是給我們自己一個誘因，讓我們在決定買什麼車時，考慮這種傷害。」如果開探險者上路的真實社會成本是每英里七十五美分，而不是車主實際支付只有每英里五十美分，那麼就徵收一個相應的稅收來平衡這兩者。這可以透過燃油稅、排放稅、重量稅或組合稅率來實現，結果會讓開悍馬車去雜貨店的吸引力大大降低。

但我們現在進入了奇怪的領域。是否應該允許某些駕駛支付額外費用來擁有一輛如此龐大的車輛，這輛車可能在避免車內那個超大杯架的六十四盎司飲料灑出來的情況下，輾過一輛 Mini Cooper？是的，原因跟我們多數人知道吃冰淇淋會導致心臟病，卻還是愛吃冰一樣。我們會將吃哈根達斯摩卡杏仁餅的健康成本，與那些無與倫比的奶油味相比較，然後決定偶爾吃上一品脫。我們不會完全戒掉冰淇淋，也不會每餐都吃。經濟學告訴我們，環境問題和生活中其他事一樣都需要做出權衡，我們應該提高駕駛休旅車（或任何車輛）的成本，以反映真實的社會成本，然後讓個別駕駛決定是否仍覺得開著雪佛蘭塔霍（Chevy Tahoe）通勤四十五英里是合理的。

對產生負面外部性的行為徵稅會創造許多良好的誘因。首先，它限制了這種行為。如果駕駛福特探險者的成本增加至每英里七十五美分，那麼路上的探險者會減少。更重要的是，那些還駕駛探險者並承擔全部社會成本的人，往往是最有需要開休旅車的人，或許因為他們真的需要搬運貨物，或經常進行越野駕駛。第二，對大排氣量汽車徵稅會增加稅收，但禁止某些車輛不會。這些收入可用來支付全球暖化的某些成本（例如研究替代能源，或至少在某些太平洋島國周圍建造堤壩）。徵收這些稅款也可以減少其他稅收，例如所得稅或薪資稅，這些稅收可能會抑制我們希望鼓勵的行為。

第三，對那些龐大笨重的耗油車輛徵稅將促使底特律的汽車公司製造更多省油的車輛，但這是一種誘因，而非懲罰。如果政府只是隨意禁止那些每加侖跑不到十八英里的車輛，而不提高駕駛那些車輛的成本，毫不意外地，汽車公司只會生產油耗大約為每加侖十八英里的車輛，不是二十，不是二十八，更不是利用新式太陽能技術達到六十英里的車輛。另一方面，如果消費者必須根據燃料消耗量或車輛重量繳納稅款，那麼他們走進展示廳時，會有非常不同的選擇偏好。汽車製造商會迅速做出反應，像悍馬等其他產品會被送到它該去的地方，例如變異工業產品博物館。

對外部性徵稅是個完美的解決方案嗎？不，還差得遠。光是汽車這個例子就有很多問題，最明顯的問題就是如何正確設定稅額。科學家對氣候變遷的發展到底有多快都還沒有完全達成共識，更不用說它的成本，或是更進一步的問題，駕駛悍馬車每英里的真實成本是多少。正確的稅率是〇．七五美元，二．二一美元，還是三．〇七美元？科學家永遠不會有一致的答案，更別說美國議會了。還有公平問題，我已經明確地指出，如果我們提高駕駛高油耗車輛的成本，那些真正看重這件事的人還是會繼續駕駛它們。然而，我們衡量對某樣事物的重視程度，是看我們願意為此付出多少——而富人總是能比其他人付出更多。如果駕駛探險者的成本升至每加侖九美元，那麼開這些車的人可能是為了將酒和起司送去南塔基特島的海灘派對，但原本需要用卡車運送木材和磚塊的芝加哥承包商，就再也負擔不起這樣的車輛。誰真的更「看重」他們的車呢？（聰明的政治家可能會利用對高油耗車輛徵稅來抵消對中產階級影響較大的稅收，例如薪資稅，如此一來，芝加哥承包商雖然會為卡車支付較多的費用，但向國稅局繳納的稅款就變少了。）最後，在尋找外部性並向其徵稅的過程中可能會失控。每種行為在某種程度上都會產生外部性，任何思慮周全的政策分析師都知道，那些穿著緊身褲在公共場合出現的人都該繳稅，甚至關起來。我住在芝加哥，這裡有群蒼白的居民，整個冬天都窩在家裡的沙發上，等氣溫上升到華氏五十度（攝氏十度）的第一天，他們就會穿著暴露、湧向戶外。對於被迫目睹此景的人來說，這可能是個可怕的經歷，絕對不是年輕孩子應該經歷的事。儘管如此，對穿緊身衣的人徵稅仍是不切實際的想法。

我偏離原本要講述的更重要的觀點了。任何告訴你市場放任自流總能帶來社會利益結果的人，都是在胡說八道。當某些行為的私人成本和社會成本有巨大差距時，單靠市場運作無法使我們變得更好。理性的人可以也應該討論適當的補救措施，而這通常需要政府介入。

當然，有時候政府可能不會介入。涉及外部性的各方有動機達成私下協議來解決問題，這是羅納德．寇斯（Ronald Coase）所提出的見解，他是芝加哥大學經濟學家，並於一九九一年獲得諾貝爾經濟學獎。如果情況合適，外部性的一方會支付另一方改變行為的費用。我的鄰居史都華開始玩邦戈鼓時，我本可以付錢叫他停止，或換個不那麼吵的樂器。如果我因為噪音帶來的痛苦大於他從打鼓中獲得的效用，理論上我可以寫張支票給他，讓他把鼓收起來，這樣我們倆都會更好。讓我用一些虛構的數字來幫忙說明這一點。如果史都華從敲鼓中得到五十美元的效用，而噪音每小時對我的心理造成一百美元的傷害，那麼如果我給他七十五元的支票，讓他開始學編毛衣，對我們倆都會比較好，他得到的現金比敲鼓更有效用；我花錢買到安寧，對我來說比七十五美元更有價值。

但等一下：如果是史都華在製造噪音，為什麼要我付錢讓他停下來？也許我不需要。寇斯的另一個關鍵見解是，私人方只有在相關財產權明確界定的情況下才能解決外部性問題，也就是說，我們必須知道哪一方有權利做什麼（我們在本章會討論到，財產權通常涉及比財產本身還要複雜的事）。史都華有權發出他想要的噪音嗎？還是我有權在相對安靜的環境中工作？這個問題大概可以從芝加哥市的法規中找到答案（答案可能依時間而異，他在某個特定時間有權製造噪音，而我有權在夜晚享受安靜）。

如果我有權在安靜的環境中工作，那麼支付方就必須轉向另一位。史都華在開始打鼓前必須付我錢，但他不會這麼做，因為對他來說不值得。作為一個情緒化的作家，這份安靜對我來說值一百美元，所以史都華至少要付我一百美元，才能讓我忍受噪音。玩邦戈鼓只值五十美元，他不會為了做一件只有五十美元效用的事而支付一百美元。因此，我將免費獲得我的安靜。

這解釋了寇斯的第二個重要見解：無論一開始是哪一方擁有財產權，私人方總會達成相同的有效解決方案（即最佳利用資源的方案），唯一的差別在誰付錢給誰。在這個例子中，爭議的資源是我們共同的牆壁和來回傳遞的聲波，最有效使用該資源的方式是保持安靜，因為我重視我的寫作平靜，更勝史都華對打鼓的重視程度。如果史都華有權製造噪音，我會付錢請他停止，讓我能在安靜中寫作。如果我有權擁有安靜，史都華不會支付足夠的費用，讓我同意接受他的鼓聲，因此我仍能安靜寫作。

值得注意的是，這種情況在現實生活中真的發生過。我最喜歡的例子是一家位於俄亥俄州的電力公司，鄰居們聲稱它排放「奇怪的藍色煙霧」，正在對財產和健康造成損害。《空氣淨化法》（The Clean Air Act）賦予小鎮兩百二十一位居民訴訟的權力，要求該電力公司停止污染。所以，美國電力公司必須做出選擇：一、停止污染；二、付錢讓整個鎮的居民搬到其他地方。[5]

《紐約時報》報導了解決方案：「電力公司收購它曾使其窒息的小鎮，連同藍色煙霧。」[*2]公司支付居民房屋價值的三倍，換取他們簽署同意不再因污染相關損害提起訴訟的協議。用兩千萬美元，電力公司的問題被「打包帶走」——真的打包消失了。顯然，這在財務上是划算的。根據《紐約時報》的報導，這一和解被認為是公司首次進行「買下整個小鎮」的交易，「法律和環境專家表示，這將幫助該公司避免面對個別訴訟和公關問題的高昂費用。」

寇斯最後還提出一點：進行此類協議的交易成本——從找到所有相關人員所花的時間，到達成協議的法律成本——必須合理低廉，這樣私人方才能自行解決外部性問題。史都華和我可以在後院的圍欄上討價還價，美國電力公司可以與兩百二十一名房主達成協議。但私人方無法自行解決像二氧化碳排放這樣的問題，每次我上車、啟動引擎時，都會讓地球上七十億人稍微變得更糟。寫支票給七十億人需要很長的時間，尤其是當你上班已經快遲到的時候（可以爭辯的是，有些寒冷地區的人可能會受益於氣候變遷，所以也許他們該付錢給我）。與溫室氣體相關的財產權依然模糊不清，我有權無限排放二氧化碳嗎？還是住在太平洋島國的人有權阻止我做一些可能會淹沒他們國家的事？這是政府必須解決的衝突。

但我們稍微退一步來看。政府不僅調整資本主義引發的問題；它也是市場得以運作的基石。如果你在雞尾酒會上提出「若是政府不再干涉，那麼市場便會在全球各地帶來繁榮」，會有很多人贊同你的說法。事實上，許多政治運動都是圍繞這個議題展開的，任何曾在車輛管理局排過隊、申請過建築許可證，或嘗試支付保姆稅的人都會同意這一點。唯一的問題是，雞尾酒會上的觀點是錯誤的。良好的政府使市場經濟成為可能，就這麼簡單。糟糕的政府，或沒有政府，會將資本主義撞向岩石，這也是世界上有數十億人生活在極端貧困中的原因之一。

首先，政府設定規則。無法正常運作的政府並不是自由市場繁榮的綠洲，即使是最簡單的商業活動也會變得昂貴且困難。以奈及利亞為例，儘管該國擁有世界上最大的石

---

*2 編按：Lock, stock and barrel 是英文中的一個慣用語，意思是「全套地、徹底地、完整地」，這裡用了 Lock, Stock and Blue Plume 作為替代，帶有諷刺意味。

油和天然氣儲備量，在那裡做生意的公司還是面臨當地稱為「自帶基礎設施」（Bring your own infrastructure，BYOI）的問題。[6]剛果民主共和國擁有比所有國家更豐富的礦產資源，例如鑽石、黃金、木材、銅、鈾及其他關鍵電子產品所需的礦物，[7]剛果民主共和國也是世界上最貧窮的國家之一，有十分之一的孩子活不過五歲（而歐元區的數字是每千人四個）。[8]這些國家不是因為市場經濟失敗，而是政府未能發展並維持支撐市場經濟所需的制度。聯合國開發計畫發布的一份報告將全球貧困的主要原因歸咎於糟糕的政府，並指出沒有良好的治理，依賴涓滴效應的經濟發展及其他策略將無法奏效。[9]

現實情況是，沒人喜歡裁判，但世界大賽不能沒有裁判。那麼，功能性市場經濟的規則是什麼呢？首先，政府定義並保護財產權。你擁有物品：房子、車子、狗、高爾夫球具。在合理範圍內，你可以隨意處理這些財產，可以販賣、出租或將其作為擔保物。最重要的是，你可以放心地投資你的財產，而且投資的回報也屬於你。想像一個世界，你整個夏天都在照顧你的玉米田，然後你的鄰居駕駛著收割機經過，愉快地揮揮手，然後開始收割玉米。這故事情節聽來牽強嗎？如果你是音樂家，這聽來就不奇怪了，因為這正是最早的線上音樂分享網站所做的事，這些網站允許用戶下載歌曲，卻不向創作歌曲的音樂人或擁有版權的唱片公司支付任何報酬。音樂產業成功地起訴了這些網站，指控它們促成盜版行為。像Spotify 這樣的應用程式現在必須在分享音樂前，與藝術家協商版稅。

財產權不只是房子、車子和放在櫃子裡的東西，一些最重要的財產權涉及想法、藝術品、公式、發明，甚至是手術程序。本書也是個很好的例子，我寫出內容，經紀人將它賣給出版社，出版社與我簽約印刷並販售，這本書在私人商店中出售，並在簽書會中僱用了保全來處理可能不守規矩的讀者。每一個環節，只有私人方參與其中，這些看起來像是簡單的市場交易，政府介入似乎只會礙事。事實上，我可能會抱怨政府對我的收入徵稅，對書籍銷售徵稅，甚至對我的研究助手工資徵稅。

但是，整個事業的實現依賴於一個重要因素：《版權法》。對於以寫作為生的人來說，這是極為重要的財產權。美國政府保證，在我投入時間寫作後，沒有公司能偷走文本，並在未支付報酬的情況下出版。任何教授如果將它用於教材，也必須先支付出版社版稅。事實上，政府對微軟軟體也執行類似的權利，對發明威而剛的製藥公司擁有的專利權也進行保護。專利是個有趣的例子，它經常被誤解。威而剛的製藥成分每顆藥丸只需幾分錢，但因為輝瑞公司擁有威而剛的專利，給予它對該藥物二十年的銷售壟斷權，這樣輝瑞每顆藥就能賣到七美元。這種巨額加價在新的抗愛滋病毒藥物或其他救命產品也很常見，這種行為經常被描述為某種由貪婪公司犯下的社會不公——這些「大藥廠」在總統競選期間經常被妖魔化。如果允許其他公司銷售威而剛，或輝瑞被迫以較便宜的價格出售藥物，會發生什麼事呢？價格會降低到接近生產成本。事實上，等藥物專利期滿，學名藥合法時，價格通常會下降八成到九成。

那麼，為什麼我們允許輝瑞敲竹槓呢？因為如果威而剛沒有得到專利保護，就絕不會投資大量心力來開發這種藥物。突破性藥物的真正成本是研究與開發，在全球熱帶雨林中尋找具有藥用特性的奇異樹皮，而不是在發現公式後製造藥片。其他疾病的藥物也是如此，不管這些疾病有多麼嚴重，甚至威脅生命。[*3]新藥上市的平均成本約為六億美元，每個成功藥物背後，都有許多以失敗告終的昂貴研究實驗。是否有辦法在不破壞發明藥物誘因的情況下，為低收入的美國人或世界其他地區的窮人提供可負擔的藥物呢？有，政府可以在新藥發明時買下專利。政府提前支付企業一筆金額，等同於該企業在二十年專利期內可能獲得的收入，之後，政府將擁有該財產權，並根據需要設定藥物價格。這是一個昂貴的解決方案，而且仍有些問題存在。例如，政府應購買哪些藥物專利？關節炎夠嚴重嗎，值得使用公共資金讓新藥變得可以負擔？氣喘呢？儘管如此，這樣的計畫至少符合經濟現實：個人和企業只有在確保能獲得回報的情況下，才會進行投資，無論是字面上或比喻性的。

我曾偶然發現一個有趣的例子，說明模糊的財產權如何扼殺經濟發展。我當時正在為《經濟學人》寫一篇關於美國印第安人的長篇報導，我曾經在幾個印第安保留區待過一段時間，注意到那裡的私人房屋非常少，部落成員或是住在聯邦政府資助的房屋，或是住在拖車裡。為什麼？一個主要原因是土地是公有的，幾乎不可能獲得傳統房屋貸款，部落成員可能會獲得一堆土地的使用權，但不是所有權，所有權歸部落所有。這表示商業銀行貸款在違約時也無法收回抵押品，如果銀行無法使用這種「不愉快但必要的選擇」，那麼貸款方就會失去貸款的有效擔保品。拖車就不同了。如果你拖欠款項，公司可以隨時出現，把拖車拖走。但拖車和傳統住房不同，它與當地建築貿易無關，拖車材料在千里之外的工廠組裝，然後運到保留區，這個過程無法創造工作機會，如屋頂工、泥水匠、乾牆工和電工等，而這正是印第安保留區部落亟需的。

*3　我無法解釋清楚為什麼製藥公司最初如此抵制向非洲提供低價抗愛滋藥物。這些國家絕對無法支付如已開發國家那樣的高價，而製藥公司也不會放棄利潤，以便宜的價格銷售藥物，所以像南非這種地方，只有便宜藥物或沒有藥物兩種選擇。這裡似乎是個價格歧視的完美機會：在開普敦提供便宜的藥物，在紐約提供高價藥物。的確，價格歧視可能會使黑市產生；在非洲便宜出售的藥物可能會非法高價轉售到紐約。但相較於不向世界大部分人口提供關鍵藥物所帶來的巨大公關成本，這個問題似乎是可控的。

政府以各種方法降低私人部門的經營成本：提供統一的規則和法規（契約法）、打擊詐騙、發行穩定的貨幣。政府建設並維護基礎設施，如道路、橋樑、港口和水壩，這些都降低了私人商業的成本。電子商務也許是現代的奇蹟，但我們不能忽視一個事實：當你從亞馬遜網站訂購烤麵包機時，它會從配送中心發送，由卡車在高速公路上快速運送。在一九五〇和一九六〇年代，新建的道路，包括州際高速公路系統，占據了美國新增資本的很大一部分。而這些基礎建設的投資與運輸密集型行業生產力的大幅增長相關。[10]如果無人機成為下一階段的家庭配送方式，我們將需要解決低空空域的產權問題，避免它們侵犯隱私或相互碰撞。

有效的監管和監督使市場更具可信度。由於美國證券交易委員會（SEC）的努力，我們可以相對有把握地在那斯達克股票交易所（NASDAQ）購買新上市公司的股票，而不必擔心公司或交易者從事詐欺行為。簡而言之，政府負責維護法治（法治的缺失就是在開發中國家裙帶關係、宗族和其他以家庭為中心的行為如此普遍的原因；在缺乏有效契約協議的情況下，商業交易只能依賴某種形式的私人關係來保證）。克里夫蘭聯邦準備銀行前總裁傑瑞・喬登（Jerry Jordan）曾經對一個明顯但常被忽視的問題進行沉思：複雜的機構（無論是公共或私人）使我們能與完全陌生的人進行複雜的交易。他指出：

> 如果你仔細想想，會發現這很令人驚訝，我們經常會將大量的錢交給銀行，交給我們從未見過的人，或是證券交易員會將數百萬美元匯款給他們不認識的人，而且那些人還住在他們從未去過的國家。然而，這種情況經常發生。我們相信相關的基礎建設已經建立，讓我們不必擔心銀行裡收我們錢的人會把錢私吞，或是我們在網路上用信用卡買新的CD或網球拍時，儘管這些商家位於其他州或國家，我們相信自己會收到商品，而商家也相信他們會收到款項。[11]

莎士比亞可能建議我們擺脫所有律師，但他是劇作家，不是經濟學家。現實是，我們都會抱怨律師，直到自己受到不公對待，那時我們就會急忙聘請最好的律師。政府負責公正且高效的方式執行規則，它完美嗎？不。但與其歌頌美國的司法系統，不如舉出

印度的反例。阿布德爾．瓦希德對他的鄰居、牛奶商人穆罕默德．南赫提起訴訟，因為南赫在自己的土地邊緣建了幾條排水溝，水流入瓦希德的前院，瓦希德不喜歡水流到他的土地上，一部分是因為他計畫在水泥房屋中加蓋第三間房，他擔心排水管會造成滲水問題。所以他提起訴訟，案件於二〇〇〇年六月在新德里附近的摩拉達巴德（Moradabad）開庭。[12]

這場民事爭議有一個重大的複雜因素：案件在三十九年前提出，瓦希德和南赫都已去世（他們的家屬繼承了這個案件）。根據計算，即使印度不再有任何新案件立案，仍需要三百二十四年的時間才能清理積存的案件。不只是民事案件，一九九九年底，一名七十五歲的男子在等待了三十七年的命案審判後，終於從加爾各答監獄被釋放，因為證人和調查官都已去世（法官在一九六三年曾宣判他因精神不健全，無法接受審判，但這個判決不知為何遺失了）。請記住，按開發中國家的標準，印度的政府機構相對良好。在索馬利亞，這類爭端根本不會上法庭解決。

同時，政府執行反壟斷法，禁止公司以合謀的方式抹殺競爭帶來的利益。如果三家航空公司在訂定票價時暗中合謀，這和只有一家懶散的公司壟斷市場沒有區別。最終的結論是，這些機構組成了資本主義運行的軌道。《紐約時報》的外交事務專欄作家湯瑪斯．佛德曼（Thomas Friedman）曾在他的專欄中提出疑問：「你知道一般俄羅斯人願意付出多少，只為了讓美國司法部整頓俄羅斯的寡頭和壟斷企業嗎？」[13]他指出，許多世界經濟體，尤其是開發中國家，受到普遍的腐敗問題困擾，他發現外國人常常羨慕我們的……羨慕我們的華盛頓官僚（咖啡拿好囉），「也就是說，我們的機構、我們的法院、我們的官僚體系、我們的軍隊、我們的監管機構——證券交易委員會、聯邦準備制度、聯邦航空總署、食品藥物管理局、聯邦調查局、環境保護署、國稅局、移民局、美國專利局和聯邦緊急事務管理總署。」

政府還有一個至關重要的角色：它提供各種所謂的「公共財」，這些財物讓我們的生活更好，但私人部門不會提供這些物品。假設我決定購買一個反導彈系統，保護自己免受邪惡國家的導彈攻擊（和電視衛星天線很像，只是貴得多），我問鄰居艾提安是否願意一起分享這個系統的費用；他拒絕了，他很了解我的反導彈系統也能保護他的房子免受北韓發射的導彈威脅。艾提安和多數鄰居都有強烈的「搭便車」誘因，不過，我不想自己全額支付這個系統的費用。最後，即使我們所有人都會從中受益，還是不會有人購買反導彈系統。

公共財有兩個顯著的特徵。首先，向更多使用者提供這些物品的成本非常低，甚至為零，即使是數千或數百萬人。再以導彈防禦系統為例，如果我付錢攔截恐怖分子的導彈，住在芝加哥都會區的數百萬人都會免費獲得這個好處。同樣的，廣播訊號、燈塔或大型公園也是如此，一旦這些設施為一個人運作，就能免費為更多人提供服務。第二，排除那些未支付費用的人使用該物品是非常困難的，甚至不可能。你怎麼告訴船長不能使用燈塔？叫他在航行時閉上眼睛嗎？（「注意，大英號：你在偷看！」）曾經有位普林斯頓的大學教授在講授公共財時說：「好吧，到底哪些冤大頭會捐錢給公共廣播電台？」

搭便車行為會癱瘓企業的運作。作家史蒂芬．金曾做過一個實驗，他讓讀者可以直接上網看他的新小說。計畫是，他每月會分期發布小說的章節，要求讀者根據誠信原則支付一美元的下載費用。他警告說，如果自願付款的讀者低於七五％，故事就會終止。「如果你們付錢，故事會繼續，如果不付錢，故事就結束。」他在網站上寫道。這個實驗的結果對那些研究過這類問題的經濟學家來說並不意外，故事終止了。當《植物》（*The Plant*）進入休眠時，只有四六％的讀者支付了下載最後一章的費用。

如果公共財交由私人企業提供，就會面臨基本問題。企業無法強迫消費者為這些物品付費，無論他們能從中獲得多少效用，或他們使用的頻率有多高（想想燈塔的例子）。任何自願支付的系統都會受到搭便車者的侵害。接下來，請思考以下問題：

- 基礎研究。我們已經討論過製藥公司等企業有強大的利潤誘因，但並非所有重要的科學發現都能立即轉化為商業應用。探索宇宙、理解人類細胞如何分裂，或尋找亞原子粒子，這些研究可能與發射通訊衛星、開發抗腫瘤藥物、或尋找更環保的能源等實際應用相距甚遠，更重要的是，這些研究必須與其他科學家免費共享，才能使其價值最大化。換句話說，你不會因產生可能未來對人類進步有重大影響的知識而變得富有，在多數情況下，甚至無法回收成本。美國多數基礎研究或是由政府機構進行（例如太空總署和國家衛生研究院），或是在接受聯邦資金支持、非營利的研究型大學進行。

- 執法機關。私人保全公司很多——我們在大學曾稱他們為「租警」，他們積極地追查二十歲就喝啤酒的人。但他們的作用是有限的，他們只會保護你的財產免受某些侵犯，不會主動尋找可能侵入你家的罪犯；不會追蹤墨西哥毒梟、不會阻止罪犯進入國家、不會解決其他犯罪，從而避免犯罪者最終對你造成威脅。長期來看，上述這一切都可以讓你和你的財產更安全，但他們的存在有搭便車問題。如果我為這種安全服務付費，整個國家的人也會無償受益。因此全球各地，大多數的執法工作都由政府負責。
- 公園和開放空間。芝加哥的湖濱是該市最寶貴的資產，在密西根湖沿岸大約有三十英里的公園和沙灘，由市政府擁有並受到保護，避免私人開發。如果這是該土地的最佳用途（我相信是），那麼為什麼私人土地擁有者不能將這些土地用於相同的目的呢？畢竟，我們剛剛確定過，私人擁有資產能確保其得到最有效的利用。如果我擁有三十英里的湖濱土地，為什麼不能向騎自行車、滑輪溜冰和野餐的人收費，從而自投資中賺取豐厚利潤呢？理由有二：首先，要巡邏這麼大的地方並收取入場費將是一場後勤噩夢，最重要的是，許多喜愛開放湖濱的人其實不會親自使用它，他們可能從高層公寓的窗戶欣賞湖景，或是從湖岸大道上開車經過。私人開發商無法從這些人身上收取任何費用，因而會低估這片開放空間的價值。許多美國自然資源也是如此，你或許從沒去過阿拉斯加的威廉王子灣（Prince William Sound），也可能永遠不會去。然而，當巨型油輪觸礁並污染該區時，你還是會關心。政府可以通過保護這類資源，讓我們大家變得更好。

顯然，並非所有的集體努力都需要政府的介入。維基百科就是個很好的例子，即使那些沒有自願貢獻的人，也能受益於這個資源。每間學校、教堂和社區都有一群熱心人士，他們比其他人付出更多，提供重要的公共利益，這對更大範圍的「搭便車者」群體大有裨益。儘管有這些例子，仍有充分的理由相信，如果沒有某種機制強迫合作，社會在一些能使我們變得更好的事情上會投入不足。儘管我很欣賞維基百科的精神，但我更願意把反恐工作交給聯邦調查局，這是我們為了保護利益並以稅收來支持的政府機構。

政府重新分配財富。我們從某些公民那裡徵收稅款，並提供福利給其他人。與普遍看法相反，多數政府福利並不是發放給貧困者，而是以醫療保險和社會安全保險等形式發放給中產階級。然而，政府有法律權力可以扮演羅賓漢，進行財富再分配；世界各地的其他政府，例如歐洲國家，也在積極進行這樣的操作。經濟學對此有何看法？可惜，沒有太多。關於收入分配最重要的問題需要的是哲學或意識形態的答案，不是經濟學的。請想想以下的問題：哪種世界狀況更好？一個是每個美國人都能賺三萬美元，足以支付基本生活所需，還是維持現狀，部分美國人非常富有，有些人極度貧困，平均收入大約是五萬美元。後者描述了經濟的大餅；前者則是一個較小但均勻分配的餅。

經濟學無法解答有關收入分配的哲學問題。舉例來說，經濟學家無法證明從傑夫·貝佐斯手中強行拿走一美元，將它給一個饑餓的孩子，就能提高整體社會福利。多數人直覺上認為可以，但理論上也有可能貝佐斯失去的效用，比饑餓的孩子得到的還大。這是一般問題的極端案例：我們以效用來衡量我們的幸福感，效用是個理論概念，不是可以量化、比較不同個體或加總成國家總數的測量工具。例如，我們不能說候選人A的稅收計畫會為國家創造一百二十單位的效用，而候選人B的計畫只會創造一百一十一單位的效用。

以諾貝爾經濟學獎得主阿馬蒂亞．森（Amartya Sen）所提的問題為例。[14]三個人來找你應徵工作，但只有一個職缺；工作無法分給他們三個人，而他們的資格都相同。你的目標是僱用最需要這個工作的人，讓世界變得更美好。

第一個人是三個人中最貧窮的。如果改善人類福利是你的主要目標，那麼他應該得到這份工作。或許不是。第二個人不是最貧窮的，但他是最不幸的，因為他最近才變得貧窮，而他不習慣這種匱乏，給他工作可以為他帶來最大的幸福增長。

第三個人不是最貧窮的，也不是最不幸的，但是他有慢性健康問題，一生都為此所苦，有了這份工作的薪水就可以得到治療。因此，給他這份工作會對他的生活品質產生最深遠的影響。

誰會得到這份工作？諾貝爾獎得主森先生對這個難題有很多有趣的見解，但最終的結論是，這個問題沒有正確答案。這一點也適用於現代經濟中的財富再分配問題，儘管政治光譜兩端的政治人物有相反的意見。增加稅收以資助更好的安全網來幫助貧困者，但可能降低整體經濟成長，會讓這個國家變得更好嗎？這是個意見問題，無關經濟專業。注意，每任總統的執政團隊都能找到經濟學家來支持其意識形態立場。自由派（在美國的語境中）往往忽視了這一事實：即使分配不平等，只要大餅繼續變大，小塊的份量也會變得更大。開發中國家需要經濟成長（而國際貿易在其中貢獻巨大）來改善貧困者的生活，這一點毋庸置疑。一個歷史的現實是，政府那些表面上服務窮人的政策若對整體經濟造成負面影響，往往會變得無效，甚至適得其反。

同時，保守派常常輕率地認為我們都該走上街頭，支持那些能讓經濟快速成長的政策，卻忽略了有充分正當的知識基礎支持其他政策，例如保護環境或重新分配收入，而這些政策可能會減少整體經濟規模。一些證據表明，我們的幸福感和絕對財富程度都會因相對財富受到影響，換句話說，我們的效用不僅來自擁有一台大電視，也來自擁有一台和鄰居一樣大或更大的電視。

接著是最具爭議的問題：政府應該保護人們免於自我傷害嗎？社會是否應該花費資源阻止你做出不會影響到其他人的蠢事？還是那只是你的事？最重要的是明白，這個問題的答案是哲學性質的，經濟學所能做的是框定可以辯護的觀點範圍。這個範圍的一端是認為個人是理性的（或至少比政府理性），也就是說，個人是最能判斷自己利益的人，而不是其他人。如果你喜歡吸膠，然後頭下腳上的滾下樓梯，那對你來說就是好的，只要確保你自己能負擔所有醫療費用，並且在吸完膠後不要開車。

行為經濟學家提供了不少證據，支持另一端的觀點，即理性的人認為社會可以且應該阻止人們做那些可能會導致不良後果的事情。我們有充分的證據表明，人類的決策過程容易犯某些類型的錯誤，例如低估危險，或對未來規畫不周。實際上，這些錯誤往往會對其他人造成影響，正如我們在房地產崩盤和隨之而來的貸款危機中看到的一樣。

而在兩者之間，還存在各種觀點（例如，你可以吸膠並滾下樓梯，但必須戴上頭盔）。一個有趣且實際的中庸之道是「自由家長主義」，這個概念出現在一本具有影響力的書《誘導》（*Nudge*），作者是由諾貝爾獎得主理查．塞勒（Richard Thaler）和哈佛法學院教授卡斯．桑斯坦（Cass Sunstein，曾在歐巴馬政府任職）。自由家長主義的核心思想是，個體確實會犯系統性的判斷錯誤，但社會不應該強迫你改變行為（這是自由主義的一部分）；相反，我們應該只是指引你走向正確的方向（這是家長主義的部分）。

塞勒和桑斯坦的關鍵見解是，我們的決策往往是慣性使然。如果雇主自動為我們辦理某種保險，我們會繼續使用這個計畫，即使還有其他六個計畫可以選擇。相反的，如果需要我們主動行動，例如閱讀給付手冊、填寫表格、參加愚蠢的人力資源研討會，或是做任何需要時間和努力的事，我們可能根本不會加入任何計畫。塞勒和桑斯坦提出，慣性（以及其他決策上的缺陷）能加以利用。如果政策制定者擔心某些個人行為，例如退休存款不足，那麼自由家長主義的選擇，是默認一個人會自動從每個月的薪水裡撥一筆可觀的金額存入退休帳戶。這就是所謂的「誘導」。任何人隨時都可以做出其他選擇，但令人吃驚的是，極大比例的人會保持最初的選擇。

這個想法對於像器官捐贈這樣的問題有深遠的影響。西班牙、法國、挪威、以色列和其他國家在器官捐贈方面都有「選擇退出」（或默認同意）法律，除非你表明反對，你就是個器官捐贈者，而這是你可以自由做出的選擇（相反的，美國採用「選擇加入」制度，意即你必須註冊成為器官捐贈者，否則你就不是）。即便是像器官捐贈這樣嚴肅的問題，慣性依然很重要。經濟學家發現，在控制如宗教和醫療支出等相關國家特徵因素後，默認同意法律對器官捐贈有顯著的正面影響。西班牙擁有世界上最高的死後器官捐贈率，比美國高五〇％。[15]真正的自由主義者（與家長主義者不同）會反對默認同意法律，因為這代表政府「擁有」你的內臟，直到你付出努力取回它們。

良好的政府很重要。我們的經濟越是複雜，政府機構就需要更加精緻。網路就是個完美的例子。私營部門是網路經濟增長的引擎，但根除詐騙、使線上交易具有法律效力、釐清財產權（例如網域名）、解決爭端，甚至處理我們尚未考慮到的問題，都是政府的工作。

九一一事件的一個悲哀諷刺是，一種對政府的簡單看法——「納稅人比政府更知道如何運用自己的錢」——曝露出其空洞性。個別納稅人無法收集情報、追捕在阿富汗山區的逃犯、研究生物恐怖主義，也無法保護飛機和機場。的確，當政府從我薪水裡扣稅時，我無法再購買原本能帶給我效用的東西，但同時也有些我無法自己購買，卻能讓我變得更好的東西。我無法建立導彈防禦系統，無法保護瀕危物種，無法阻止全球暖化，無法安裝紅綠燈，無法規範紐約證券交易所，也無法與中國談判降低貿易壁壘。政府讓我們能夠共同努力做這些事情。

第四章

政府和經濟 II：軍方很幸運以五百美元買到那把螺絲起子

現在，你可能已經在準備於下次晚宴中盛讚官僚制度的美德，但別急著下結論。如果政府真的如此美好，那麼世界上那些政府干預最密集的國家，例如北韓和古巴，應該早已成為經濟強國，但事實並非如此。政府在某些事情上確實表現出色，但另一些事情可能糟糕透頂。政府可以處理重大的外部性問題，也可能將經濟管理得一團糟。政府可以提供必要的公共財，同時也可能揮霍大量稅金在無效的計畫和私利計畫上。政府可以實現財富的再分配，但它也可能將錢從普通百姓轉移到與政治有關聯的人。簡而言之，政府既可以為充滿活力的市場奠定經濟基礎，也可能遏制高生產力的行為。智慧在於辨識其中的差異。

有一個老笑話，是雷根總統的最愛，大概是這樣說的：

一位蘇聯婦女想買一輛拉達（Lada，蘇聯曾生產的一款便宜汽車），經銷商告訴她，儘管這些車以品質不佳聞名，但目前還是供不應求。這位婦女仍堅持下單，經銷商拿出一大本厚厚的名冊，將婦女的名字加入長長的等待名單中，「兩年後的三月十七日來取車。」他說。

婦女看了看行事曆，「早上還是下午？」她問。

「有什麼差別？」傲慢的經銷商答道：「那是兩年後的事了！」

「那天水管工要來。」她說。

如果蘇聯教會我們什麼，那就是壟斷會扼殺創新或對顧客需求的回應，而政府本身就是一個龐大的壟斷機構。為什麼車輛管理局的櫃員總是慢吞吞又不耐煩？因為她可以這麼做。**如果法律規定你的顧客不能選擇其他地方，你的生意會是什麼樣子？**說真的，這無疑會讓我考慮再三是否要加班，畢竟在炎熱的夏天、芝加哥小熊隊在主場比賽時，我根本不想工作。

大家常說政府運作效率很低。事實上，這種現象完全符合它們的誘因機制。以車輛管理局為例，它是唯一有權發放駕照的機構，對他們來說，表現得友善、延長營業時間、讓顧客感到舒適、增加人手以縮短排隊時間、保持辦公室整潔，或者在顧客來到櫃檯時中斷私人通話，這些努力有什麼意義嗎？**這些行為不會為他們帶來更多顧客！**每個需要駕照的人都會來車輛管理局，而且不管服務有多糟，他們還是會來。當然，這種情況不是完全沒有界限。如果服務差到極點，選民可能會對負責的政治人物採取行動，但那是個間接且繁瑣的過程。與此相比，私人部門的情況就簡單多了。如果你在最喜歡的中餐外賣店櫃檯上看到一隻老鼠跑過去，你（理應）不會再光顧那家店，問題就此解決。餐廳會趕走老鼠，否則就會倒閉。反觀車輛管理局，如果你選擇不再光顧，你的結局可能是被關進監獄。

有件事讓我深刻感受到私人部門和公部門的差異，我正在等富達基金公司寄來一張支票，卻一直沒有收到（我需要這筆錢來還我母親的債，她是個很嚴厲的債主）。日復一日，支票遲遲未到，而我母親越來越頻繁地「關切」。富達或郵局，肯定有一方有問題，我的憤怒與日俱增。最後，我打給富達，要求他們證明支票已經寄出，還說我準備將所有資產（雖然不多）全數轉到另一家基金公司（或至少威脅這麼做）。然而，接電話的客服人員非常友善，她告訴我，支票兩周前已經寄出，但仍為我的不便頻頻道歉。她馬上取消了原本的支票，並很快地重新開立，即便現在已經很明顯，問題不在他們公司，她還是不斷為此向我道歉。

罪魁禍首是郵局。這讓我更加憤怒，但……我什麼也沒做。我到底能做什麼？當地的郵局局長不接受電話投訴，我也不想浪費時間寫信（反正信可能永遠寄不到），而且向郵差抱怨也沒有用，他一向不在乎自己的服務品質。大約每月一次，他都會「跳過」一戶，把某家的郵件送到隔壁鄰居的家。隱藏在這段抱怨中的細節，正是美國郵政署在一級郵件的遞送上擁有壟斷權，而這一點，顯而易見。

從這件事可以學到兩個更廣泛的教訓。首先，除非有令人信服的理由相信私人部門無法勝任，否則政府不該成為某項商品或服務的唯一提供者。即使有這樣的排除條件，政府仍有許多事可做，範圍包括從公共衛生到國防領域。儘管剛剛批評了車輛管理局，我必須承認，核發駕照或許是應該由政府掌控的職能，如果讓私人公司負責駕照發放，他們可能不僅會在價格和服務品質上競爭，還可能有強烈的誘因，對一些不符資格的駕駛人發放駕照，好吸引更多顧客。

然而，仍然有許多事情不應由政府來做。遞送郵件就是其中之一。一個世紀前，政府或許有足夠的理由負責郵件業務，美國郵政署透過補貼的方式，保證偏遠地區的郵件投遞，間接幫助了發展滯後的地區（因為向偏遠地區遞送郵件的成本比大都會送信成本高，但郵票價格卻一樣）。那時的技術也不同。一八二〇年，極不可能會有多家私人公司願意投入巨額資金，建造一個可以覆蓋全國的郵件投遞系統（私人壟斷不比政府壟斷好，甚至可能更糟）。但時代已經變了，FedEx和UPS證明了私人企業完全有能力建造全球性的遞送基礎設施。

平凡的郵件服務是否耗費了巨大的經濟成本？可能沒有。但想像一下，如果美國郵政署控制了經濟中其他重要部門，會是什麼樣子？在世界上其他地方，政府經營鋼鐵廠、煤礦、銀行、飯店和航空公司，競爭能為這些產業帶來的種種好處，在這種情況下完全抹煞，結果使公民處於更糟糕的境地（值得深思的是，美國現存規模最大的政府壟斷之一，就是公共教育）。

還有一個更微妙的觀點。即使政府在經濟中扮演重要角色，例如建設道路和橋樑，也不代表政府必須親力親為。澆灌水泥的工作不一定要用政府雇員來完成，相反，政府可以規畫和資助新高速公路的建設，然後向私人承包商公開招標。如果招標過程誠實且具競爭性（在許多情況下這是個大前提），那麼這項工程就會由能以最低成本完成最好工作的公司承接。簡而言之，這項公共財的提供方式能夠善加利用市場的所有優點。

美國納稅人有時會忽視這種區別。歐巴馬總統在一次關於醫療改革的市政廳會議中指出：「我最近收到一位女士的來信，她說：『我不想要政府經濟的醫療服務，我不要社會化的醫療，而且別動我的老人醫療照護保險。』」諷刺的是，老人醫療照護保險本身就是政府經營的醫療服務；該計畫允許六十五歲以上的美國人向私人醫生就診，之後再由聯邦政府支付醫療費用。即使中央情報局也意識到這一點，中情局需要站在科技的最前端，但它無法像私人部門那樣提供同樣的誘因激勵創新。在中情局取得突破性發現的人，並不會像矽谷創業家那樣，在六個月內成為身價數億美元的人，因此，中情局決定利用私人部門的力量，讓國會撥款開設自己的創投公司，名為In-Q-It（該名稱巧妙地向詹姆士·龐德電影中的的技術專家Q致敬）。[1] In-Q-It的一位高階主管解釋，這項計畫的目的是「將資訊科技更快地引入機構，而非依賴傳統政府採購程序。」In-Q-It和其他創投公司一樣，它會投資於有潛力的新興科技公司，如果這些技術具有商業價值，那麼 In-Q-It 及其投資的公司就可能賺大錢。同時，中情局將保留使用所有具有情報應用潛力的新技術的權利。一位由 In-Q-It 資助的矽谷企業家可能會發展出更好的網路數據加密方法，這將是電子商務公司會爭相採用的技術。與此同時，中情局也會因此獲得更好的方式，來保護全球祕密特務傳回華盛頓的資訊。

在私人部門，市場告訴我們資源應該投入到何處。有一次，我坐在芝加哥白襪隊比賽的外野觀眾席時，注意到一個小販走過看台，身上穿著一件醒目標示為「瑪格麗塔太空背包」的裝置，這項技術讓他能現場製作冰瑪格麗特雞尾酒；他用背包似的裝置做出調酒，然後透過一根水管倒進塑膠杯裡。這項突破性技術的表面社會效益是，棒球迷在位置上就可以享用瑪格麗特雞尾酒，而不只是啤酒。我懷疑，國家一些頂尖工程人才——這是一種稀缺資源——將時間和精力用於研發「瑪格麗特太空背包」，這也意味著，他們未將時間花在尋找更便宜、更環保的資源，或是研發更有效的方法，為非洲營養不良的孩童輸送營養品。這個世界需要瑪格麗塔太空背包嗎？不。那些創造它的工程人才是否能用於更有社會價值的事情？當然可以。但——這是個重點的觀點——**那是我**

的看法，而我不是這個世界的掌舵者。

當政府控制經濟中的某些領域時，稀缺資源就由獨裁者、官僚或政治人物分配，而不是由市場決定。在前蘇聯，大型鋼鐵廠生產大量鋼材，但普通市民卻買不到肥皂或像樣的衛生紙。事後來看，蘇聯成為第一個將火箭送入軌道的國家並不令人意外（同樣顯而易見的是，它不會發明瑪格麗塔太空包）。政府可以簡單地下令，將資源投入太空計畫，即使人們可能更需要新鮮蔬菜或棉襪。有些資源分配的決策是悲劇性的，例如，蘇聯中央計畫並不認為避孕是經濟優先事項。蘇聯政府本可以普及避孕措施——任何能建造州際彈道導彈的國家，理論上都能製造避孕藥，或至少製造保險套。然而，避孕並不是中央計畫者選擇投入資源的領域，最終導致墮胎成為唯一的計畫生育方式。在共產時期，蘇聯平均每一個成功出生的嬰兒都伴隨兩次墮胎。自蘇聯解體後，西方避孕措施已經廣泛普及，墮胎率也下降一半。

即使在民主國家，政治過程也可能將資源投入一些相當奇怪的地方。我曾採訪過一位技術專家，討論當時政府計畫建造一座高速粒子加速器的事（這是個基礎研究的好例子），該加速器計畫將為實施地區帶來就業機會和聯邦資金。計畫的時間在一九九〇年代初期，兩個主要候選地分別是伊利諾州北部和德州某地。根據那位專家的說法，伊利諾州是更具吸引力的選址，因為它已經擁有一座粒子加速器和一個大型聯邦實驗室，大部分的科學基礎設施已到位，無需重複建設。然而，該計畫最終卻選擇了德州。「為什麼？」我問。那位專家看著我，好像我是一個傻瓜，「因為總統是布希。」他答道，彷彿把巨型粒子加速器建在德州，理由再明顯不過。最終，政府在這個計畫上花費大約十億美元，然後放棄了它。

私人部門會將資源分配到能獲得最高回報的地方。相比之下，政府則根據政治過程將資源分配到各處。（想想《華爾街日報》的頭版標題：〈支持布希的行業如今尋求投資回報〉）。[2]

這是因為共和黨人特別容易受到貪婪的政治影響嗎？也許吧。但在歐巴馬政府期間，摩根大通的董事長傑米．戴蒙（Jamie Dimon）將公司首次董事會安排在華盛頓特區，並邀請白宮幕僚長拉姆．伊曼紐爾（Rahm Emanuel）作為特別嘉賓。根據《紐約時報》報導，伊曼紐爾的出席反映了戴蒙所稱的公司「第七業務線——政府關係」的良好回報。[3]

這件事本質上並沒有錯。政治是一個必要但不完美的過程，每個人都有權尋求影響力。例如，軍事基地的建立或關閉，往往反映了參議院軍事委員會的組成比例，而不僅僅是國家的軍事需求。至少私人軍隊不是一個可行的選項，就是我們現實中可以合理期待的最好結果。然而，經濟受政治干預越少，情況就越好。例如，強勢的政治人物不應決定誰能獲得銀行貸款，誰不能。然而，這正是一些威權國家（如中國）和某些民主國家（如印尼）發生的情況，這些地方的政治人物玩起了「裙帶資本主義」。那些具有高度盈利潛力的計畫無法得到資金，而總統姐夫所支持的可疑計畫卻能獲得豐厚的政府資金支持。消費者會以兩種方式受到損失。其一，當那些本不該獲得資金的計畫破產時，或者當整個銀行體系因為充斥著政治動機的爛貸款而需要紓困時，他們的納稅錢就被浪費了。其二，因為信貸（有限的資源）被引導到不值得的計畫，經濟發展的速度和效率都受到阻礙：汽車廠未能建成、學生拿不到助學貸款、企業家無法獲得創業資金。最終，資源被浪費，經濟表現遠遠達不到它的潛力。

政府不必親自經營鋼鐵廠或發放銀行貸款，就能干預銀行運作。政府介入經濟更微妙且普遍的方式是「規範」。市場之所以運作，是因為資源會流向最具價值的地方，而政府的規範在本質上干擾了這一過程。在經濟學教科書所繪製的世界中，企業家過馬路是為了賺取更多利潤；在真實世界中，政府官員站在路邊，要求收取過路費，甚至直接擋住馬路。企業或許需要取得「過馬路通行證」，或是在穿越馬路時接受交通部的車輛排放測試，或向移民局證明，穿越馬路的工人是美國公民。有些規範或許可以讓我們過得更好，例如，當所謂的「企業家」揹著七公斤的古柯鹼過馬路時，有政府官員阻攔確實是件好事。但每一項規範也有其成本。

米爾頓．傅利曼（Milton Friedman）是一位受歡迎的作家，也是主張減少政府干預的有力發言人（比起如今一些占據專欄版面、自稱繼承他思想的人，他的見解更為深刻），在《資本主義與自由》（*Capitalism and Freedom*）一書中，他透過描述一位經濟學家與美國律師協會代表在一次大型律師會議上的對話，闡明了這一觀點。[4]這位經濟學家在團體前主張律師的資格應該放寬，允許更多律師執業，包括那些能力一般者，這可以降低法律服務的成本。畢竟，像是基本遺囑和房地產交易等法律程序，不需要出色的憲法專家級律師服務。他用類比方式說明，若政府要求所有汽車都必須是凱迪拉克，那是非常荒謬的事。這時，台下的一位律師站起來說：「這個國家只負擔得起凱迪拉克級的律師！」

事實上，只要求「凱迪拉克級律師」完全忽視了經濟學試圖教導我們關於取捨的道理（這與通用汽車市場占有率持續下降的事實無關）。如果這個世界只有凱迪拉克，絕大多數人將無法負擔任何交通工具。有時候，讓人們開豐田車也沒什麼不好。

要了解規範對經濟的影響，有一個引人注目的國際案例，即二〇〇〇年印度德里的民眾動亂。[5]德里是世界上污染最嚴重的城市之一，在印度最高法院對工業污染做出重大裁決後，數千名德里居民走上街頭，發起暴力抗議。《紐約時報》報導：「暴徒縱火焚燒巴士，投擲石塊並封鎖主要道路。」令人意外的是，**抗議者竟是支持污染者**。最高法院指控德里市政府藐視法院命令，未能關閉該地區約九萬家污染環境的小工廠，那些工廠僱用了約一百萬人，若關閉，他們會失業。新聞標題巧妙地總結了這場取捨：〈新德里的殘酷選擇：工作還是更安全的環境〉。

那麼，DDT呢？這種人類釋放到環境中最具危害性的化學物質？DDT是一種「持久性有機污染」，會進入食物鏈並一路向上累積，在過程中造成嚴重破壞。這種有毒的殺蟲劑是否應該從地球上徹底禁止呢？[6]《經濟學人》提出一個令人信服的論點，認為它不該被完全禁用。多數發展中國家瘧疾肆虐，每年約有三億人感染這種疾病，超過一百萬人因此喪命（當然，瘧疾對於已開發國家來說不是特別敏感的議題，因為五十年前它在北美和歐洲已被根除。坦尚尼亞的研究者溫・基拉瑪（Wen Kilama）曾有個著名的言論，說明如果每天有七架載滿兒童的波音七四七客墜毀在吉力馬札羅山脈，那麼全世界一定會注意到。而這就是瘧疾殺死受害者的規模）。[7]

哈佛大學經濟學家傑佛瑞・薩克斯（Jeffrey Sachs）估計，如果一九六五年就根除瘧疾，今日撒哈拉以南非洲的經濟至少將增長三分之一。現在，回到DDT，它是控制傳播瘧疾的蚊蟲最具成本效益的方式，其他替代方案不僅效果較差，成本還高出四倍。DDT的健康效益是否足以抵消它對環境造成的代價呢？

是的，一些團體這麼認為，包括山巒俱樂部（Sierra Club）、瀕危野生動物信託基金、環境防衛基金和世界衛生組織。是的，你沒看錯。這些組織都將DDT視為對抗貧窮國家瘧疾的「有用毒藥」。當聯合國在二〇〇〇年召集一百二十個國家代表於南非開會，決定禁止「持久性有機污染物」時，代表們同意在對抗瘧疾時，DDT可以豁免限制。[8]

同時，並非所有規範都是一樣的。相關問題不見得總是政府是否應涉足經濟；更重要的議題可能是隨後的規範該如何架構。芝加哥大學經濟學家，同時也是諾貝爾獎得主的蓋瑞．貝克夏天到科德角度假時，特別喜歡食用條紋鱸魚。[9]因為這種魚的數量正在減少，政府對每個季節的商業捕撈總量設置上限。貝克先生不反對這條規定；他希望未來的消費者也能品嘗到條紋鱸魚。

不過，貝克在《商業周刊》的專欄中提出問題在於政府選擇如何限制捕撈總量。他寫這篇文章時，政府已經對每個季節可以捕撈的條紋鱸魚數量設立了總配額。貝克寫道：「不幸的是，用這種方式控制捕撈非常糟糕，因為它鼓勵每艘漁船在季節初期就盡可能多捕魚，以搶在其他漁船達到總配額前多捕一些。」結果是大家都吃虧：漁民在季初賣魚時，因供過於求而使魚價低迷；等總配額用完後，消費者就無法再買到條紋鱸魚了。幾年後，麻州改變了這個制度，將條紋鱸魚配額分配給每個漁民；雖然總量仍有限制，但每個漁民可以在整個捕撈季節隨時完成自己的配額。

個別配額還能讓捕魚變得更安全。以前，阿拉斯加捕蟹業採用的是集體配額制度，導致出現「捕蟹大賽」，漁船會在短短幾天內拼命捕撈全年一半的漁獲。一位捕蟹者解釋說：「一聲槍響後，大家一哄而上。某些船裝載過多的蟹籠，結果翻船；其他船則逼迫船員長時間工作。」這份職業的危險性如此之大，甚至催生了真人秀節目《漁人的搏鬥》（*Deadliest Catch*）。二〇〇六年，配額制度改為每艘船有個別配額，可以在整個季節內完成。如今，捕蟹人能獲得足夠的睡眠，按照安全的節奏工作，並避開惡劣天氣。死亡率大幅下降，而螃蟹的整體保護程度也保持不變。[10]

要像經濟學家一樣思考的關鍵，是認識到干預市場就涉及權衡取捨。規範可能會干擾資本和勞動力的流動，提高商品和服務的成本、抑制創新，或以其他方式束縛經濟運作（例如讓蚊子逃之夭夭）。而**這些還只是出於善意的規範所造成的影響**。最壞的情況下，規範可能成為強大的自利工具，因為企業往往會利用政治體系來謀取自身福利。畢竟，如果你打不過競爭者，那麼何不讓政府替你約束他們呢？芝加哥大學經濟學家喬治．斯蒂格勒（George Stigler）正是因為他對此一現象鞭辟入裡的觀察和相關證據，而於一九八二年獲得諾貝爾經濟學獎，他指出，企業與專業協會經常尋求規範作為推動自身利益的手段。

以我家鄉伊利諾州進行的一場監管運動為例。州議會當時面臨壓力，要求對美甲師實施更嚴格的執照規定，這是因修甲失敗的受害者發起的基層遊說運動嗎？（可以想像他們一瘸一拐地走上州議會的台階。）其實不然。遊說行動是由伊利諾州美容協會主導，他們代表那些老牌的水療中心和美髮店，因為他們不想與大量新崛起的移民創業者競爭。在一九九〇年代末，美甲美容院的數量在一年內增長了二三％，有些店打折後只收取六美元的美甲費，相較之下，提供全套服務的美容院則要價二十五美元。更嚴格的執照規定——幾乎豁免了現有服務提供者——會讓新開美容院的成本增加，從而限制這種激烈的競爭。

米爾頓．傅利曼曾指出，一九三〇年代曾發現過類似情況，而且規模更大。希特勒於一九三三年上台後，大量專業人士從德國和奧地利逃往美國，美國為了應對這波移民潮，許多專業設立了類似「良好公民」的要求和語言測驗等門檻，而這些要求與提供的服務品質關聯甚微。傅利曼指出，在一九三三年後的五年內，獲得美國執業許可的外籍受訓醫生人數與一九三三年前的五年相同——如果執照要求只是為了篩選不稱職的醫生，這種結果幾乎不可能出現；但如果執照制度的目的是限制外籍醫生進入這個職業，那這種情況就十分合理了。

按全球標準來看，美國的經濟規範相對較少（雖然在商會會議上辯論這個觀點可能有點難）。事實上，開發中國家一個令人遺憾的諷刺是，政府往往未履行最基本的任務，例如界定財產權和執法，卻在其他方面施加過度苛刻的監管。理論上，這類監管可以保護消費者免受詐騙、改善公共健康，或保護環境。另一方面，經濟學家質疑這類管制是否不僅僅是對社會的「幫助之手」，更是貪腐官僚的「掠奪之手」，因為隨著任何商業活動所需的政府許可和執照數量增加，貪官的索賄機會也隨之上升。

一群經濟學家為了探討「幫助之手」與「掠奪之手」的問題，研究了七十五個國家創辦新企業所需的程序、成本和預期延遲時間。[11]研究結果差異極大。在加拿大，註冊和取得營業執照只需要兩個程序，而玻利維亞需要二十個。加拿大開設新公司所需的時間只要兩天，而莫三比克需要六個月。完成這些繁瑣政府要求的成本差距也頗大，在紐西蘭，費用只占人均國內生產毛額的〇．四％，而玻利維亞占二六〇％。研究發現，在越南、莫三比克、埃及和玻利維亞等貧窮國家，一位創業者光是取得新的營業執照，就必須支付相當於其年薪一到兩倍的費用（還不包含賄賂和時間的機會成本）。

那麼，像莫三比克這樣的國家，是否比加拿大或紐西蘭更能保障消費者的安全和健康呢？並非如此。研究者發現，在規範更多的國家，對國際品質標準的遵守程度反而較低，政府的繁文縟節也無助於降低污染或提升健康水準。同時，過度監管會將創業者推向地下經濟，那裡完全不受任何規範限制。在腐敗最嚴重的國家，開辦新企業最困難，這表明過度管制可能會為執行這些規範的官僚賺取潛在收入。

印度擁有超過十億人口，其中許多人生活在極度貧困之中。教育顯然在推動國家經濟，讓數百萬公民脫貧方面發揮了重要作用，尤其是高等教育，對活躍的資訊科技產業的創建和擴展貢獻巨大；然而，近期技術工人的短缺卻拖累了經濟成長。因此，孟買的一家藥學院希望利用八層樓建築中的閒置空間，讓學生人數增加一倍，這並不算是什麼經濟難題。

問題在於，這個行為將學院的行政單位變成了「犯罪者」。沒錯，印度政府對技術學院有嚴格的規範，以防止像「利用閒置空間來招募更多學生」這樣看似魯莽且有潛在風險的行為。具體來說，法律規定技術學院必須為每位學生提供一百六十八平方英尺的建築空間（以確保有足夠的學習空間）。這個公司使得 K.M.昆德納尼藥學院（Principal K. M. Kundnani College of Pharmacy）的學生限額為三百人——儘管大樓頂層所有教室都因沒有使用而上鎖閒置。

《華爾街日報》指出：「這些規定還包含圖書館和行政辦公室的具體面積、教授與助理教授及講師的比例、學生招生配額以及必須配置的電腦設備、書籍和期刊數量。」[12]

值得慶幸的是，政府有時會取消這類規範。二〇〇八年十一月，歐盟大膽行動，將醜蔬果合法化。在此之前，歐洲超市禁止販售「過於彎曲、節點太多或形狀奇怪」的農產品，這對歐盟當局來說是一項真正的政治勇氣之舉，因為歐盟農業管理委員會審議是否放鬆這項規範時，二十七個成員國中有十六國代表試圖阻撓。[13]

真希望這只是我編出來的故事。

我們暫時停止對政府的冷嘲熱諷，回到政府有能力做許多好事的觀點。即使如此，當政府正在做它理論上該做的事時，仍需透過課稅來籌措資金，而稅收會使經濟產生成本。正如柏頓．墨基爾所說，「財政拖累」來自兩個方面。首先，稅收直接從我們的口袋裡拿走金錢，這必然會減少我們的購買力，從而降低了我們的效用。的確，政府可以花費數十億元購買戰鬥機來創造就業機會，但這些戰鬥機是用我們的薪水買的，這表示我們買電視、捐給慈善機構，或度假次數都減少了。因此，政府未必是在創造工作，它可能只是將工作機會重新分配，甚至在整體上可能減少工作機會。這種稅收的影響不像新設立的國防工廠中快樂的工人製造閃亮飛機那麼明顯（本書稍後會討論總體經濟學，檢視凱因斯主義的觀點，即政府可以在經濟衰退期間刺激經濟，以促進經濟成長）。

其次，更微妙的問題是，稅收會改變個人行為，使經濟受到損害，卻未必能為政府帶來任何收入。以所得稅為例，當所有相關的州和聯邦稅收加總後，稅率可能高達每賺一美元就被課稅五十美分。在邊際稅率達到五〇%的情況下，那些如果能將賺得的每分錢都納入囊中就願意工作的人，可能會選擇退出勞動力市場。這種情況下，所有人都是輸家。想工作的人辭去工作（或根本不開始工作），政府也未因此增加任何收入。

正如我們在第二章中提到的，經濟學家將這種與稅收相關的低效稱為「無謂損失」，這種損失讓你變得更糟，也不會讓其他人變得更好。假設一個竊賊闖入你家，偷走了各種個人物品；在慌忙中，他偷走了現金，但也帶走一本珍貴的家庭相簿。對於被偷的現金而言，沒有無謂損失；每被偷走一塊錢，都能讓竊賊增加一美元的效用（從冷漠的經濟學視角來看，這只是財富的轉移）。另一方面，被偷走的相簿就是純粹的無謂損失。相簿對小偷毫無價值，他發現自己偷走的是什麼後，就會將它丟進垃圾桶；然而，對你而言，這卻是一個巨大的損失。任何阻礙生產性行為的稅收都會引起某種無謂損失。

稅收也會抑制投資。一位企業家如果考慮進行一項有風險的投資，在預期回報為一億美元時，他可能會選擇投資，但如果繳稅後只剩六千萬美元，他就可能會放棄這項投資。如果收入可以提高一〇%，某個人可能會選擇攻讀研究所學位，但如果稅後收入（即扣除所有稅項後的實際收入）只會增加五%，這筆耗費學費和時間的投資可能就不那麼值得了。（我記得我弟弟拿到第一份薪水的那天，回家打開信封後大喊：「FICA到底是什麼？」）（編按：Federal Insurance Contributions Act, FICA，聯邦保險供款法案）又或者想像一個家庭，他們有一千美元的閒錢，正在考慮是買一台大螢幕電視，還是把這筆錢投入基金，兩個選擇對經濟的長期影響截然不同。選擇投資可以讓企業獲得未來建設工廠、進行研究或培訓員工的資本，這些投資從宏觀角度來看，就像接受大學教育一樣，讓我們從長期來說更具生產力，也因此更加富有。相對而言，買電視則是當下的消費，它能讓我們今天感到開心，但卻無法讓我們明天變得更富有。

是的，花錢買電視的確能讓電視工廠的人繼續有工作，但如果把這筆錢用於投資，則會在其他地方創造就業機會，例如實驗室的科學家或建築工地的工人，同時還能讓我們未來變得富有。想想大學的例子。讓學生上大學能創造教師的工作機會，但如果同一筆錢用於給高中畢業生買酷炫跑車，也可以創造汽車工人的工作機會。這兩個情境的關鍵差異在於，大學教育讓年輕人在未來的人生中更具生產力；而跑車無法做到這一點。因此，大學學費是一種投資，買跑車是一種消費（當然，如果是為工作或業務用途買車，可視為一種投資）。

那麼，回到我們有一千美元閒錢的家庭，他們會選擇如何處理這筆錢？這決定取決於投資這筆錢而非花掉它所能帶來的稅後回報，稅收越高（例如資本增值稅），投資的回報就越低，購買電視的吸引力就會相對提高。

稅收會抑制工作和投資。許多經濟學家認為，減稅和放寬管制能釋放經濟中的生產力，這是真的。最熱衷的「供給派」人士進一步主張，減稅實際上可能會增加政府收入，因為我們都會更努力工作，賺取更高的收入，儘管稅率下降，最終還是會繳更多的稅。這就是拉弗曲線（Laffer curve）背後的想法，這一理論為雷根時代的大規模減稅提供了知識基礎。經濟學家亞瑟．拉弗（Arthur Laffer）於一九七四年提出一個理論，高稅率會極大地抑制工作和投資，因此減稅能讓政府獲得更多稅收，而非減少。他在餐廳和一群記者及政治人物共進晚餐時，第一次在餐巾紙上畫出了這個想法的圖表，有趣的是，這張餐巾紙是美國前副總統迪克．切尼（Dick Cheney）的。[14]從某種程度上來說，這種關係是正確的。例如，如果個人的所得稅是九五％，那麼人們除了維持生活所需的工作外，幾乎不會再多做什麼。將稅率降低到五〇％，幾乎肯定能增加政府收入。

但這種關係是否同樣適用於美國這樣原本稅率已經相對較低的國家呢？雷根和布希時代的減稅提供了答案：不適用。大規模的減稅未能增加政府收入（與沒有減稅時的收入相比）[*1]；相反地，它們導致了巨大的預算赤字。在雷根減稅的情況下，拉弗的推測似乎對最富有的美國人是成立的，稅率降低後，他們的確向國庫繳納了更多的稅款。當然，這也可能純粹是巧合。我們將在第六章探討，過去幾十年裡，由於經濟越來越需要腦力勞動，高技能勞工的薪資大幅上升。因此，最富有的美國人可能是因為收入急劇增加而繳納了更多稅款，而非因為稅率降低而更努力工作。

在美國，與其他國家相比稅率較低的情況下，供給面學派往往是一個妄想：除非在特定的情況下，我們無法在減稅的同時，還有更多的錢用於政府的計畫，保守派經濟學家也欣然承認這一點。曾在雷根和老布希政府任職的布魯斯．巴特利特（Bruce Bartlett），曾公開哀嘆「供給面學派」這個術語已經從一個重要且站得住腳的觀點——即較低的邊際稅率能刺激經濟活動——變成了不合情理的觀點，即「所有減稅都能增加收入」。[15]當參議員約翰．麥肯（John McCain）於二〇〇七年告訴《國家評論》（*National Review*），減稅「眾所周知會增加收入」。哈佛經濟學家葛雷格．曼基爾（Greg Mankiw，他曾任老布希總統經濟顧問委員會主席）在他的部落格上提出了邏輯性的追問：「如果你認為減稅會增加收入，為何還要主張節制支出？難道我們不能增加減稅幅度來支付新的支出計畫嗎？」[16]如果我在說明這個論點時聽來非常堅決，我確實如此。減稅增加收入這個謬誤混淆了我們對公共財政的討論，製造了一種不勞而獲的錯覺。你現在應該已經了解，經濟學中通常沒有這種情況。減稅有許多好處，它能讓更多錢留在我們的口袋裡，它能刺激人們努力工作和承擔風險。事實上，因減稅而增加的經濟活動通常有助於彌補部分收入損失。例如，減稅一美元可能只會讓政府損失八十美分（在極端情況下只有五十美分），因為政府能從更大的蛋糕中分得較小的一塊。

然而，「付更少，得更多」的想法依然頑強地存在，很大程度是因為它比「付更少，得更少」更吸引人。當川普政府在二〇一七年提出大規模減稅計畫時，財政部長史蒂芬·梅努欽（Steve Mnuchin）自信地表示：「這項計畫不僅能回本，還能減少債務。」[17]然而，負責這類經濟分析的無黨派機構，國會預算辦公室（CBO）估計，即使考慮到附加的經濟成長，這項減稅計畫仍會在十年內造成一兆美元的稅收損失。芝加哥大學布斯商學院定期對一組具有多元意識形態背景的經濟學家小組進行時事問題調查，

---

*1 這裡有個微妙但重要的分析點。那些主張減稅能增加政府收入的人通常正確地指出，大規模減稅後，政府收入比減稅前更高。但這種比較方式並不恰當，我們應該問的問題是：減稅後，政府的收入是否高於未減稅時的水準。這個區別之所以重要，是因為通貨膨脹和經濟增長每年都會推動政府稅收增加，即使稅率保持不變。所以即使沒有減稅，收入也可能增加五％；如果減稅後只增加了二％，政府稅收的確比前年增加了，但實際上卻低於未減稅時的應有水準。如果政府支出未根據這種新稅收現實進行相應的縮減，將會產生預算赤字，而這種事常常發生。

例如減稅。在國會審議川普的稅改計畫時，這個小組裡每一個經濟學家都回答說這會加劇債務問題，不是八六%，不是九一%，而是每一個。[18]因此，出現了這樣的新聞標題：〈川普團隊表示稅改方案將能損益兩平，但事實並非如此〉。[19]

不到一年後，白宮報告稱「赤字增長比預期的更快」，並表示由於川普的減稅計畫，未來十年聯邦債務將增長一兆美元。這根本沒什麼好驚訝的，**它正是布斯商學院所調查每位經濟學家預測的結果**。

舉一個簡單的數字為例。假設稅率是五〇%，稅基是一億美元，那麼稅收會是五千萬美元。現在假設稅率降至四〇%，由於人們可以保留更多收入，有些人開始多工作幾個小時，還有些夫妻開始尋找第二份工作。假設稅基成長到一億一千萬美元，政府的稅收變成以四〇%乘以這個更大的經濟規模，即四千四百萬美元。政府因減少現有經濟活動的稅率，損失了一部分收入，但部分損失又被來自新經濟活動的稅收所彌補。如果經濟對減稅沒什麼反應，這十個百分點的稅率減少將讓政府損失一千萬美元的收入；但實際上，只少了六百萬美元（在增稅的情況下，同樣的現象會逆向發生：新增的稅收會有部分被經濟規模的縮減抵消）。稅收專家通常會在預測減稅或增稅的影響時，考慮到這些行為上的反應。

除非在極其特殊的情況下，天下沒有白吃的午餐。較低的稅率代表政府總收入的減少，因此也意味著用於打仗、平衡預算、抓捕恐怖分子、教育孩童或執行其他政府職責的資源會減少，這就是取捨。供給面學派的扭曲將一場重要的知識性辯論——我們應該支付更多稅金以換取更多政府服務，還是繳更少稅但接受更少服務——轉化成一個不誠實的前提：我們可以繳更少的稅，卻得到更多的服務。我希望這是真的，就像我希望自己少工作也能變得富有，或多吃反而能減重一樣。但到目前為止，這些願望都沒實現過。

話雖如此，小政府的支持者也有其道理，即較低的稅率能促進更多的投資，進而帶來更快的長期經濟成長。輕率地將這視為壞主意，或認為這只是對富人有利的政策，未免過於膚淺。經濟成長的蛋糕擴大對每個人都很重要，尤其對那些分到「最小塊」的人而言，可能是最重要的。當經濟成長緩慢或陷入衰退時，首先被裁員的是鋼鐵工人和餐廳服務生，而不是腦外科醫師或大學教授。例如，在二〇〇九年由金融危機引發的衰退中，美國的貧困率超過一三%，創下十多年來最高比率。

相對而言，一九九〇年代對處於經濟底層的人來說是相當不錯的時期。密西根大學經濟學家、曾任柯林頓政府經濟顧問委員會成員的瑞貝卡・布蘭克（Rebecca Blank）回顧了一九九〇年代非凡的經濟擴張，並指出：

> 我認為，一九九〇年代帶給反貧困戰士首要且最重要的教訓是，持續的經濟成長是件了不起的事。只要政策有助於維持強勁的就業增長、低失業率及薪資上升，這些政策的影響可能就跟直接投入貧困救助計畫的資金一樣重要，甚至更重要。如果沒有工作機會，或薪資下降，單靠政府計畫讓人們脫貧會變得更加昂貴——不僅僅是資金成本，還包括政治資本。[20]

那麼，這兩章以來，我一直在迴避一個顯而易見的「金髮女孩與三隻熊」（編按：Goldilocks and the Three Bears，英國童話故事）的經濟問題：美國政府在經濟中扮演的角色是太多、太少，還是剛剛好？我終於可以提供一個簡單、直接且毫不含糊的答案：這取決於你問的是誰。有些聰明且深思熟慮的經濟學家希望看到一個更大、更積極的政府；還有另一些經濟學家更願意看到較小的政府，而這兩種規模之間也存在其他經濟學家支持者。

在某些情況下，專家們對事實問題也會存在分歧，就像頂尖外科醫生可能對治療動脈阻塞持有不同看法一樣。例如，關於提高最低工資的影響，至今仍有爭論。理論上，這必然是一種取捨：提高最低薪資顯然幫助了那些被加薪的工人；同時，它也傷害低薪工人，因為企業可能因僱用了更高薪資的人，而縮減聘用人數，導致這些人失去工作，甚至根本無法被聘用。經濟學家對於提高最低薪資會導致多少工作流失存在意見分歧，並提出相互競爭的研究結果。要評估提高最低工資是否是一個有助於低薪工人的良好政策，這是一條關鍵資訊。隨著時間推移，這個問題可以用可靠的數據和扎實的研究來回答（正如一位政策分析師曾對我說，用統計數據撒謊可能很容易，但沒有數據時撒謊就更容易了）。

更常見的是，經濟學只是框定了需要基於道德、哲學和政治做出判斷的問題——有點像醫生為病人說明治療方案一樣。醫生可以列出用化療治療晚期癌症相關的醫學問題，但最終的治療決策取決於病人自己，他們會考慮對生活品質和壽命的看法、對不適的忍受程度、家庭狀況等，這些都是與醫學或科學無關但完全合理的考量。然而，做出這樣的決定仍需要優秀的醫學建議作為基礎。

基於這種思路，我們可以提出一個用來思考政府在經濟中角色的框架。

政府有潛力提升經濟的生產力，從而讓我們生活得更好。政府創造並維護使市場得以運作的法律框架；透過提供我們無法自行購買的公共財來提升我們的效用；並透過矯正外部性，尤其是環境領域，來修正資本主義的缺陷。因此，小政府永遠是最好政府的觀點顯然是錯誤的。

話雖如此，即使同意上述所有觀點的人，仍可能在美國政府應該擴大或縮小存在分歧。一方面，人們理論上可以相信，政府有能力以讓我們生活更美好的方式分配資源；但相信由容易出錯的政治人物組成的國會會選擇這樣花錢則是另一回事。在北達科他州斯特拉斯堡，勞倫斯．維爾克（Lawrence Welk）的出生地，有一座德裔俄羅斯移民博物館，這真的算是公共財嗎？國會在一九九〇年為該博物館撥款五十萬美元（但在一九九一年因公眾強烈反對而撤回了撥款）。再看另一個例子，撥款一億美元用來搜尋外星生命，算公共財嗎？搜尋外星生命符合公共財的定義，因為沒有個人能單獨進行外太空生命的搜尋。然而，我認為許多美國人會更願意將自己的稅金用於其他地方。

如果我調查一百位經濟學家，幾乎每個人都會告訴我，大幅改善美國的初等和中等教育會帶來巨大的經濟收益，但同樣這群人卻會對是否應該在公共教育上花更多錢持不同看法。為什麼？因為他們對增加資金投入能否改善學生表現，存在重大分歧。

某些政府活動會縮小經濟蛋糕的規模，但仍可能是社會所需要的。將金錢從富人轉移到窮人，從技術上來說是「低效的」，因為向一個貧困家庭寄一美元的支票，在考慮到稅收的無謂損失後，可能會讓經濟損失一．二五美元。支持強大的社會網所需的高額稅收，通常最重的負擔會落在那些擁有生產性資產的人身上，包括人力資本。這使得法國這樣的國家成為貧困家庭孩子成長的好地方，但不利於網路企業家，對高科技工作者也不利。整體來看，確保每個人都能分到一塊蛋糕的政策，會減少蛋糕本身的增長。美國的人均收入高於法國，但美國貧困兒童的比例也高於法國。

話雖如此，理性的人仍可能對社會支出的適當程度持不同意見。首先，他們可能對用多少財富換取更多平等有不同的意見，美國比歐洲大多數國家富裕，但較不平等。其次，將財富與平等之間的關係簡單視為一種取捨，過於簡化了幫助最弱勢群體的困境。即使是非常關心美國最貧困群體的經濟學家，也可能會對如何更有效幫助窮人存在分歧，是要透過昂貴的政府計畫，例如全民醫療保險，還是減稅以鼓勵經濟成長，讓更多低收入美國人能得到更高的薪資。

最後，一些政府對經濟的介入純粹是破壞性的。過度的政府干預就像市場經濟脖子上的沉重枷鎖，即使是出於善意的政府計畫和規範，其成本若遠超過帶來的收益，也會適得其反。若出於惡意，則可能導致制定各種服務於特殊利益或貪腐政客的法律。這種情況在開發中國家尤其如此，只要讓政府退出不應干預的經濟領域，就能帶來很多益處。正如克利夫蘭聯邦準備銀行前總裁兼執行長傑瑞．喬丹（Jerry Jordan）所指出的：「區分經濟上『擁有』和『匱乏』的關鍵，在於經濟機構的角色──尤其是公共機構──是促進生產或沒收生產成果。」[21]

簡而言之，政府就像一把手術刀：它是一種侵入性的工具，可以用來行善，也可能造成傷害。如果謹慎且明智地使用，它能促進自體修復的驚人能力。但若落入不合適的人手中，或即使出於善意卻過度使用，則可能帶來巨大的危害。

第五章

資訊經濟學：麥當勞並未創造出更好的漢堡

一九九二年，比爾・柯林頓在競選總統時，提出了「希望獎學金」的構想。這項計畫基於耶魯大學早期的一項實驗，看似相當巧妙：學生可以借錢讀大學，畢業後根據年收入的一定比例還款，而不是傳統固定本金加利息的還款方式。成為投資銀行家的畢業生，將比那些在貧困社區輔導弱勢青少年的人，償還更多貸款，而這正是計畫的重點。該計畫旨在解決畢業生因背負巨額學貸，被迫選擇賺得多的工作，而非行善工作。畢竟，如果你畢業後身背七萬五千美元學貸，不太可能選擇成為老師或社工。

理論上，這個計畫可以自負盈虧。管理者可以判斷符合資格的學生畢業後平均薪資，計算出他們需要支付的收入百分比，以確保計畫能回收成本——例如，畢業後每年支付收入的一・五%，持續十五年。成為腦外科學生的學生會支付高於平均水準的金額；而那些在非洲多哥（Togo）對抗熱帶疾病的學生則會支付較少的金額。整體而言，高收入和低收入畢業生的還款額度將相互抵消，使得計畫達到收支平衡。

唯一的問題是：希望獎學金註定無法成功，至少在沒有大規模且持續的政府補助下不可能成功。問題在於關鍵訊息不對稱：學生對自己未來的職業計畫比貸款管理者了解得更多。大學生永遠無法確定自己未來的計畫，但多數人對自己畢業後的收入是多是少還是心裡有數，這已足夠讓他們判斷「希望獎學金」相較於傳統貸款是更昂貴還是更划算。有志成為華爾街大亨的學生會選擇避開這個計畫，因為對他們而言，這是個不划算的交易。誰想要在傳統貸款成本明顯更低的情況下，每年支付五百萬美元收入的一・五%，連續十五年呢？同時，未來的幼兒園老師及和平工作團的志願者就會選擇參加。

這種結果稱為逆向選擇，未來的畢業生根據他們對私人職涯規畫的想法訊息，決定是否參加。最終，計畫吸引的主要是低收入者，基於畢業後平均薪資計算的還款模型不再適用，計畫無法回收成本。人們可以推測，柯林頓總統可能忽略了顧問一定曾告訴過他：耶魯實驗計畫在五年後悄悄取消了，原因是還款金額遠低於預期，且行政成本過高。

當然，柯林頓不會是最後一個嘗試這個想法的人，這個想法過於誘人，總是會捲土重來。二〇一三年，俄勒岡州的立法者提出了「讓愛傳出去」（**Pay It Forward**），這是希望獎學金的翻版（而希望獎學金又是耶魯計畫的翻版），根據這項計畫，俄勒岡州的大學生可以承諾未來幾年支付一定比例的收入，而不是直接支付學費。如果這個計畫是非強制性的，那麼預期收入高的學生會選擇退出；如果是強制性的，那些未來的醫生和工程師會到其他州就讀。是的，大學非常昂貴；不，逆向選擇問題在短期內不會消失。《大西洋》在描述這項立法提案時，下標毫不保留：〈俄勒岡州極激進且極糟糕的「免學費」計畫〉。[1]

我們不知道的事情**可能**會傷害我們。經濟學家研究我們在只能看到事物表面時，獲取資訊、利用資訊和做出決策的方式。事實上，瑞典科學院正是基於這一點，在二〇〇一年將諾貝爾經濟學獎授予喬治．阿克洛夫、麥克．史彭斯（Michael Spence）和約瑟夫．史迪格里茲（Joseph Stiglitz），表彰他們在資訊經濟學領域的開創性研究。他們的研究探討了理性的人在不完整資訊的情況中做出決策，或交易雙方之一掌握比另一方更多資訊時產生的問題。他們的見解與我們當前一些最緊迫的社會問題密切關聯，從基因篩檢到職場歧視，無不相關。

舉例來說，一家小型律師事務所正在面試兩位求職者，一男一女，兩個求職者都是哈佛法學院的應屆畢業生，完全符合該職位的要求。如果「最佳」候選人是指能為事務所賺取最多收入的人（這似乎是個合理的假設），那麼我會認為理性的選擇是聘用男求職者。面試者不了解兩位求職者的家庭計畫（且法律禁止詢問此類問題），但基於對二十一世紀美國的普遍認知，他可以合理推測：女性仍承擔大部分的育兒責任，根據人口統計學數據，兩位求職者都很可能在不久的將來建立家庭，然而只有女性求職者會享受帶薪產假。更重要的是，她在生育後可能不會重返工作崗位，這將給事務所帶來找人、僱用和培訓新律師的成本。

一定會這樣發展嗎？不。男性求職者可能夢想待在家裡照顧五個孩子；女性求職者可能在幾年前就決定不想生小孩。但這種情況的可能性不是最高的，女性求職者因事務所對她的具體情況一無所知，只依賴社會趨勢的整體數據，受到了懲罰。這公平嗎？不（也不合法），然而**事務所的邏輯是合理的**。換句話說，在這種情況下，歧視是理性的，這顛覆了我們對歧視的傳統理解。歧視通常被認為是不理性的，正如蓋瑞・貝克在《歧視經濟學》（*The Economics of Discrimination*）中指出，帶有「歧視偏好」的雇主會犧牲利潤，因為他們偏袒不那麼合格的白人，而忽視了更具資格的少數族群。[2]拒絕接受出色黑人醫生診治的病人是愚蠢的，而一家律師事務所如果透過統計數據的推斷來降低員工流動率，可能會冒犯我們的感情，並違反聯邦法律，但它並不愚蠢。

當我們將這種情況視為資訊問題時，可以得出幾個重要的見解。首先，企業不是唯一的「惡人」，當職業女性選擇生育、請帶薪產假，然後離開公司時，他們對公司造成了成本，這對公司可說是不公平的。**更重要的是，他們對其他女性也造成了成本**。那些認為自己因員工請了產假又離職而「受傷」的企業，更可能在招聘過程中歧視年輕女性（尤其是已懷孕的女性），並且不願提供更慷慨的產假福利。好消息是，有個快速且簡單的解決方案：提供慷慨但可退還的產假福利。如果員工在產假後回到工作崗位，就可以保留這項福利；如果選擇不回來，就需要退還。這樣的政策改變幾乎能滿足各方需求，企業不必再擔心為那些不打算回來工作的女性提供福利，事實上，它們可以提供更慷慨的福利，無需害怕這會鼓勵員工拿了就跑，女性在招聘過程中也不會面臨相同程度的歧視。顯然，最長遠的解決方式是讓男性承擔更多育兒責任，隨著這種變化發生，雇主將不再輕易假設年輕女性員工會比年輕男性員工更可能在生兒育女後辭職或減少工作時間。

統計歧視，或所謂的「理性歧視」，發生在個人基於廣泛的統計模式做出合理的推斷，但這種推斷：一、在某些情況下很可能是錯誤的；二、對某些群體產生歧視性影響。假設一位雇主沒有種族偏見，卻排斥聘用有犯罪背景的員工，這當然是合理的偏好，如果這位雇主在無法取得應徵者犯罪背景的情況下（例如因缺乏時間或資源收集資訊，或法律禁止詢問相關問題），那麼他很可能會對黑人男性應徵者產生歧視，因為黑人男性有服刑經歷的比例（二八％）遠高於白人男性（四％）。

當然，這位雇主最關心的是眼前這個人有沒有犯罪紀錄。如果他可以確定地獲得這項資訊，那麼更廣泛的社會模式便不重要。理論上，我們應該預期，提供犯罪背景調查的機會能減少對無犯罪紀錄的黑人男性的歧視，而事實數據也證明了這一點。一群經濟學家比較了進行與未進行犯罪背景調查的公司，得出結論：「我們發現調查犯罪背景的雇主更可能僱用非裔美國人，尤其是男性。這種影響對那些排斥僱用有犯罪紀錄者的雇主更為明顯。」[3]

在種族問題上，通常資訊越多越好。相應的推論是，資訊越少可能帶來更糟的結果。美國有龐大的前科犯人口（美國的監禁率很高，大多數入獄的人最終會被釋放；刑期的中位數不到兩年）。有些政策試圖透過隱瞞犯罪背景資訊，以幫助前科犯，卻可能對更廣泛的人群造成負面影響。上述研究的作者警告說，他們的結果表明，「限制獲取犯罪紀錄，其實可能傷害更多的人，而非幫助他們，並加劇勞動市場中種族差異的問題。」

本章要討論的不是歧視問題，而是資訊，因為資訊是許多歧視相關問題的核心。資訊至關重要，尤其是在我們未獲得足夠資訊的情況下，市場往往傾向於對掌握更多資訊的一方有利。（你買過二手車嗎？）但如果資訊不平衡或不對稱過於嚴重，市場可能會完全崩潰。這正是二〇〇一年諾貝爾獎得主、加州大學柏克萊分校經濟學家喬治．阿克洛夫的基礎概念，他的論文「檸檬市場」使用二手車市場來說明核心觀點。販賣二手車的人比買家掌握更多資訊，這就造成了逆向選擇問題，就像希望獎學金的情況。滿意自己車子的人不太可能賣掉它們，因此，二手車買家預期會有隱藏問題，並要求折價。但當折扣成為市場的一部分，擁有高品質車輛的車主會更不願意出售車子，這保證市場將充斥著「檸檬車」（品質差的車）。理論上，高品質二手車市場將無法運作，這對買家或賣家都不利（實際上，這類市場往往仍能運作，與阿克洛夫共享諾貝爾獎的兩位學者解釋了其中原因，稍後會進一步說明）。

「檸檬市場」是諾貝爾委員會所認可的典型理念之一，正如瑞典皇家科學院所說：「這是個簡單卻深刻且普遍的想法，具有許多影響和廣泛的應用。」以醫療保健為例，這個領域深受資訊問題困擾，醫療保健的消費者，也就是病人，掌握的資訊幾乎總是比醫生少。即使我們看過醫生，也無法知道自己是否得到了適合的治療。這種資訊的不對稱正是我們醫療保健問題的核心。

在任何「按服務收費」的體系中，醫生對其執行的每項醫療處理收取費用，病患不用為未必需要的檢查和處理付費，保險公司或聯邦政府（針對符合資格的老年人，則由老人醫療照護保險支付）會支付這些費用。同時，醫療技術不斷帶來各種新的醫療選擇，其中許多選擇極為昂貴。醫生有動機進行昂貴的醫療處置，而病患沒有理由不同意，這些原因正是醫療成本快速上升的核心原因。如果你因頭痛去看醫生，醫生建議進行電腦斷層掃描，你幾乎一定會同意，因為「確認一下」總是好的。此時，你和你的醫生都沒有不道德的行為，在不考慮成本的情況下，儘管你可能只是因前一天假日辦公室派對後引起頭痛，但排除腦癌這種可能性似乎也很合理。醫生也可能合理地擔心，如果不做斷層掃描，未來腦部真的出了問題，你可能會提起訴訟並索要巨額賠償。

醫療創新在某些情況下是極好的，但在其他情況下則是浪費。以目前前列腺癌的治療為例，這是一種困擾許多年長男性的癌症，一種治療選擇是「觀察等待」，即在檢測到癌症惡化才採取行動，這是一個合理的做法，因為前列腺癌的發展速度極為緩慢，大多數患者在它成為嚴重問題前，就因為其他原因去世了。另一種選擇是質子放射治療，這需要使用像足球場那麼大的質子加速器，將原子粒子射向癌症病灶。觀察等待基本上不會產生費用，而使用質子加速器進行治療的費用則高達十萬美元。

這種成本差異並不令人驚訝，真正令人震驚的是，質子治療並未證明比觀察等待更有效。蘭德公司（編按：RAND，為美國非營利的智庫公司）的分析結論是：「觀察等待證明比其他療法優良。」[4]

健康維護組織（HMO）的設立旨在透過改變誘因來控制成本。在許多HMO計畫中，家庭醫生按每年每位病人的固定費用獲得報酬，無論他提供了哪些服務。醫生可能受到限制，無法開具某些檢查或服務，甚至可能因避免將病患轉診至專科醫生而獲得獎金。這種模式改變了一切。現在，當你走進醫生辦公室（在自己的健康資訊方面仍處於劣勢）說：「我頭暈、頭痛，耳朵流血。」醫生查看HMO的治療指南後，建議你服用兩片阿斯匹靈就好了。儘管這個案例有點誇張，但基本觀點是成立的：了解你病情最多的那個人，可能有經濟動機拒絕為你提供治療。對花費過多的抱怨變成了對花費不足的抱怨，每個HMO的顧客幾乎都有過與官僚爭論合理支出的可怕經歷。在最極端的（但多為傳聞）的情況下，病人甚至會被HMO的審查員拒絕提供緊急治療。

有些醫生願意為病人與保險公司抗爭，其他醫生則選擇違規操作，將不在保險範圍內的治療偽裝成被保險承保的項目（病患並不是唯一受資訊不對稱影響的人）。政治家也加入了這場紛爭，要求保險公司公開支付給醫生的激勵金，甚至提出病人權利法案。

醫療照護的核心的資訊問題並未消失：一、不必支付醫療費用的病患要求盡可能多的治療；二、醫生為了最大化收入和避免訴訟，提供盡可能多的治療；三、保險公司為了最大化利潤，試圖盡可能減少支付治療費用；四、科技引入了各種極為昂貴的選擇，其中有些是奇蹟，有些則是浪費金錢；五、對病患或保險公司來說，證明「正確」治療方案的成本非常昂貴。簡言之，資訊問題讓醫療保健與其他經濟領域不同。當你走進一家電子用品店，想購買一台大螢幕電視，你可以看看哪一台畫面最清晰，然後比較價格，因為帳單最終會寄到你家。最終，你衡量不同電視的好處（你能觀察到的產品品質）和成本（你必須支付的費用），然後選擇一款。**腦部手術則完全不同**。

醫療改革的根本挑戰在於支付「正確」的治療——也就是相較於成本最具合理性的

「產品」。在經濟的其他領域，消費者通常自行完成這種行為。審查員不應自動拒絕極其昂貴的治療，其中有些可能非常有效，物有所值。他們應該拒絕那些成本高昂，卻未明顯優於廉價選擇的治療，他們也**應該**拒絕「只是為了確定」而進行的檢測，因為這些診斷既昂貴，又可能對健康人產生「假陽性」的結果，從而引發昂貴、不必要且具潛在危險的後續治療。

廣告界有句老話：「我知道有一半的錢浪費了，我只想知道是哪一半。」醫療照護也是相似的情況，如果醫療改革的目標是限制迅速上升的成本，那麼任何政策變革都必須將重點放在品質和結果上，而非僅僅是支付的治療。《紐約時報》財經專欄作家大衛．利昂哈特（David Leonhardt）將前列腺癌的治療（昂貴的技術似乎並未帶來更好的健康結果）視為他對醫療改革的「個人試金石」。在歐巴馬總統和民主黨制定《平價醫療法案》（ACA）時，利昂哈特寫道：「前列腺癌檢測將決定歐巴馬總統和國會是否能制定一項法案，開始解決我們醫療體系中的根本問題：成本飆升與平庸的結果。如果他們做不到，無論他們做出哪些改進，醫療體系仍將深陷困境。」最終，《平價醫療法案》並未在根本上改變美國醫療保健中的誘因機制。川普總統試圖廢除《平價醫療法案》（或稱歐巴馬健保），但並未提出任何通過利昂哈特「個人試金石」的新改革方案。

不過對醫療照護的討論還沒結束。醫生或許比你更了解你的健康，但你也比你的保險公司更了解你的長期健康狀況。你可能無法診斷罕見疾病，但你知道自己是否過著健康的生活方式、是否有某些家族病史、是否從事高風險的性行為、是否可能懷孕等。這種資訊優勢可能會對保險市場造成重大影響。

保險的關鍵在於精準計算數字。有些人幾乎不需要醫療照護，其他人則可能有慢性病，需要數十萬美元的治療。保險公司透過計算所有保單持有人的平均治療成本，並稍微提高收費，以賺取利潤。例如，當安泰人壽為兩萬名五十歲男性提供團體保險時，如果一名五十歲男性的年均醫療成本為一千兩百五十美元，那麼公司可以將年保費設為一千三百美元，平均每份保單能盈利五十美元。安泰人壽的某些保單可以賺錢，某些保單會虧損，但只要計算數字是正確的，整體上公司就能盈利。

這個例子是否讓你聯想到希望獎學金，或是二手車市場？確實如此。對於最健康的五十歲男性來說，一千三百美元的保單是一筆不划算的交易；但對有心臟病家族史的肥胖吸菸者來說，卻是筆非常好的交易。因此，最健康的男性最有可能選擇退出這個計畫；而最病弱的男性則最有可能加入。如果發生這種情況，保費最初的人群結構計算基礎開始改變；剩下的人群平均健康狀況較差，保險公司重新評估這群中年男性，發現必須將年保費提高到一千八百美元才能盈利。看出問題所在了嗎？在新價格下，更多男性，尤其是「不健康中的最健康者」，會認為這份保單不划算，所以選擇退出；最病弱的男性則因為他們病重的身體，會緊抓住這些保單不放。結果，風險池再次改變，現在連一千八百美元也無法覆蓋投保人群的醫療成本。理論上，這種逆向選擇會不斷惡化，直到健康保險市場徹底崩潰。

但實際情況並非如此。保險公司在為大型群體投保時，通常不允許個人選擇是否加入。如果安泰人壽為所有通用汽車的員工設計保單，就不會出現逆向選擇，保單是隨著工作提供的，所以員工無論是否健康都列入保險名單中，他們沒有選擇權。安泰人壽可以計算這個龐大人群的平均醫療成本，然後收取足以盈利的保費。

然而，為個人制定保單是件更具挑戰性的任務。保險公司有理由擔心，對健康保險（或人壽保險）需求量最大的人，往往是最需要它的人。**無論保險公司如何定價，這一點都不會改變**。即使保費高達一個月五千美元，那些預期自己的醫療費用會高於保費的人，仍最有可能投保。當然，保險公司也有自己的對策，例如拒絕為已經生病或未來可能生病的人提供保險，這種做法常被視為保險公司對公眾的殘忍不公，從表面上看，生病的人最難獲得健康保險似乎很不合情理。但想像一下，如果保險公司沒有這種法律特權，情況可能會變成這樣（以下是高度虛構的對話場景）：

醫生：恐怕我有壞消息。你的四條冠狀動脈完全或部分阻塞，我建議你盡快進行開心手術。

病患：成功的可能性大嗎？

醫生：是的，我們的手術成功率非常高。

病患：手術貴嗎？

醫生：當然貴，這可是開心手術。

病患：那或許應該先買些健康保險。

醫生：是的，這個想法非常好。

保險公司會向申請人詢問家庭病史、健康習慣、吸菸、危險愛好等各種私人問題。我在申請人壽保險時，保險公司的代表甚至來我家抽血確保我沒有愛滋病。他還問了我父母是否還活著、我是否潛水、是否賽車（是、是、否）。我提供了尿液樣本、測量體

重，並回答有關吸菸及非法藥物使用的問題，這一切看似合理，因為保險公司承諾，若我在近期內去世，會支付給我妻子一大筆錢。

保險公司還有一個微妙的工具。他們可以設計保單或「篩選」機制，從潛在客戶那裡獲得資訊。這個見解適用於各種市場，它也讓哥倫比亞大學經濟學家、前世界銀行首席經濟學家史迪格里茲獲得二〇〇一年的諾貝爾經濟學獎。那麼，保險公司如何篩選客戶呢？他們使用自付額（編按：deductible，保險業術語，在這筆損失中，要由你自己先支付這部分金額，超過的部分才由保險公司賠付）。那些認為自己能保持健康的客戶，可以選擇有高自付額的保單，作為交換，他們的保費可以降低。而那些私下知道自己可能有高額醫療費用的人，則會避免選擇高自付額，轉而支付較高的保費（同樣的情況也適用於汽車保險，若你隱約懷疑自己十六歲的兒子開車技術比大多年青少年差時，可能會選擇低自付額保單）。簡而言之，自付額是一種揭示個人資訊的工具，它迫使客戶進行自我分類。

任何保險情況最終都會引發一個爆炸性問題：多少資訊才算太多？我保證，這將成為未來幾年最棘手的政策問題之一。以下有個簡單的練習。拔下一根頭髮（如果你完全禿頭，就從臉頰內側採取唾液樣本），這個樣本包含你的完整基因組。在合適的（或不合適的）人手中，它可以用來判斷你是否容易罹患心臟病、某種類型的癌症、憂鬱症，如果科學繼續以當前驚人的速度發展，它還能判斷出各種疾病。用一根頭髮，研究者（或保險公司）很快就能確定你是否有罹患阿茲海默症的風險——比病情發作早二十五年。這產生了兩難的局面，如果基因資訊被廣泛分享給保險公司，那麼最容易生病的人可能很難，甚至不可能獲得任何形式的保險。換句話說，最需要健康保險的人將是最不可能獲得保險的，不僅是手術前一天，而是永遠都得不到。有亨汀頓氏舞蹈症（一種遺傳性退行性腦部疾病，會導致早逝）家族病史的人已經發現，要獲得人壽保險非常困難，甚至不可能。另一方面，新的法律禁止保險公司收集此類資訊，所以更容易受到嚴重的逆向選擇影響。那些知道自己未來生病風險較高的人，會選擇大幅投保更慷慨的保單。

《經濟學人》有篇社論中指出這個迫在眉睫的困境：「政府因此面臨兩難選擇，要麼禁止使用基因檢測結果，從而摧毀這一行業；要麼允許其使用，但這將創造出一個無法保險或無法負擔保險的弱勢族群。」《經濟學人》雖然不是左派思想的堡壘，但它指出，私人健康保險市場可能最終會發現這個問題難以解決，迫使政府扮演更大的角色。

那篇社論的結論是：「事實上，基因檢測可能成為支持政府資助全民健康保險的最強有力論據。」[5]

任何旨在讓健康保險變得更可及、更實惠的醫療改革，尤其是針對那些已經生病或可能生病的人，都會面臨毀滅性的逆向選擇問題。試想一下：如果我保證無論你是否已經生病，都可以買到價格合理的保險，那麼購買保險的最佳時機，是在搭救護車前往醫院的路上。解決這一固有問題的唯一辦法，是保證每個人都能獲得可負擔的保險，且要求每個人都購買保險，無論是健康、生病、年輕或老年，也就是所謂的「個人強制納保」。在這種政策下，保險公司仍會因被迫向高風險群體出售保單而虧損，但這些虧損可透過強制健康人群購買保險所產生的利潤來彌補（任何擁有國家健康保險系統的國家基本上都有個人強制納保的政策；所有公民都被強制繳納稅款，並因此獲得政府資助的醫療保險）。

這正是麻州在全民健康保險計畫中採取的做法。如果州內有能力購買健康保險卻不購買的居民，在申報州稅時會被罰款。希拉蕊．柯林頓在二〇〇八年民主黨總統初選中，支持個人強制納保；歐巴馬則不支持，儘管這或許更多是為了區分自己與最強競爭對手的需求，而不是基於他對逆向選擇的分析。顯然，強制健康人群購買他們本不會購買的東西，是政府的強硬手段；但在風險分配非隨機的情況下，這也是唯一能實現風險共擔（即保險的目的）的方式。

當歐巴馬政府通過「平價醫療法案」（ＡＣＡ，即歐巴馬健保）時，法案中最不受歡迎的部分就是個人強制納保，要求所有美國人都必須購買健康保險，否則將面臨罰款。諷刺的是，強制健康保險的想法並不是民主黨所提出；其實這是保守派在幾十年前提出的構想，為的是保護私人保險市場免受逆向選擇影響。ＡＣＡ為所有美國人提供相對負擔得起的保險，包括那些已生病或有高風險患病的人。這是個值得讚揚的目標，但也會招致濫用。正如前面所提到的，如果任何人都可以隨時購買保險，無論生病或健康，那麼最合理的購買時機就是在收到惡性診斷後。強制保險能確保有足夠健康人群支付保費，以照顧那些生病的人。早在歐巴馬健保前，共和黨員米特．羅姆尼在麻州推行的醫療改革中，就已經包含了個人強制納保。

以下是相關的經濟學要點：一、我們知道誰生病；二、我們越來越能預測誰將生病；三、病患的醫療費用可能極其昂貴；四、在這種情況下，私人保險的運作效果不佳。這幾點清楚明瞭。而困難的部分則涉及哲學和意識形態：我們在多大程度上願意（如果有的話）分擔醫療費用？應該如何分擔？這些就是柯林頓政府在一九九三年試圖改革醫療體系，以及歐巴馬政府在二〇〇九年再次提出改革時的基本問題。二〇一七年，川普政府廢除了ＡＣＡ中有關個人強制納保的條款，卻保留了其餘部分，這對私人健康保險的長期影響目前尚不明朗。

本章從最嚴重的資訊相關問題開始——那些市場因資訊缺乏而癱瘓，並導致個體行為帶來重大社會影響的案例。經濟學家對市場如何應對資訊不足的日常情況也充滿興趣，我們日常生活購買商品和服務時，常常無法輕易判斷它們的品質（就像你必須先支付這本書的費用，才能閱讀內容）。在絕大多數情況下，消費者和企業會創造出自己的機制來解決這些資訊問題，事實上，這正是麥當勞成功的天才之處，也啟發了本章標題的靈感。「金色拱門」的意義不僅僅是關於漢堡，更是關於資訊。無論是莫斯科、墨西哥市或辛辛那堤，每個麥當勞的漢堡味道都一樣，這不僅是一個奇特點，也是公司成功的核心。試想，你正行駛在奧馬哈市外的八十號州際公路上，你從未來過內布拉斯加，此時你看到一家麥當勞，你立刻知道這家餐廳的許多資訊，你知道它很乾淨、安全、便宜，裡面會有乾淨的洗手間，你知道它全年無休，你甚至可能知道雙層起司堡上有幾片酸黃瓜。你在下車前就知道所有資訊，即使你從未來過這個州。

相比之下，看看「查克大漢堡」的廣告牌，查克的漢堡可能是密西西比河以西最好吃的，它也可能是下次大腸桿菌爆發的熱門地點。你怎麼知道？如果你住在奧馬哈，或許會對查克的名聲有所耳聞。但你不住在那裡，你只是在晚上九點開車經過內布拉斯加州。（查克到底幾點打烊？）如果你像數百萬其他人一樣，即使沒那麼喜歡速食，你還是會尋找那座金色拱門，因為你知道它代表什麼。麥當勞銷售的是漢堡、薯條，最重要的商品是，可預測性。

這個想法是「品牌」概念的基礎，企業投入巨額資金為其產品建立身分認同，就是為解決消費者的一個問題：當產品的品質或安全性只有在使用後才能確定（有時甚至無法確定），該如何選擇？漢堡只是一個例子，同樣的規則也適用於從度假到時尚的各種領域。你在郵輪上會玩得開心嗎？是的，因為它是皇家加勒比海號（或名流號、維京號、冠達號），我對時尚的判斷力不佳，所以當我買了湯米．席爾菲格（Tommy Hilfiger）的襯衫時，我會安心地認為自己出門時看來還算得體。米其林輪胎廣告中，嬰兒在米其林輪胎裡玩耍，搭配的標語是：「因為你的輪胎承載太多事物。」隱含的訊息已足夠明確。

品牌作為一種工具曾受到批評，認為它是貪婪的跨國企業用來說服我們支付高額溢價，購買不必要商品的手段。經濟學家則有不同的說法：品牌有助於提供信任的元素，而這對複雜經濟體系的運作至關重要。現代商業要求我們與一些從未見過的人進行重大交易，例如，我定期寄支票給富達金融投資公司，即使我根本不認識公司裡的任何人。忙碌的政府監管機構只能保護我免受最惡劣的詐欺行為，卻無法防範那些完全合法的低劣商業行為。企業通常會宣傳他們的歷史，肉販外面掛著「自一九二七年開始營業」的招牌，巧妙地說明了：「如果我們欺騙顧客，早就關門了。」

品牌也有同樣的功能。品牌和聲譽一樣，都需要靠時間累積。事實上，有時候品牌會變得比產品本身更有價值。一九九七年，販售多樣商品（從內衣到早餐香腸等）的莎莉公司（Sara Lee）宣布將開始出售其製造設備，不再經營火雞養殖場或紡織廠。取而代之的是，公司將專注於將其著名的品牌標籤（如Champion、Hanes、Coach、Jimmy Dean）貼到其他公司生產的產品上。一家商業雜誌指出：「莎莉公司相信品牌才是它的靈魂，最好的做法是為其他人提供的無生命物質注入商業活力。」[6]其中的諷刺意味十足：莎莉公司的成長和利潤策略是什麼都不生產。

品牌可以是非常有利可圖的策略。在競爭激烈的市場中，價格會被不斷壓低至接近生產成本。如果製造一罐汽水的的成本是十美分，售價是一美元，那麼就會有人以五十美分出售。很快，就會有人出價二十五美分，然後是十五美分，最終，某個高效無情的公司會以每罐十一美分的價格賣汽水。對消費者來說，這是資本主義的美妙之處；從製造者的立場來看，這是「商品地獄」。想想美國農民的處境就知道了。一顆大豆就是一顆大豆，因此，愛荷華州的農民無法賣出高出市場價的價格。考慮到運輸成本後，世界上每顆大豆的價格都是一樣的，而在大多數年份中，這個價格僅略高於生產成本。

企業如何從競爭的死亡螺旋中拯救自己的利潤？方法就是說服全世界（無論是否有理），它們糖漿加水的混合物和其他人的混合物不一樣，可口可樂不是蘇打飲料，而是可樂。品牌商品的生產商透過說服消費者，相信他們的商品獨一無二，為自己創造了壟斷地位，並依這種定位制定價格。耐吉的衣服不僅僅是由越南工人縫製的布料，而是老虎伍茲所穿的衣服，即使農民也能接受這個訊息。在超市裡，你會看到（並願意為此支付溢價的）香吉士柳丁、安格斯牛肉和泰森雞肉。

有時，我們會透過付費給外部機構來確認品質。羅傑·埃伯特（Roger Ebert）的工作就是觀看大量爛片，這樣我就不必浪費時間了。他偶爾遇到好片時，就會給它一個「讚」，藉此，我可以避免看到像《單身交易》（*Tomcats*）這種影片，因為埃伯特給這部電影打了零顆星，我為此付出了訂閱《芝加哥太陽報》的費用（或是觀看該網站上的免費廣告）。[*1]《消費者報導》（Consumer Reports）提供相同類型的商品資訊、保險商實驗室（Underwriters Laboratories）認證電器的安全性、晨星（Morningstar）評估共同基金的表現，還有歐普拉讀書俱樂部（Oprah's book club），它甚至能讓原本鮮為人知的書籍迅速躍升至暢銷書排行榜。

同時，企業會竭盡所能地向市場「傳遞訊號」，說明自身的品質。這正是史丹佛大學經濟學家、二〇〇一年諾貝爾獎得主麥克·史彭斯的見解。假設你中了樂透的大獎後，想選擇一位投資顧問，你拜訪的第一家公司有著精美的木質內飾、大理石大廳、掛滿原版印象派畫作，主管們身穿手工義大利西裝，這時，你會想：「我的費用全花在這些裝潢上，真是個大坑！」或是：「哇，這家公司一定極其成功，我希望他們能接納我成為客戶。」多數人會選擇後者。（如果你不相信，試著反過來思考：如果你的投資顧問在看來潮濕的辦公室工作，使用二十年前政府淘汰的文書處理機，你會有什麼感覺？）

這些象徵成功的外在裝飾——木質牆板、大理石、藝術品等，與公司專業能力沒有直接關聯，不過，我們將它們解讀為一種訊號，用來讓我們相信這家公司是頂尖的。它們對市場的作用就像孔雀的鮮艷羽毛對潛在配偶的作用一樣：在資訊不完全的世界裡，是一個好訊號。

---

*1 是的，埃伯特已逝，但他的品牌影響力仍然強大，因此他的網站 RobertEbert.com 仍然活躍且經營良好。

在亞洲一些地區，一間辦公室的成功訊號是什麼？極低的室溫。刺骨的冷氣會立即告訴你，這家公司付得起高額的冷氣電費。即使外面的氣溫超過三十二度，辦公室的室溫有時冷到員工需要使用小型暖氣。《華爾街日報》指出：「寒冷的空調是企業和建築物業主展示自己在舒適度上領先的方式，在講究排場的亞洲城市，老闆喜歡發出這樣的訊息：我們很奢華，辦公室室溫都跟極地一樣。」[7]

經濟學家喜歡深思一個相關問題：哈佛大學的畢業生在社會上表現出色，但這是因為他們在哈佛學到了使其成功的東西，還是因為哈佛能發現並錄取那些原本就能在生活中表現得非常出色的人？換句話說，哈佛是為學生帶來巨大價值，還是僅充當一個精心設計的「訊號」機制，讓聰明的學生透過被哈佛錄取，來向世界展示自己的才華？普林斯頓大學經濟學家亞倫·克魯格（Alan Krueger）和梅隆基金會的經濟學家史黛西·戴爾（Stacy Dale）為回答這個問題，曾做過一項有趣的研究。[8]他們指出頂尖名校的畢業生在未來的職業生涯中，平均收入更高。例如，一九七六年進入耶魯大學、斯沃斯莫爾學院或賓州大學的學生，在一九九五年的平均年收入是九萬兩千美元；而同時期進入中等大學，例如賓州州立大學、德尼森大學或杜蘭大學的學生，平均收入則低了兩萬兩千美元。這個發現並不令人驚訝，但也未能回答問題，哈佛、普林斯頓等大學的學生如果四年都在喝酒混日子，是否仍會比那些中等大學的同齡人賺得更多。

因此，克魯格和戴爾做了進一步分析，他們研究了同時被頂尖名校和中等學校錄取的學生的職業成果，一些學生選擇了常春藤聯盟的學校，其他則選擇中等學校。克魯格和戴爾的主要發現可以用報告標題來總結：〈足夠聰明進入名校的孩子無須費心〉同時錄取這兩類學校的學生，無論進入哪種大學，平均收入幾乎是相同的（唯一的例外是，來自低收入家庭的學生若選擇進入名校，收入顯著增加）。整體來說，學生的品質似乎比大學的品質對未來收入的影響更大。

花費二十多萬就讀常春藤盟校是否不理性？不一定。至少，普林斯頓或耶魯的學位在履歷上相當於埃伯特的「讚」。它代表你非常有資格，讓生活中的其他人會對你有較少的疑慮，包括雇主、配偶和配偶的家人。而且，在與世界頂尖學者共處四年期間，你很有可能會有所收獲。然而，克魯格對申請大學的學生提出這樣的建議：「不要以為只有沒錄取你的學校才值得上……要知道，決定你成功的更多是你的動機、抱負和才能，而不是畢業證書上的校名。」

聰明且積極的學生（以及同樣積極的父母）無論在哪上學都能表現出色，這一點經常被美國的學校改革者忽視。在伊利諾州，每年秋天都會發布全州學校的報告卡，根據其學生在一系列標準化考試中的表現來評估每所學校。媒體迅速根據這些報告挑選出全州的「最佳學校」，其中大多數位於富裕的郊區。但這個過程是否真能告訴我們哪些學校最好？未必如此。羅徹斯特大學經濟學家艾瑞克．哈努舍克（Eric Hanushek）認為：「在許多城郊社區，即使學生只是到學校的壁櫥裡坐上四年，他們仍會在標準化考試中取得好成績。」哈努舍克是研究學校投入與學生成果間關係的專家（這關係有時有點牽強）。「高效學校」有個基本問題：這些學校的老師和行政人員是否特別出色，這些管理者真的能帶來多少價值？或是這些學校只是特權學生的集散地，無論上哪所學校都能在標準化考試中表現出色？這正是哈佛問題的延伸。

本章從一個嚴肅的社會問題開始，現在也將以此結束：種族分析是一個資訊問題。這個問題的核心有兩個簡單問題，首先，種族或族群——單獨或與其他情況結合——是否傳遞了與潛在犯罪活動相關的有意義資訊？如果是，我們該如何處理？第一個問題的答案引發最多關注。在九一一事件後，可以合理地推論，三十五歲的阿拉伯裔男性比六十五歲的波蘭裔女性對國家構成的風險更高。警方長期以來一直認為，種族可以作為一種線索，在貧窮黑人社區出現穿著得體的白人往往是來買毒品的。犯罪組織通常與特定種族或族群有聯繫。在柯林頓總統宣布種族分析「在道德上站不住腳」的同時，他的毒品政策專員巴里．麥卡弗里（Barry McCaffrey）的網站卻在進行這樣的行為。在丹佛，海洛因毒販主要是墨西哥籍人士；在特倫頓，搖頭丸毒販主要是非裔美國男性，而粉末古柯鹼的毒販主要是拉丁裔。[9]

事實上，我們每個人都以自己的方式進行分析。我們從小被教導不要以貌取人，但我們不得不如此，因為這往往是我們唯一能看到的。想像一下，當你夜晚走在停車場裡，聽到背後傳來腳步聲。理想情況下，你會請這個人提供履歷，然後坐下來喝咖啡，討論他的目標、工作、家庭、政治理念，還有最重要的，為什麼他會在黑暗的停車場跟在你身後，你可能會進行犯罪背景調查。擁有這些資訊後，你才能決定是否按下鑰匙圈上的警報按鈕。當然，現實情況不是這樣。你只能迅速朝後瞥一眼，哪些資訊最重要呢？性別？種族？年齡？公文包？穿著？

我永遠不會忘記自己成為種族分析受害者的經歷。我從芝加哥市區搭上一班西行的公車，當時天色開始變暗，芝加哥是個種族非常隔離的城市，市中心以西的社區主要是非裔美國人。當時我穿著西裝，幾個路口後，我成了公車上唯一的白人。就在那時，一位年長的黑人女士友善地詢問：「喔，今晚公牛隊有比賽嗎？」芝加哥公牛隊的主場在芝加哥體育館，正好位於市中心以西。這位女士天真地推測，穿著西裝的白人會在晚上七點出現在這班公車上，唯一的理由就是去看公牛隊比賽。顯然，她僅根據我的膚色和穿著風格就推測我的目的地是不公平的，甚至可能會傷害到我。但最奇妙的是，我確實是要去看公牛隊的比賽。

種族、年齡、族群或國籍在某些情況下的確能傳遞一些訊息，尤其是缺乏其他更好的資訊時。然而，從社會政策的角度來看，這些特徵可能具有某種資訊價值的事實，其實是一些轉移注意的幌子。真正重要的問題是：我們是否願意系統性地騷擾那些符合某個廣泛種族或族群分析的個人，這些分析或許有些統計支持，但更多時候是錯誤的？在多數情況下，大多數人會回答：不願意。我們建立了一個重視公民自由的社會，即使這樣做會犧牲社會秩序。反對種族分析的人總是會被拖入一個泥沼，即它是否屬於良好的執法手段或反恐工具，但這不是唯一相關的問題，有時候甚至可能完全無關。如果經濟學教會我們什麼，就是我們應該衡量成本和效益。為了抓住一個毒販，騷擾十個、二十個、甚至一百個守法市民的成本是不值得的。恐怖主義的情況更棘手，因為讓一個人漏網的潛在代價可能是災難性的。因此，我們應該怎麼做？這是後九一一世界中的艱難權衡。

在經濟學導論的世界裡，各方都擁有「完美的資訊」，圖表整齊清晰、消費者和生產者知道所有他們想知道的事。然後，經濟學導論外的世界更加有趣，但也更加混亂。一位州警在佛羅里達一段荒僻的高速公路上攔下一輛一九九〇年的龐帝克Grand Am，因為它的車尾燈壞了。這名警察沒有完美的資訊，一個年輕家庭在尋找安全可靠的保姆時也沒有，或者一家保險公司想要保護自己免於承擔愛滋病的高額成本時，也沒有充分資訊。資訊很重要。經濟學者研究我們如何使用這些資訊，有時更重要的是，我們在缺乏資訊時如何行動。

第六章

生產力與人力資本：為什麼比爾・蓋茨比你有錢？

像許多人一樣，比爾・蓋茨在有了孩子後，發現自己的房子有點擁擠。這位軟體大亨於一九九七年搬進了價值一億美元的豪宅，但不久後，他覺得還需要進行一步調整。這棟占地三萬七千平方英尺的住宅裡有一個二十個座位的電影院、一個接待廳、可容納二十八輛車的停車場、室內蹦床、以及各種電腦設備，例如只有被呼叫的人在附近時才會響的電話。但這棟房子還不夠大。[1]根據華盛頓州美迪納郊區提交給規畫局的文件，蓋茨先生和他的妻子還要增建一間臥室，並為孩子增加一些額外的遊戲和學習空間。

從蓋茨先生擴建豪宅這件事，可以推測出許多事情，但其中一個相當明顯的結論是：成為比爾・蓋茨是件很美好的事。如果你擁有五百億美元資產，這世界就是個令人神魂顛倒的遊樂園。這也引發了一個更大的問題：為什麼有些人擁有室內蹦床和私人飛機，而另一些人只能睡在車站的浴室裡？為什麼美國約有一三%的人口生活在貧困中，雖然這比一九九三年高峰期的一五%有所改善，但與一九七〇年代的情況相比並沒有明顯進步？與同此時，五分之一的美國兒童（黑人兒童的比例更是高達三五%）生活在貧困中。當然，美國是最富有的國家，在第三個千禧年的開端，全球仍有三十億人生活在貧窮裡。

經濟學家研究貧窮和收入不平等，他們想了解誰貧窮，他們為什麼貧窮，以及該如何解決這個問題。要討論為什麼比爾·蓋茲比那些睡在蒸汽管道裡的人富有，必須先理解經濟學中的一個概念——人力資本。人力資本是一個人身上所有技能的總和：教育、智慧、魅力、創造力、工作經驗、創業精神，甚至是快速投擲棒球的能力。如果有人剝奪你所有資產，包括工作、金錢、房屋，財產，然後把你丟到路上，人力資產就是你唯一能留下來的。比爾·蓋茲如果面臨這種情況，他會怎樣？他會過得很好。即使他的財富都被沒收，其他公司也會爭相聘請他當顧問、董事會成員、執行長，甚至是勵志演講人（當史帝夫·賈伯斯被他自己創立的蘋果公司解僱後，他創辦了皮克斯；後來蘋果也邀請他回歸）。那麼，老虎伍茲會如何？也不會有問題。只要有人借他一套高爾夫球桿，他或許就能在周末的錦標賽中奪冠。

那麼，在十年級就輟學，還曾安非他命成癮的布巴（編按：Bubba，在某些語境下，被用來泛指教育程度低、生活在鄉村、行為粗魯、文化程度低的白人男性），遇到這個問題會怎麼樣？大概過得不好。這就是人力資本的差異，布巴擁有的資本不多（諷刺的是，一些非常富有的人，例如汶萊蘇丹，在這種情況下可能也不會太好；蘇丹富有，是因為他的國家坐落在巨大的油田之上）。勞動市場與其他市場並無不同：某些技能的需求比其他技能更大，擁有的技能越稀缺，其擁有人的薪酬就越高。職籃球員史蒂芬·柯瑞（Stephen Curry）能在四年內賺取二·〇一億美元，因為他比其他人更能準確地把籃球投進籃框，他能幫助金州勇士隊贏得比賽，吸引球迷進場，增加商品銷售，還能帶來電視轉播收入。世界幾乎沒有其他人能像他那樣做好這項工作。

就像市場經濟的其他面向一樣，某些技能的價格與其社會價值無關，而是與其稀缺性有關。我曾訪問過勞勃·梭羅（Robert Solow），他是一九八七年諾貝爾經濟學獎得主，也是著名棒球愛好者，我問他，是否介意自己的諾貝爾獎金，比當時紅襪隊投手羅傑·克萊門斯（Roger Clemens）一個賽季的收入還少。梭羅說：「不，因為優秀的經濟學家有很多，但羅傑·克萊門斯只有一個。」這就是經濟學家的思考方式。

在美國，誰是富有的，或至少能過上舒適的生活？軟體工程師、手部外科醫生、核工程師、作家、會計師、銀行家、教師。有時這些人擁有天賦，但更多時候是透過專業訓練和教育獲得這些技能。換句話說，他們在人力資本上進行了重大投資。就像其他投資一樣，無論是建造製造廠到購買債券，今日對人力資本的投資，未來都會帶來回報，而且是非常可觀的回報。大學教育的投資回報率約為一〇％，也就是說，如果你今天花錢上大學，未來每年可以從更高的收入中賺回學費，並額外獲得約一〇％的回報。這樣的投資，幾乎是華爾街上最好的投資。

人力資本就是經濟的通行證，某些情況下，就是字面上的意思。一九八〇年代末，我還是大學生的時候，認識了一位年輕的巴勒斯坦人，名叫賈馬爾·阿布阿里（Gamal

Abouali）。賈馬爾的家人住在科威特，堅持要他在三年內完成學位，而不是四年。為此，他每學期都要修更多課，而且每個暑假都要上課，對當時的我來說，這似乎是極端的做法。那實習呢？留學呢？甚至是去科羅拉多滑雪過冬天呢？我曾和賈馬爾的父親共進午餐，他解釋說，巴勒斯坦人的生活是流動且不穩定的。他自己是會計師，這是一項幾乎可以在世界任何地方從事的職業，他說，哪裡都可能是他們的下一站。這家人曾經住在加拿大，後來搬到科威特；他還說，他們非常有可能在五年內又搬去其他地方。

賈馬爾讀的是工程學，也是一項具有普遍性的技能。他父親堅持認為，他越早拿到學位，就越有保障。學位不僅能讓他謀生，還可以幫助他找到安身立命之所。在某些已開發國家，移民資格是基於技能和教育——即人力資本。

阿布阿里先生的想法非常有先見之明。一九九〇年，薩達姆．海珊（Saddam Hussein）撤出科威特後，大部分巴勒斯坦人，包括賈馬爾的家人，都被驅逐，因為科威特政府認為巴勒斯坦人同情伊拉克侵略者。阿布阿里先生的女兒送給他這本書的第一版，當讀到以上段落時，他激動地說：「你看，我說得沒錯吧！」

勞動市場的另一端是完全相反的情況。問出「你需要加點薯條嗎？」這種技能並不稀缺，美國或許有一．五億人能在麥當勞賣套餐。速食餐廳只需要支付足夠的工資，就能找到人願意來填補櫃檯後的空位，景氣低迷時，時薪可能是七．二五美元，而在勞力缺乏時，可能是每小時十一美元；但絕不可能是每小時九百美元，那是頂尖辯護律師的費用。優秀的辯護律師稀缺，做漢堡的員工不稀缺。想要理解貧窮，無論在美國或其他地方，最具洞察力的解釋就是人力資本的匱乏。的確，在美國，人們貧窮的原因是找不到好工作，但這是果，不是因。真正的問題在於缺乏技能，或說是人力資本，美國高中輟學生的貧困率是大學生的十二倍。印度為什麼是世界上最貧困的國家之一？主要原因是該國三五％的人口是文盲（比一九九〇年代初期的五〇％已有減少）。[2]或者，某些人可能因某些條件而使其人力資本難以發揮作用，美國無家可歸人口中，有很大一部分患有毒癮、殘疾或心理疾病。

健康的經濟也很重要。與二〇〇八年或一九三二年相比，二〇一八年比較容易找到工作。上升的潮水的確能抬起所有船隻；經濟增長對貧困者來說也是件非常好的事。就是這樣。但即使在經濟高漲時，低技能勞動者仍要緊抓浮木，而技能好的同儕則在遊艇上舉杯暢飲，繁榮的經濟無法將代客泊車員變成大學教授，這需要投資人力資本才能做到。宏觀經濟因素控制潮汐的高低，人力資本則決定船的品質。相反地，經濟不景氣通常對處於勞動市場底層的工人打擊最嚴重。

我們來做個思想實驗。假設某個星期一早上，我們將十萬名高中輟學生放在芝加哥的州街和麥迪遜街交叉路口，這將會是一場社會災難。政府的服務資源會被推到極限，甚至超載；犯罪率會上升，企業會對於在芝加哥市中心設址卻步。政治人物會向州政府或聯邦政府求助：**給我們足夠的資金養活這些人，不然就幫我們解決他們**。當加州沙加緬度的商界領袖決定對無家可歸者採取行動時，其中一個策略是提供單程車票，將他們送出城[3]（據說亞特蘭大在一九九六年奧運前也採用了相同的做法）。

現在，想像同一個路口，但放下的是十萬名來自美國頂尖大學的畢業生。公車抵達州街和麥迪遜街的路口，從車內開始走下律師、醫生、藝術家、基因學家、軟體工程師和許多聰明、有動力且多才多藝的人。其中許多人會立刻找到工作，別忘記，人力資本不僅體現在課堂上的訓練，也包括毅力、誠實、創造力，這些美德也有助於找到工作。有些高度技能的畢業生會自己創業；創業才能無疑是人力資本的重要成份，有些人會搬到其他地方；高技能勞動者會比低技能勞動者更具流動性。在某些情況下，企業會選擇搬到芝加哥，或在那裡開設辦公室或工廠，以利用這場短暫的人才浪潮。經濟專家會將這一異常的公車卸客事件，形容為芝加哥經濟發展的一大福音，就像移民潮幫助美國發展一樣。

如果這個例子聽來牽強，那就看看印第安納波利斯海軍空戰中心（NAWC）的例子，這個設施在一九九〇年代晚期前，一直負責為海軍生產先進的電子設備，員工約有兩千六百人，但因軍事縮編計畫被列入關閉名單。我們都熟悉這種工廠關閉的故事，成千上百人失去工作，附近社區的企業因購買力銳減而開始衰退。有人在鏡頭前說：「那家工廠關閉的時候，這座城鎮就開始衰敗了。」但NAWC的故事卻截然不同。[4]它最珍貴的資產是人力，有四〇%的員工是科學家或工程師，由市長史蒂芬．高德史密斯（Stephen Goldsmith）領導的精明地方官員認為，這間工廠可以出售給私人買家。七家公司參與競標，最後由休斯電子（Hughes Electronics）得標。

一九九七年一月的某個星期五，NAWC的員工還是政府雇員；到了下周一，九八%的人就成了休斯的員工（NAWC也改名為HAWC）。我採訪過的休斯高層表示，這次收購的價值在於人員，而不僅僅是那些磚瓦建築。休斯購買的是一大批無法在其他地方輕易找到的人力資本。這個故事與布魯斯．史普林斯汀（Bruce Springsteen）歌曲中描述的工廠關閉故事形成了鮮明對比，在歌曲中，教育程度有限的工人發現，一旦工廠、礦場或工業設施關閉後，他們貧乏的技能變得毫無價值。其中差異就在於人力資本。事實上，經濟學家甚至能以數據支持史普林斯汀的歌曲。勞動經濟學家羅伯特．托佩爾（Robert Topel）估計，當經驗豐富的工人因工廠關閉被迫換工作時，長期來看，他們的收入能力會損失二五％。

現在正是澄清公共政策最具危害性觀念的時候：工作總量謬誤（lump of labor fallacy）。這種錯誤的想法認為，經濟中需要完成的工作量是固定的，因此每新增一個工作機會，必然以失去另一份工作為代價。如果我失業了，這種錯誤的謬論會說，除非其他人工作減少、或完全不工作，我才能找到工作。法國政府曾認為這是世界運作的方式，而它是錯的。每當某個人提供新的產品或服務時，或找到更好的方法提供舊有商品或服務時，就會創造工作機會。

數字證明了這一點。過去三十年間，美國經濟創造了數十萬個新工作，包括幾乎整個網路產業（是的，從二〇〇七年開始的經濟衰退也摧毀了大量工作）。二十世紀後半，數百萬名女性進入勞動力市場，然而我們的失業率仍低於歷史標準。同樣地，大量移民湧入美國工作，卻並未導致長期失業率增加。會有短期的取代效應嗎？當然會，一些工人在被逼與新來的勞動力競爭時，可能會失業或降薪，但創造的工作機會遠多於失去的工作。記住，新來的工作者必須將收入花費在經濟的其他部分，從而為其他產品創造新需求。經濟蛋糕變得更大，而不僅是重新切分。

舉個直觀的例子：想像一個農業社區，許多家庭擁有並耕種自己的土地，每個家庭剛好足以自給自足；沒有多餘的收成，也沒有閒置的土地。每個人都有足夠的食物；另一方面，也沒人過得特別好。每個家庭花費大量時間做家務，他們自己做衣服、自己教小孩，自己製作和修復農具等。假設一個人走進這個小鎮尋找工作，情景一是這個人沒有任何技能，沒有多餘可耕種的農地，所以這個社區叫他回去車站，甚至可能買張單程車票送他出城。這個城鎮「沒有工作」。

現在想想情景二：這個人帶著農藝學博士學位來到小鎮，他設計了新型的犁，可以提高玉米產量。他用自己的犁和農夫交換一小部分收成，每個人都過得更好了。這位農藝學家可以養活自己，農夫即使支付了新犁的費用，仍然有剩餘的食物（否則他們不會買犁）。而這個社區創造了新的工作：犁銷售員。隨後，一位木匠來到了火車站，他提供服務，幫忙處理農民專注耕作時無法完成的雜活。由於農民可以花更多時間專心耕作，農作品的產量再次提升。又創造了一個新工作。

此時，農民的產量超出自身的需求，所以他們「花費」剩餘糧食聘請一位教師來到小鎮，那又是一個新工作。這位老師負責教導鎮上的孩子，讓下一代農民比父母接受更多教育，更具生產力。隨著時間推移，這個一開始沒有工作的假想農村小鎮，最終會擁有言情小說家、消防員、職棒選手，甚至還有設計手機和瑪格麗塔太空包的工程師。這就是美國經濟史的簡單概述，人力資本的提升使農業國家進化成像曼哈頓和矽谷這樣富裕且複雜的地方。

當然，沿途並非一帆風順。假設新一代受過教育的農民設計出再次提高產量的犁，讓第一代犁銷售員失業，這便是創造性破壞。的確，這項技術突破在短期內會消除一個工作，然而，從長遠來看，這個小鎮依然會變得更好。記住，所有的農民現在都更富有了（因玉米產量更高了），這使他們有能力僱用失業的農藝學家去做其他事，例如開發新的混種種子（這將讓小鎮更富有）。技術在短期內的確會取代工人，但長期來看，它不會導致大規模的失業。相反，我們會變得更富有，從而在經濟的其他地方創造新的工作機會。當然，在這過程中，受過教育的工作者比未受過教育的人更能應對，他們在快速變化的經濟中更有彈性，讓他們更可能在創造性破壞後仍能站穩腳跟。

人力資本不僅關乎賺更多的錢，它讓我們成為更好的父母、更有見識的選民，讓我們更能欣賞藝術文化，更能享受生活的美好。它還讓我們更健康，因為我們會吃得更好、運動更多（同時，良好的健康也是人力資本的重要成分）。受過教育的父母更有可能為孩子準備安全座椅，在他們上學前教他們顏色和字母。在開發中國家，人力資本的影響可能更加深遠。經濟學家發現，低收入國家的女性多接受一年的教育，她的孩子在五歲前死亡的可能性就會降低五到一〇%。[5]

同樣地，我們的整體人力資本——我們身而為人擁有的知識——決定了我們社會的富裕程度。我們受益於預防小兒麻痺症或製作不鏽鋼的知識，但本書的讀者中，幾乎沒人被困荒島時能夠自行完成這些事情。經濟學家蓋瑞・貝克因人力資本的研究而獲得諾貝爾獎。他認為現代經濟體中，約有七五%由教育、訓練、技能，甚至人們的健康所構成；不是鑽石、建築物、石油或名牌包，而是我們腦袋裡的知識。貝克一次在演講中說：「我們應該稱我們的經濟為『人力資本經濟』，因為它主要就是這樣。雖然所有形式的資本——如機器設備、工廠、財務資本和人力資本——都很重要，但人力資本是最重要的。事實上，在現代經濟中，人力資本是財富創造和增長的最重要資本形式。」[6]

一個國家的人力資本程度和經濟福祉存在顯著的相關性。同時，自然資源和生活水準之間卻幾乎沒有相關性。像日本和瑞士等國家是世界上最富有的國家，但天然資源卻相對貧乏。相反地，像奈及利亞這樣的國家擁有龐大的石油資源，卻對國民生活水準影響不大。在某些情況下，非洲的礦產資源甚至資助了那些本可能早已結束的血腥內戰。

高水準的人力資本會創造良性循環：受過良好教育的父母會大量投資於他們孩子的人力資本。低水準的人力資本則會帶來相反的結果，弱勢父母會培養出弱勢的下一代，任何公立學校的老師都能告訴你這一點。貝克也指出：「即使孩子之間在家庭準備方面只有微小差異，等他們邁入青少年，這些微小差異也會逐漸變大。這就是為什麼勞動市場對那些幾乎不識字，無法培養良好工作習慣的輟學生無能為力，也解釋了為什麼設計政策來幫助這些群體會如此困難。」[7]

為什麼人力資本如此重要？首先，人力資本與經濟學中最重要的概念——生產力——有著密不可分的關係。生產力是我們將投入轉化為產出的效率，換句話說，是我們製造東西的能力。底特律的汽車工人製造一輛車需要兩千小時，還是二百一十小時？愛荷華的玉米農民在一英畝的土地上能種出一千一百公升的玉米，還是七千六百公升？我們的生產力越高，就越富有。原因很簡單：一天永遠是二十四小時；在這段時間內我們生產得越多，消費力就越高，無論是直接消費還是透過交換獲得其他物品。生產力主要取決於自然資源——在堪薩斯州種小麥比在佛蒙特州容易——但在現代經濟中，生產力更多受到技術、專業化和技能影響，而這些都是人力資本的結果。

美國之所以富有，是因為美國人具有生產力。我們今日的生活比歷史上任何時候都好，因為我們比過去更會生產商品和服務，包括醫療照護和娛樂。關鍵在於，我們工作得更少，生產得更多。例如，在一八七〇年，一般家戶需要工作一千八百小時，才能獲得全年所需的食物；今日只需要工作兩百六十個小時。在二十世紀，每年平均工作時數已經從三千一百小時，降到一千七百三十個小時。與此同時，實際國內生產毛額——衡量每個人平均生產力的通膨調整指標——從四千八百美元增加至近六萬美元。即使是窮人，按歷史標準來看，也過著非常好的生活。如今，**貧窮線所對應的實際收入，百年前只有收入前一〇%的人才能達標**。正如約翰．梅納德．凱因斯曾說：「長期來看，生產力決定一切。」

生產力也是讓羅斯．佩羅所說的「巨大吸食聲」變得不那麼可怕的原因。一九九二年，佩羅作為獨立候選人競選總統，其中一個主要立場就是反對北美自由貿易協議（NAFTA）。佩羅認為，如果我們開放與墨西哥在邊界的自由貿易，成千上萬的工作將會流向邊界以南。為什麼企業不會選擇搬到墨西哥？畢竟，墨西哥工人平均薪資只是美國工人的一小部分。答案是生產力。美國工人能與薪資只有一半、甚至更低的外國工人競爭嗎？**是的，多數人可以**。在很多情況下，我們的生產力高於墨西哥工人，因為我們受過更多教育、更健康、更容易取得資本和技術，也因為我們的政府組織更有效率、有更好的公共基礎建設。一位只受過兩年教育的越南農民能勝任你的工作嗎？大概不能。

當然，有些產業中，美國工人的生產力不足以支撐他們相對較高的薪資，例如紡織和鞋類製造業，這些行業主要依賴相對不需要技術的勞動力，而美國這類勞動力成本比發展中國家高。越南農民能製作籃球鞋嗎？可以，而且工資遠低於美國的最低薪資。美國企業只有在這些國家的薪資和工人生產效率相比便宜的情況下，才會選擇將工作「外包」到其他國家。如果一名工人的成本僅為美國的十分之一，但生產力也只有十分之一，那並不划算；但如果這個工人的成本只有美國的十分之一，生產力卻能達到一半，那就很可能是划算的交易。

當佩羅警告美國大部分經濟將遷移至墨西哥的瓜達拉哈拉時，主流經濟學家預測，NAFTA將對美國就業產生溫和但正向的影響。某些工作會因墨西哥的競爭而流失；但隨著對墨西哥的出口增長，會創造出更多的工作機會。NAFTA已實施二十年，也的確發生了這樣的情況。經濟學家認為其對整體就業的影響是正面的，儘管相對於美國經濟的規模來說，影響非常小。

我們的孩子會過得比我們更好嗎？會的，前提是他們比我們更具生產力，這也是美國歷史上的一貫模式。生產力增長是提升生活水準的關鍵，如果生產力每年增加二%，那麼我們就會變富裕二%。為什麼？因為我們相同的投入，卻能生產多二%的產品（或者少投入二%，但能產出同量的東西）。經濟學中一個有趣的辯論是，美國經濟是否經歷過生產力成長率的急劇提升。一些經濟學家（如聯準會前主席艾倫·葛林斯潘，Alan Greenspan）認為，對資訊技術的投資導致生產力成長率永久性提高。另一些經濟學家（如西北大學的羅伯特·高登，Robert Gordon）則認為如果正確解讀數據，生產力增長並沒有顯著改變。在高登《美國增長的興衰》（*The Rise and Fall of American Growth*）一書中，提出了一個較悲觀的觀點：未來的創新不太可能像一八七〇年至一九七〇年間那些突破性發明（如電力、內燃機、航空技術等），帶來巨大的生產力增長。

無論他是否正確，都對未來幾代人產生巨大影響。從一九四七年到一九七三年，勞動生產力（每小時每名工人的產出量）平均每年增長二．八％，而從一九七三年到一九九〇年中期，由於尚不完全明朗的原因，生產力成長率降至約一半的速度，二〇〇〇年初期情況有所改善，年增長率又回升至二．六％；然而，自金融危機以來，勞動生產力的年成長率僅為一．二％。[8]這些差異看似微不足道，但事實上，它們對我們未來的生活水準有深遠的影響。

財經和經濟學中有個實用的小技巧：七二法則。將七十二除以成長率（或利率），就能大致估算出某個增長中的數量需要多久才能加倍。例如，若一個銀行帳號的年利率為四％，本金大約需要十八年才能加倍。若生產力每年增長二．七％，我們的生活水準將在二十七年內加倍；如果是一．四％，則要五十一年才能加倍。

生產力增長讓我們變得更富有，無論世界其他地方發生什麼事。如果日本的生產力每年增長四％，美國增長二％，那麼兩個國家都能變得更富有。想理解原因，我們要回到那個簡單的農場經濟。如果一位農民每年生產的玉米和豬肉增加二％，而他的鄰居增長四％，那麼他們每年都能吃得更多（或有更多的食物可以交易）。如果這種差距持續很長時間，其中一個人會變得比另一個人富裕得多，這或許會引發嫉妒或政治摩擦，但他們兩個都會持續變得更好。關鍵是，生產力增長並非零和遊戲，就像經濟學其他概念一樣，它能讓所有人變得更好。

如果印度的五億人變得更有生產力，並逐漸脫離貧困，進入中產階級，那麼對美國又會產生什麼影響呢？我們也會變得更富有。目前那些每天靠一美元生活的貧窮村民無法購買我們的軟體，汽車、音樂、書籍和農產品。如果他們更富有，就能購買這些產品。同時，這五億人中有些因缺乏教育而未能發揮潛力的人，可能會生產比現在更優秀的產品和服務，讓我們的生活更加美好。那些新受教育的農民，或許能發明愛滋病疫苗，或找到逆轉全球暖化的方法。引用美國黑人大學基金會的話：浪費五億個頭腦是件可怕的事。

生產力增長依賴於投資，包括實體資本、人力資本、研究發展，甚至是更有效率的政府機構等。這些投資要求我們放棄現在的消費，以便未來能消費更多。例如，如果你放棄買名車，將錢投資在大學教育，未來的收入將會更高。同樣，一家軟體公司可能放棄向股東支付股息，而將利潤投入發展更新、更好的產品。政府可能徵稅（剝奪我們現有的消費）來資助基因學研究，以便在未來改善我們的健康。每一種情況下，我們都消耗當下的資源，讓我們在未來變得更有生產力。當我們轉向宏觀經濟（即整體經濟），一個重要的問題是：我們作為一個國家是否投入足夠的資源，來持續提升生活水準。

我們的法律、規範和稅制結構同樣能影響生產力成長。高稅率、糟糕的政府、定義不清的財產權或過度的規範，都會減少或抑制進行生產性投資的動機。舉例來說，集體農場是一種非常糟糕的農業組織方式，社會因素，如歧視，也會嚴重影響生產力。如果一個社會未讓女性接受教育，或剝奪某些種族、階級或部落成員的機會，就會浪費大量資源。生產力增長也依賴創新和技術進步，而這些仍是我們未能完全理解的領域。為什麼網路在一九九〇年代中期迅速崛起，而不是在一九七〇年代晚期？我們破解了人類基因組，為何依然無法獲得廉價的綠色能源？總而言之，促進生產力增長就像養育孩子：我們知道哪些事是重要的，即使我們並沒有養育一位奧運選手或哈佛學者的完美藍圖。

人力資本的研究對公共政策有深遠的影響，最重要的是，它能告訴我們，為什麼我們沒有全都餓死。地球的人口已經增長至七十億人，我們是如何養活這麼多人？在十八世紀，托馬斯·馬爾薩斯（Thomas Malthus）著名地預測了人類黯淡的未來，因為他相信隨著社會變得更富裕，人類會將這些收益浪費在人口增長上，也就是生下更多小孩，這些額外的人口將吞噬剩餘的資源。在他的觀點中，人類註定要生活在生存邊緣，在好時光拼命生育，然後在壞時光中挨餓受苦。正如保羅·克魯曼（Paul Krugman）所說，在過去五十七個世紀中的五十五個世紀裡，馬爾薩斯的預言是正確的，世界人口增加了，但人類的生存條件沒有明顯改變。

直到工業革命到來，人們才開始穩定變得更富有。即便如此，馬爾薩斯的觀點也並非完全錯誤。正如貝克觀察到的：「當父母的收入增加了，的確會花更多錢在孩子身上，這和馬爾薩斯的預測一樣；但他們在每個孩子身上的花費增加，孩子的數量卻減少了，這就是人力資本理論所預測的。」[9]工業革命的經濟轉型，即生產力大幅提高，使父母的時間更加昂貴。隨著多生孩子的好處減少，人們開始將增加的收入投資在孩子的品質上，而不僅僅追求數量。

貧窮的一個謬誤是，開發中國家之所以貧窮，是因為他們的人口增長迅速。事實上，這一因果關係應該從反方向來理解：窮人擁有更多子女，因為生養孩子的成本較低。避孕措施無論多麼可靠，只有當家庭希望少生孩子時才會真正有效。因此，對抗人口增長最有效的武器是創造更好的女性經濟機會，而這一切都始於教育女孩。台灣在一九六六年至一九七五年間，高中畢業的女孩數量加倍，同時，生育率也減了一半。在已開發國家，女孩享有超過半世紀的全新經濟機會，生育率已降低至接近或低於遞補水準，即每位女性生育二．一個子女。在新加坡（這個富裕的國家啟發了電影《瘋狂亞洲富豪》的靈感），生育率已經低到政府為已婚夫婦提供高達六千美元的「嬰兒紅包」來激勵生育。

我們在本章一開始討論了比爾·蓋茲的家，我很確定，那座房子比你的大。在第三個千禧年的開端，美國是個極其不平等的地方，這個國家是否變得更不平等了？幾乎所有的衡量標準都給出肯定的答案。根據美國國會預算局的分析，處於收入最低的二〇%家庭，二〇〇四年的收入（調整通膨後）僅比一九七九年多二%。這意味著四分之一個世紀以來，他們的收入幾乎沒有任何增長。收入在中位數的美國家庭表現稍微好一些，他們的平均家庭收入增加了一五%。而位於頂層前二〇%的家庭，在這段時間的收入增加了六三%。[10]

隨著美國史上最長的經濟繁榮期展開，富者更富，而貧者停滯不前，甚至更貧窮。男性高中輟學生的薪資相比他們的父親（如果他們也是高中輟學生），已經下降了約四分之一。從二〇〇七年開始的經濟衰退稍微縮小了美國的貧富差距，但那是因為富者損失財富，而不是讓普通工人變得更好。大多數經濟學家都同意，長期趨勢是美國貧富差距不斷擴大。最令人震驚的變化發生在「最富有的富人」，一九七九年，最富有的一%人群收入占美國總收入的九%；而現在，他們的收入幾乎占美國每年總收入的二〇%。[11]

為什麼？人力資本為這個社會現象提供最有洞見的解釋。過去幾十年堪稱喜劇電影《瘋狂校園》（*Revenge of the Nerds*）的現實翻版；美國的技術工人一直比非技術工人賺得更多，這個差距現在正以驚人的速度擴大。簡單來說，人力資本變得比以往任何時間都更重要，也因此獲得了更高的回報。一個衡量人力資本重要性的簡單指標是高中畢業生和大學畢業生的薪資差距，在一九八〇年代，大學畢業生的平均薪資比高中畢業生高四〇%；而現在差距已擴大到八〇%。有研究生學位的人賺得更多，二十一世紀對火箭科學家而言，是個好時代。

我們的經濟正朝著有利技術工人的方向發展。例如，幾乎每個行業都轉向電腦化，這對擁有電腦技能，或足夠聰明能在工作中學會電腦技能的工人更加有利。科技讓聰明的工人更具生產力，也讓低技術工人變得多餘。自動提款機取代銀行櫃員、自助加油機取代加油站員工、自動化生產線取代了做無聊重複工作的工人。事實上，通用汽車的生產線概括了美國經濟的主要趨勢：如今，電腦和先進的機器人負責組裝汽車的主要零件，這為編寫軟體和設計機器人的人創造了高薪工作，但同時減少了對願意辛勤工作、無專業技能工人的需求。

同時，國際貿易讓低技術工人面臨與全球其他低技術工人的更大競爭中。長期來看，國際貿易是股強大的正向力量；但在短期內，它卻會產生受害者。貿易，和技術一樣，使高技術工人更好，因為它為高科技出口提供了新市場，波音將飛機賣給印度，微軟將軟體賣給歐洲，麥肯錫公司將顧問服務賣給拉丁美洲。同樣，這對懂得設計節能噴射引擎，或能用西班牙語解釋全面品質管理的人來說是好消息。另一方面，低技術工人就需要和越南的低薪勞工競爭，耐吉在越南的血汗工廠製鞋員工的日薪只有一美元，但你無法用這樣的方式製造波音飛機。全球化為高技術員工創造了很多機會（例如本書已被翻譯成十四種語言出版），也為低技術員工帶來更多競爭。

不同原因對薪資差距變化的影響程度，仍然存在分歧意見。工會影響力減弱，使藍領工人在談判桌上的力量下降，同時，高薪工人的工作時間往往比低薪員工長，這也加劇了總收入差距。[12]越來越多行業依表現計算薪酬，進一步擴大了不同生產力之間的薪資差距。無論如何，收入不平等的上升是真實存在的，我們應該關心這個問題嗎？傳統上，經濟學家認為我們不必關心，原因有二。首先，收入不平等向經濟發出重要訊號，例如，高中和大學畢業生不斷擴大的薪資差距，會誘使許多學生取得大學學位。同樣，企業家所賺得的巨大財富也會誘使他們冒險進行創新，這些創新常能為社會帶來巨大的回報。經濟學的核心是誘因，而變有錢是強大的誘因。

其次，許多經濟學家認為，只要每個人都過得更好，就不應在意貧富差距。換句話說，我們應該關注窮人能分到多少蛋糕，而不是他們的蛋糕與比爾・蓋茲的蛋糕相比如何。一九九九年，美國經濟學會會長、諾貝爾獎經濟學獎得主、經濟歷史學家羅伯特．福格爾（Robert Fogel）指出，我們最貧窮的公民，如今也擁有百年前皇室無法想像的生活便利（例如，超過九〇％的公共住宅居民擁有彩色電視）。嫉妒可能是七宗罪之一，但經濟學家傳統上並不太關注這種情緒，我的效用應取決於我多喜歡自己的車，而不是我的鄰居是否開捷豹跑車。

當然，常識會告訴我們情況並非如此。H．L．孟肯（H. L. Mencken）曾指出，一個富有的人，是每年比妻子姐妹的丈夫多賺一百美元的人。一些經濟學家後來開始認為，他說得有道理。[13]大衛．紐馬克（David Neumark）和安德魯．波斯特韋特（Andrew Postlewaite）以大量美國姐妹為樣本進行研究，試圖理解為什麼有些女人選擇出門工作，有些人則不。研究者控制所有常見的解釋——當地勞動市場的失業情況、女性教育和工作經驗等——他們發現了有力的證據可以支持孟肯的辛辣觀察：如果姐妹的丈夫賺得比自己的丈夫多，她更有可能尋找有償工作。

康奈爾大學經濟學家羅伯特．法蘭克（Robert Frank）是《奢侈熱》（*Luxury Fever*）一書的作者，提出「相對財富」這個有力的觀點——我的蛋糕和鄰居的蛋糕相比如何——是效用的重要決定因素。他向受訪者提出一個選擇題：(A)你賺十一萬，其他人賺二十萬；(B)你賺十萬，其他人賺八萬五。他解釋：「收入數字代表真正的購買力，在A

世界，你的收入能夠買到比B世界大一〇%的房子，能享受多一〇%的餐廳美食等等。選擇B世界，你會犧牲一小部分的絕對收入，換來相對收入的大幅增加。」你在世界A會比較富有；在世界B收入較低，但比其他人富有。哪種情況會讓你更快樂？法蘭克發現大多數美國人會選擇B世界。換句話說，相對收入很重要。嫉妒可能是部分原因，法蘭克還指出，在複雜社會環境中，我們會尋找評估自己表現的方式，而相對財富正是其中之一。

關於收入不平等加劇，另一個更實際的擔憂是：撇開道德層面不談，貧富差距是否會大到足以抑制經濟成長？收入不平等是否超過某個程度後，就不再激勵我們更加努力工作，反而變得適得其反？由於各種原因，這種情況可能發生。窮人可能因為被邊緣化，就不再支持重要的政治和經濟制度，例如財產權或法治。嚴重不均的收入分配可能導致富人將資源浪費在越來越無謂的奢侈品上（例如狗的生日蛋糕），而不是進行能帶來更高回報的投資，例如幫助窮人提升人力資本。或者，階級鬥爭可能導致懲罰富人，卻未能改善窮人的處境。[14]某些研究的確發現收入不平等與經濟增長間存在負相關；其他研究則有相反的結論。隨著時間的推移，數據將揭示這種關係。但更大的哲學辯論仍將持續：如果整個蛋糕在長大，我們還應該關心每塊蛋糕的大小嗎？

人力資本這一主題引出了最後幾個問題。窮人是否將永遠存在，正如耶穌曾經告誡的那樣？我們的自由市場系統是否使貧困變得不可避免？是否一定要有人輸，才能有經濟上的大贏家？三個問題的答案都是否定的。經濟發展不是零和遊戲；這世界不需要有窮國才能有富國，也不一定要有窮人才能有富人。住在芝加哥南區公共住宅的家庭，**不是因為比爾·蓋茲住在大房子裡才變得貧窮**，他們的貧窮和比爾·蓋茲的房子無關。由於種種複雜的原因，美國的窮人未能分享微軟帶來的生產力增長，比爾·蓋茲沒有拿走他們的蛋糕，也沒有阻礙他們成功，或從他們的困境中獲益。相反地，他的視野和才華創造了大量財富，但不是每個人都能分享到這些財富。在一個世界中，比爾·蓋茲靠偷取別人的糧食變得富有；在另一個世界中，他靠自己種植出大量的食物供應而致富，並將一部分食物與一部分人分享，不與其他人分享，這兩者有重要的區別，後者更能代表現代經濟的運作方式。

理論上，如果每個人都能接受教育、保持健康並具有生產力，那麼每個人都可以過上舒適的生活。或許我們永遠無法治癒那些阻止某些人發揮最大潛力的各種身體和心理疾病，但這是生物學問題，不是經濟學。經濟學告訴我們，沒有什麼限制能阻止我們提升生活水準，或者讓財富更加公平的分配。

但這真的可能實現嗎？如果我們都有博士學位，那麼誰會在四季酒店發毛巾呢？或許沒有。當一個社會變得更有生產力，我們開始用技術取代勞力，我們用語音信箱取代祕書、洗衣機取代女傭、資料庫取代檔案員、自動販賣機取代店員、挖掘機取代溝渠工。這一發展的動機可追溯到第一章的概念：機會成本。高技能的人可以用他們的時間做各種更有生產力的活動，因此，僱用一名工程師來打包雜貨是極其昂貴的。（你需要多少薪水，才願意去四季酒店發毛巾？）即使美國比印度更富有，但美國的傭人遠少於印度。印度有大量低技能的工人，他們的就業選擇不多；美國則不同，這使得傭人在美國相對昂貴（有保姆的家庭應該深有體會）。誰能負擔一個原本寫電腦程式就能賺取五十美元時薪的管家？

當我們無法自動化這些枯燥的任務時，可能會將這些工作交給學生或年輕人，作為他們獲取人力資本的工具。我曾做了十幾年的高爾夫球童（最著名的一次是為喬治・布希服務，那時他還未成為總統）；我的妻子則在餐廳當服務生。這些工作提供了工作經驗，這是人力資本的重要成分。然而，假設有某些不討人喜歡的工作無法自動化，也無法由剛出社會的年輕人安全完成，舉例來說，一個高度教育化的社會生產各種有價值的商品和服務，但副產品是會生成令人噁心的污泥。再想一下，收集這些污泥是個討厭又枯燥的工作，然而如果不收集這些污泥，整個經濟就會停滯。如果每個人都有哈佛學位，那麼誰來清理污泥呢？

答案是，清污泥的人。而且，這個人很可能是鎮上薪水最高的員工。如果經濟依賴於清理這些污泥，且沒有機器能完成這項任務，那麼這個社會就必須吸引人來做這個工作，吸引人的方法就是高薪。清理污泥的薪酬會被抬高到某個程度，直到有某個人——可能是醫生、工程師或作家——願意放棄更愉快的工作來做這件事。因此，即使在人力資本富裕的世界裡，仍可以存在令人不愉快的工作（例如直腸科醫生），但不必有人因此陷入貧窮。反之，許多人可能願意接受較低的薪水，來從事特別令人愉悅的工作，例如教大學生——尤其還有暑假）。

人力資本創造機會，它使我們更富有、更健康，使我們成為更完整的人，讓我們能在工作更少的情況下過得更好。最重要的是，從公共政策的角度來看，人力資本將富有者與貧困者區分開。芝加哥大學商學研究所教授、同時也是全球許多企業及政府顧問的馬文・佐尼斯（Marvin Zonis）在芝加哥商業界的演講中，精彩地表達了這一點。他指出：「複雜性將成為我們時代的標誌。無論在任何地方，對人力資本的需求將會越來越高，能正確理解這一點的國家、那些懂得如何動員並應用人力資本的公司，以及那些能培養人力資本的學校，將成為時代最大的贏家。而對於其他國家來說，他們的公民將面對更多落後與苦難，也將給其餘人帶來更多問題。」[15]

第七章

金融市場：
經濟學能告訴我們如何快速致富（以及減肥！）

多年前，我還在念大學時，一種新的飲食法風靡了校園的姐妹會。這不是普通的飲食法；而是葡萄柚和冰淇淋飲食法。正如名字所說，這個飲食法是指吃大量的葡萄柚和冰淇林可以減肥。當然，這種飲食法沒有效，但這件事一直讓我印象深刻。沒有任何醫療或飲食資訊建議女性應拋棄常識，相信光憑吃葡萄柚和冰淇淋就能減輕體重。即便如此，它仍然是個吸引人的想法，誰不想靠吃冰淇淋來減肥呢？

最近，我又想起這個葡萄柚冰淇淋飲食法，是因為有個鄰居開始分享他的投資策略。他在過去一年遭受重大損失，因為他的投資組合全是網路和科技股，但他正打算用一個新改進的策略重新回到市場。他分析過去市場走勢的圖表，尋找能預示市場走向的形狀。我不記得他想找什麼形狀了，當時我正忙著澆花，也因為我的腦海裡一直叫著：「葡萄柚和冰淇淋！」我那聰明的鄰居既是醫生又是大學教職員，他的投資策略卻遠離了科學的領域，這讓我又得到個更大的教訓：在個人理財（和減肥）上，即使是聰明人，也會比你說出「奇蹟飲食」的速度更快地拋開常識。成功投資的規則極其簡單，但需要紀律和短期的犧牲，回報是個緩慢但穩定的財富累積過程（其中伴隨不少挫折），而非快速致富。所以，在面對需要放棄當前的消費，以換取未來穩定成功的選擇時，我們往往會選擇那些快速而簡單的方法，然後當它們不起作用時，又會感到震驚。

本章不是個人理財的入門指南，市面上有許多關於投資策略的優秀書籍，好心為本書撰寫引言的墨基爾就寫了一本佳作：《漫步華爾街》。本章的主題是，探討對市場的基本了解（即前兩章所講的概念）能為我們的個人投資提供什麼啟示。任何投資策略都必須遵守經濟學的基本法則，就像任何飲食法都受限於化學、生物學和物理學的現實。借用沃利・蘭姆（Wally Lamb）暢銷小說的書名：《我知道這是真相》（*I know this much is true*）。

乍看之下，金融市場似乎極其複雜。股票和債券就已經讓人眼花撩亂了，但還有選擇權、期貨、期貨選擇權、利率交換、政府分割公債，以及如今臭名昭著的信用違約交換協議。在芝加哥商業交易所，你可以依據洛杉磯的平均氣溫買賣期貨合約，在芝加哥期貨交易所，你可以買賣二氧化硫的排放權。是的，交易霧霾竟然能賺錢（或賠錢）。這些合約的細節可能令人頭痛，但從根本上看，這些交易都相當簡單。金融工具就像市場經濟中的其他商品或服務，必須創造某種價值，買賣雙方必須認為交易對自己有益。同時，企業家們致力推出比現有更便宜、更快、更簡單或更好的金融產品，共同基金曾是一項金融創新；而柏頓・墨基爾幫助推廣的指數基金也是如此。二〇〇八年金融危機的高峰時期，人們發現就連華爾街的高層都未必完全理解他們公司所買賣的一些金融產品。然而，無論外加的功能有多複雜，所有金融工具都基於四個簡單的需求：

籌集資金。生活中最有趣的事情之一，尤其是在美國，就是我們可以花一大筆不屬於我們的錢。金融市場讓我們能夠借錢，有時候是用信用卡滿足了我們今日消費的欲望，購買明年才能負擔得起的東西（如果可以的話）；更常見的是——對經濟來說更重要的是——借錢做各種投資。我們借錢付大學學費，借錢買房子，借錢建工廠、買設備，或是借錢創業，我們借錢來做那些即使支付借款成本後，仍能讓我們變得更好的事情。

有時我們不用借錢也能籌集資金，我們可以將公司股份向大眾出售。因此，我們交換所有權的股份換取現金（也交換了對未來利潤的權利）。公司和政府也可以透過發行債券，直接向公眾借錢。這些交易可能像新車貸款那麼簡單，也可能像國際貨幣基金組織提供數十億美元的援助那麼複雜。**但底線從未改變：個人、企業和政府需要資金來做他們今日無法負擔的事；金融市場則以一定的代價為他們提供資金。**

現代經濟無法在沒有信貸的情況下生存。事實上，國際發展社區已經意識到，為開發中國家的企業家提供信貸，甚至像是五十美元或一百美元這樣的小額貸款，都能成為對抗貧困的強大工具。國際機會組織（Opportunity International）就是這樣的「微信貸」

貸款機構。二〇〇〇年，該組織在二十四個開發中國家發放了近三十二萬五千筆低擔保或無擔保貸款，每筆貸款的平均額為一百九十五美元。來自烏干達的寡婦伊斯特・蓋拉布茲（Esther Gelabuzi）是典型的例子，她是一位專業助產士，有六個孩子，利用這筆對西方標準來說微不足道的小額貸款，成立了一家診所（至今仍無電力），此後，她接生了大約一千四百名嬰兒，每位病患的費用從六美元到十四美元不等。國際機會組織宣稱他們創造了大約四十三萬個就業機會。同樣令人印象深刻的是，這些微貸款的還款率高達九六％。

儲存、保護並有效運用過剩資本。汶萊的蘇丹在一九七〇年代從石油收入中賺取了數十億美元，假設他一直把現金塞進床墊下藏著，他會有幾個問題。首先，將數十億美元塞進床墊下會不好睡；其次，床墊下有數十億美元，每天早上消失的不僅僅是髒床單，小偷，更不用說精明的犯罪份子，都會想找到這筆錢。第三，也是最重要的，最無情且高效的「小偷」是通貨膨脹。如果汶萊蘇丹在一九七〇年將十億美元塞在床墊下，他今天能買到的東西將明顯減少，因為幾乎所有商品和服務都在上漲。

因此，蘇丹的首要考量是保護他的財富，防止竊盜和通貨膨脹，這兩者都會以不同方式削弱他的購買力。其次，他需要將過剩資本用於具生產力的用途，世界上有無數潛在的借款人願意付費來獲得這些資本的使用權。當經濟學家在黑板上寫下華麗的公式，利率的符號是r，而不是i，為什麼？因為利率被認為是資金的租金（rental rate），這也是理解這些過程最直觀的方式。擁有多餘資本的個人、公司和機構將錢租給其他能更有效利用它的人。哈佛大學的基金超過三百億美元，這是常春藤聯盟的備用金；如果將這筆錢塞在學生和教職員的床墊下，不僅不實際，也是巨大資源的浪費。相反地，哈佛聘用了近兩百名專業人員，負責管理這筆資金，透過這樣的方式，為大學創造可觀的報酬，同時為全球其他地方提供資金。[1]哈佛購買股票和債券、投資風險資本基金，並以其他方式將三百四十億美元交給全球具備生產能力的個人和機構。從一九九五年到二○○五年，這筆資金的平均年報酬率為一六％，這對大學來說，比讓現金閒置在校園更有生產力（哈佛在金融危機中損失了三○％的基金，所以當我們討論「風險與報酬」時，會再回到這個話題）。[2]

金融市場不僅僅是將取走富人手中的資本，借給其他人，它們也讓每個人能夠在一生中平衡消費，這是種高深的說法，意思是我們不必先賺錢才能消費。莎士比亞可能會勸誡我們不要借錢給人，也不要向人借錢；事實上，多數人在某些時候都會是其中之一。如果我們生活在農業社會，我們會在收獲後不久，就必須吃掉農作物，或找到儲存的方法。金融市場則提供了更精細的方式，來管理這些收穫。我們現在可以消費尚未賺到的收入，例如學貸或房貸，也可以現在賺錢但以後再用，就像為退休存錢。重點在於，賺取收入與花費收入已經分開，讓我們的生活更加靈活。

對抗風險。生活充滿風險，我們甚至連進浴缸都有死亡的危險，更不用說通勤上班或和朋友去玩高空彈跳。我們來看看你可能破產的一些方式：自然災害、疾病或殘疾、詐騙或盜竊。我們作為人類最主要的本能是盡量減少這些風險，金融市場則提供了幫助，最明顯的例子是健康保險、壽險和汽車保險。正如我們在第四章所提到的，保險公司收取的保費通常高於他們預期支付給你的平均金額。但「平均」是在這裡是非常重要的詞彙，你並不擔心平均結果；你擔心的是可能發生在自己身上最糟糕的情況。一次不幸事件——例如在雷閃雷鳴中倒下的樹壓垮了你家——可能會帶來毀滅性的影響。因此，大多數人願意支付一個可預測的金額，即使它超過我們預期能得到的賠償，也要保護自己免受不可預測的風險。

幾乎所有東西都能保險。你擔心海盜嗎？如果你將貨物運送到南中國海或馬六甲海峽，那你確實應該擔心。《經濟學人》解釋：「海盜仍然會襲擊船隻和水手，不過現代海盜不再是帶著木腿和眼罩的快活人物，而是裝備火箭推進榴彈和快艇的可怕人物。」國際海事組織記錄，自二〇〇三年至二〇一二年間發生了三千四百三十六起海盜行為（或未遂行為），因此，企業在運送貨物經過危險區域時，都會購買海運保險（這也能保護其他海上風險）。二〇〇二年，一名自殺炸彈客駕駛裝滿炸藥的快艇撞擊法國的林堡號油輪，最終保險公司支付了七千萬美元的賠償金——就像有人在超市停車場倒車撞到你的車，只是賠償金額大得多。[3]

服裝和鞋類公司斐樂（Fila）在二〇〇九年美國網球公開賽前，應該購買保險，但他們沒有。像其他類似的公司一樣，斐樂請運動員代言，並在他們表現出色時支付大筆獎金。斐樂的代言人是比利時網球選手金·克萊斯特絲（Kim Clijsters），她曾贏得美國公開賽，但斐樂選擇不為她贏得比賽所承諾的三十萬美元購買「勝利保險」（這是一個昂貴的決定，但對克萊斯特絲來說也可能是一種侮辱）。保險費其實很便宜，因為克萊斯特絲未被列為種子選手，且她生完孩子復出後只參加了兩場比賽，博彩公司在錦標賽前，定出的奪冠賠率是四十比一。[4]最後，斐樂得自己支付這筆獎金。

金融市場還提供了許多看來複雜，但基本上像保險的產品。例如，期貨合約可以鎖定某種商品在未來某個日期的銷售價，從電力到豆粉都可以。在商品交易所裡，一名交易員可以同意在二〇一九年三月以每英斗三·二七美元的價格將一千英斗玉米賣給另一名交易員。這樣做的意義何在？意義在於，這些商品的生產者和消費者都害怕未來價格波動的風險，玉米農民可以在尚未收獲、甚至尚未播種時，就鎖定銷售價格來獲益。等到收割時再賣，價格會不會比較好呢？當然有可能。他們也可能遇到價格大幅下跌，導致無法支付帳單。像我們其他人一樣，農民願意為確定性支付一定的代價。

同時，商品的大買家則能從交易的另一方獲益。航空公司使用期貨合約來鎖定可預測的航空燃料價格，快餐店可以簽訂期貨合約，購買牛肉、豬肉（大多數製成培根），甚至是切達起司。我不認識任何星巴克的管理層，但我很清楚他們夜晚失眠的原因：世界咖啡豆的價格。美國人會為大杯低脂無咖啡咖拿鐵花三．五美元，但不會花六．五美元，因此我願意押上這本書的版稅，打賭星巴克會利用金融市場來保護自己免受咖啡價格突然波動的影響。

其他產品則處理其他風險。我個人很喜歡的例子是：巨災債券（Catastrophe Bonds, Cat Bonds）。[5]華爾街設計出這些債券，幫助保險公司對沖自然災害的風險。記住，當樹木砸到你家時，保險以司會開支票給你；如果很多樹砸到很多房子，那麼這家公司，甚至整個產業將會面臨麻煩。保險公司可以透過發行巨災債券將這種風險最小化。這些債券的利率遠高於其他公司債券，因為它有個特殊條款：如果在某段時間颶風或地震嚴重損害特定區域，投資者就會失去部分或全部本金。聯合服務汽車協會（The United Services Automobile Association）在一九九〇年代末針對東岸的颶風季節首次發行這類交易，如果某次颶風造成的理賠金額達到或超過十五億美元，巨災債券的投資者會失去所有本金。另一方面，保險公司能透過避免償還債務來抵消其理賠損失。如果颶風造成的損失介於十億到十五億美元之間，那麼投資者會失去部分本金；如果當年颶風造成的損害較輕，那麼債券持有者將拿回本金，還能獲得近一二％的利息，這對債券來說，回報相當可觀。

同樣的基本理念現在也用來防範恐怖主義。國際足球總會為二〇〇六年世界盃購買二·六億美元的「取消債券」，以防止賽事因恐怖主義（及其他風險）而中斷。如果比賽順利進行（事實也的確如此），投資者除拿回本金外，還能獲得可觀的利潤。如果比賽因嚴重中斷而被取消，投資者會失去部分或全部本金，而這筆資金則用來補償國際足球總會的收入損失。這些產品的優點在於它們能分散風險，賣出債券的一方透過與一群投資者分享自然災害或恐怖攻擊的成本，避免自身財務崩潰，而每個投資者都有多樣投資組合，因為即使發生真正可怕的事情，他們也只需承受相對較小的損失。

這種金融工具最終可能會挽救生命，甚至是拯救很多人的命。當伊波拉病毒在二〇一四年席捲西非時，國際組織難以籌集足夠的資金，來對抗這種致命且傳染性強的疾病。當時若能更快籌集到更多資源，疫情本可以被遏制，並挽救無數生命。世界銀行認為，另一場致命疫情隨時可能發生，為了應對這一可怕的可能性，世界銀行發行了四·二五億美元的「流行病債券」，這些資金可在全球社會需要迅速應對類似伊波拉的威脅時立即動用。與所有金融產品一樣，投資者必須支付資金的條件都會明確列出。這些債券涵蓋六種特定病毒，包括伊波拉、SARS、拉薩熱和其他可怕病毒。這些疾病必須跨越國界，並達到預定的傳染程度和死亡人數，如果未達到這些條件，大家可以鬆一口氣，而那些本可能將資金投入政府債券或網路股票的投資者，則可獲得可觀回報。[6]

金融市場的一個角色是讓我們能將蛋分散放在很多個籃子裡。我必須提到一段只有在高中才會發生的荒謬經歷，我的高中裡有個青少年行為專家認為，如果學生意識到養育孩子所需的責任，可能就不會輕易成為青少年父母。這位專家認為，模擬當父母最好的方法就是讓每個學生隨身攜帶一顆雞蛋，這顆蛋代表嬰兒，必須像嬰兒一樣對待，輕拿輕放，不可讓它離開視線等等。但這裡是高中，蛋被摔碎、壓壞、遺留在體育館的置物櫃裡，甚至被霸凌者扔向牆壁，或在廁所裡吸二手菸等。這段經歷沒教會我怎麼當爸媽，但卻讓我永遠相信，帶著蛋行動是件有風險的行為。

金融市場讓我們能用輕鬆且便宜的方法，將蛋放到不同的籃子裡。用一千美元投資於共同基金，你就可以投資五百家以上的公司，如果你被迫透過經紀人購買個股，一千美元可能根本買不起這麼多樣化的資產：大公司股票、小公司股票、國際股票。如果是一萬美元，你可以分散投資在長期債券、短期債券、垃圾債券和房地產等。有些資產表現良好，而其他可能表現不佳，從而保護你免於遭受金融市場「像扔雞蛋一樣」的衝擊。巨災債券對投資者的吸引力在於，它們的支付取決於自然災害的頻率，而非與股票、債券、房地方或其他傳統投資的表現相關。

即使是備受批評的信用違約交換協議，也有正當的投資用途，它實際上只是對第三方是否會償還其債務的保險。假設你的丈夫逼你借兩萬五千美元給你那個不成器的小叔，讓他能夠完成法院強制的憤怒管理課程，並徹底改變自己的生活。你非常擔心自己能不能收回這筆錢，此時你需要信用違約交換協議。你可以付錢給第三方（可能對你小叔的信用狀況抱有樂觀看法的人），簽訂一份合約，承諾如果你小叔沒有還錢，他要付你兩萬五千美元。這個合約的功能就是對違約的保險，就像其他保險一樣，你需要為這種保護支付費用。如果你的小叔終於振作，並還清欠款，那麼這份信用違約交換協議將成為不必要的開支（這也是對手或交易方獲利的方式）。這種簡單且看似有用的東西，為何會導致全球金融體系幾近崩潰？繼續讀下去。

投機行為。任何金融商品一旦被創造出來，便滿足了另一項基本的人性需求：投機的衝動，或者說，對短期價格波動下注的衝動。人們可以利用期貨市場來降低風險，也可以利用期貨市場來押注明年大豆的價格。人們可以利用債券市場來籌集資金，也可以利用它來押注聯準會是否會在下個月降息。人們可以利用股票市場投資公司，並分享未來的利潤，也可以在早上十點買進一張股票，期望中午時就能賺些錢。金融產品對投機的作用就如同體育賽事對賭博的作用，它們促進投機，即使那並非其主要目的。

這正是信用違約交換協議出現問題的原因。這些合約的奇妙之處在於，任何人都能參與其中，無論他們是不是被擔保債務的當事人。我們再以那個不成器的小叔為例。你利用信用違約交換協議來保護自己免受損失，是合情合理的事。然而，同一市場也允許其他人對你小叔是否會還錢下注。這不是對賭的對沖；這是投機。因此，任何單筆債務，都可能會有數百或數千個合約與其是否償還有關。想想看，如果你小叔開始翹掉憤怒管理課程並違約，那時，兩萬五千美元的損失就會放大數千倍。

如果擔保這些債務的各方沒有做好功課（他們不夠了解你小叔有多不成器），或是他們不在乎（因為他們是用公司資金進行可疑賭注，進而賺取豐富獎金），那麼原本小規模的經濟挫折就可能爆發更大的危機。這就是二〇〇七年美國經濟因與房地產相關的問題而遭遇的挫折，AIG（American International Group，一家以美國為基地的國際性跨國保險及金融服務機構集團）是當時信用違約災難的核心，因為它擔保了大量不良債務。國際貨幣基金組織前首席經濟學家西蒙．強森，在他那篇對二〇〇九年金融危機的出色評估中寫道：

> 監管機構、立法者和學者幾乎都認為這些銀行的管理層知道自己在做什麼。但事後看來，他們不知道。舉例來說，AIG的金融產品部門在二〇〇五年賺取了兩百五十萬的稅前利潤，主要是透過為複雜且理解不充分的證券提供

低估了價格的保險。這種策略通常被形容為「在蒸汽壓路機前撿硬幣」，在平常的日子是有利可圖的，但不景氣時就會出現災難性虧損。截至去年秋天，AIG為超過四千億美元的證券提供未清償的保險合約，迄今為止，美國政府為挽救這家公司已承諾投入約一千八百億美元的投資和貸款，用於彌補AIG的精密風險模型認為幾乎不可能發生的損失。[7]

籌集資本。保護資本。對沖風險。投機行為。就這幾個。華爾街或芝加哥期貨交易所所在地的拉薩勒街，所有緊張紛亂的活動都可歸類到這些範疇。高級金融界常被形容為富人版的拉斯維加斯——風險、魅力、有趣的人物和大量資金的流動。然而，這個比喻完全不合適。在拉斯維加斯發生的一切都是零和遊戲，如果在二十一點裡，莊家贏了，你就輸了。並且，莊家的優勢是壓倒性的。如果你玩二十一點的時間夠長，至少在不算牌的情況下，從數學上來看，你一定會破產。拉斯維加斯提供娛樂，但它並不為更廣泛的社會目的服務。華爾街則不然，大部分發生的事情是正和遊戲，東西被建造、公司被創立、個人和公司得以管理可能造成毀滅性影響的風險。

當然，不是每筆交易都有贏家。正如個人會做出後悔的投資一樣，資本市場也完全有可能浪費大量資本；你可以想想任何一家失敗的網路公司，它們都是例子。數十億美元的資本流入了無法運作的企業裡，房地產泡沫和華爾街崩潰在更大規模上也是類似的情況。亞當．斯密的「看不見的手」曾將大量資本拋入大海，再也找不回來。同時，一些潛在可盈利的企業因為擔保品不足，無法獲得資本。例如，經濟學家擔心，對那些希望投資於人力資本的貧困家庭來說，取得信貸的可能性過低。大學學位是項極好的投資，但若借款人無力償還貸款，學位不是一件可被沒收的資產。

儘管如此，金融市場對資本的作用，就像其他市場對其他事物的作用一樣：以高效但不完美的方式分配資本。資金流向可獲得最高回報的地方，這並不是壞事（相比之下，讓資本流入由共產主義高官或國王的朋友經營的企業會更糟）。與經濟的其他部分一樣，政府可以是敵人，也可以是朋友。政府可能像干預其他事情一樣搞亂資本市場：透過繁重的稅收和法規、將資本引向私利計畫、拒絕讓創造性破壞發揮嚴苛但有效率的作用。或者政府也可以讓金融市場運作得更好：透過盡可能減少詐欺、強制系統透明化、創建並執行監管架構、提供降低商業營運成本的公共財等。再次強調，關鍵仍在於分辨兩者之間的差別。

顯然，金融危機為我們帶來一些值得學習的教訓。金融監管系統需要修補，甚至是徹底的改革。挑戰在於保護現代金融系統最擅長的功能——將資本分配到生產性投資，並保護我們免受難以承擔的風險——同時抑制過度行為，例如那一些人賺得盆滿缽滿，最終卻留下爛攤子給其他人的愚蠢賭注。

這一切看起來都很好，**但是，怎麼在市場上致富呢？**我在《經濟學人》的前同事曾建議這本書應該叫做《你夠有錢嗎？》，他的邏輯是，大多數人都會回答，不夠，然後就會急忙從書架上抓下這本書。不幸的是，我不太相信有什麼萬無一失的策略，可能讓你在市場中賺到大錢。就像奇蹟般的減肥計畫違背了我們對健康和營養的認識，一夜致富的計畫也違反了經濟學的最基本原則。

我用一個例子來說明。假設你想要在芝加哥林肯公園區購房，經過幾周的搜尋，你發現一間三層樓的單戶磚石建築，房價大約五十萬美元。有些房子的訂價是四十五萬美元，但需要裝修；其他訂價六十萬美元，因為有額外設施。就在你開始絕望，覺得自己得花五十萬美元才能買到房子時，你發現一間磚石房定價二十五萬，符合你所有要求。進一步調查後，你了解這房子和你之前看到其他房子一樣好——地點相同、大小相同、結構穩固。仍抱懷疑態度的你，詢問了房地產經紀人的意見，她保證這棟房子確實是划算到不行，應該賣到五十萬美元以上。依她的專業意見，毫無疑問，你可以用二十五萬美元買下這棟房子，幾個月後用五十萬美元、甚至更高的價格賣出。然後你看到最後一條證據，在《克蘭芝加哥商業報》（*Crain's Chicago Business*）第三頁的文章上寫著一條令人尖叫的標題：〈本月特價：林肯公園磚石房，訂價二十五萬美元〉。

於是你用二十五萬美元買下這棟房子。果然，六個月後，你以五十萬美元的價格賣掉，資金翻倍。*1

這個故事有幾個錯誤呢？相當多。一個理智的人可能會開始問以下問題：

1. 如果這棟房子真的值五十萬美元，哪個傻子會用二十五萬美元賣掉它？這個賣家是不願或不能花三分鐘的時間查一下，附近類似的房子都賣到兩倍的價格嗎？如果不是，難道沒有家人或房地產經紀人（其佣金是根據售價計算）願意指出這個巨大的差異嗎？

*1 你的實際回報會更高，因為大部分購房款來自貸款。例如，如果你付了五萬美元頭期款，你便是用五萬美元的投資賺了二十五萬美元（再扣掉你持有房屋期間支付的貸款利息）。

2. 也許沒有。在這種情況下，為什麼我的房地產經紀人不自己買下這棟房子？如果這棟房子「肯定」能價格翻倍，明明二十五萬就擺在她眼前，她為何還要賺我那三%的佣金？

3. 或許我的房地產經紀人也是個傻瓜。那樣的話，其他尋找便宜貨的買家在哪裡呢，尤其是看到《克蘭芝加哥商業報》報導的人？如果這個磚石房真是絕佳便宜貨，而且還被廣泛宣傳，那麼顯然會有各種人爭相購買，結果會引發一場競價戰，潛在買家會報出越來越高的價格，直到價格達到它的公平市場價值，即約五十萬美元。

換句話說，幾乎不可能找到一棟價值二十五萬美元的林肯公園磚石房（如果地下室沒有驚人祕密的話）。為什麼？因為這是經濟學中最基本的概念。你會努力最大化你的效用，其他人也是如此。在每一個人都尋求能獲得最大利潤的投資世界裡，沒有人會放著二十五萬美元不聞不問。**然而，人們卻假設股市總是這樣運作**。我們相信，在閱讀了《商業周刊》上的「熱門股票」，或閱讀華爾街分析師的買入推薦（提供給公司客戶的），我們就能買到遠超市場平均表現的股票。但那些所謂的「熱門股票」，只不過是換了皮的林肯公園磚石房。原因如下：

我們先從一個極其簡單但常被忽略的觀點開始：每當你購買一隻股票（或其他資產），一定會有個賣家。賣給你「熱門股票」的那個人決定他更需要現金，他看過目前的「優惠價格」，並選擇出場，而此時你正準備進場。當然，他在其他地方可能需要資金，但他仍會要求一個合理的市場價格，就像我們期待正準備搬出林肯公園的人，會以五十萬美元賣出磚石房，而不是二十五萬美元。股票市場正如其名，是一種市場。在任何時候，一支股票的價格就是買家數量和賣家數量相等時的價格，交易這隻「熱門股票」的半數投資者正試圖脫手。

或者，也許你知道一些賣家不知道的事。也許所有拋售XYZ公司的人錯過了《華爾街日報》上關於XYZ公司新開發出治療男性禿頭藥的報導。好的，這確實有可能發生。但世界上其他精明的買家在哪裡？這支股票在四十五美元時是穩賺不賠的，但因某種原因，高盛集團的巴菲特，以及富達基金的頂級基金經理都沒有搶購（如果他們有，股票價格早就被推高了，就像林肯公園的磚石房一樣）。你知道一些華爾街其他人不知道的事情嗎？（請記住，基於非公開資訊進行交易是違法的。）

或者，也許是華爾街的某個人向你推薦了這支股票。美國的券商僱用了大批分析師，他們每天都對美國企業進行詳盡調查。這些資訊都是錯的嗎？不，雖然有許多無能和利益衝突的案例。分析師提供了各種合法的資訊，就像你的房地產經紀人一樣。當你在找房子時，你的經紀人會告訴你有關鄰居、學校、稅務、罪犯等資訊，這些都是重要的因素。華爾街分析師也會為公司提供類似資訊；他們會提供管理層、未來的產品、行業狀況、競爭對手等資訊。但這一切都無法保證你能從這支股票裡，獲得高於平均的回報。

問題在於，其他人也能取得相同的資訊，這就是效率市場理論的核心。尤金・法馬（Eugene Fama）因發展出這個簡單而強大的概念，在二〇一三年獲得諾貝爾經濟學獎。他解釋：「這個理論的基本主張相當簡單，它說的是，價格反映了所有資訊，就是這麼簡單。」[8]因此，選擇表現能超越市場的股票，是困難甚至幾乎不可能的。為什麼你無法用二十五萬美元買到林肯公園的磚石房？因為買賣雙方都認為這種房子價值不止於此。同樣地，XYZ公司的股票也是一樣，股價會根據我們知道或能合理預測的資訊，達到公平價格；未來價格的漲跌只會因無法預期的事件而改變——那些我們現在無法得知的事。

選股就像在雜貨店裡試圖選擇最短的結帳隊伍。某些隊伍比其他隊伍移動得快嗎？當然，就像某些股票表現得比其他股票好。你能否根據某些指標來預測哪條隊伍會走得更快呢？是的，你不會想排在有兩台滿滿購物車的人後面，或是拿著一堆折價券的老婦人身後。但為什麼我們大多數時候都選不到最短的隊伍呢？（而且大多數專業的選股者也無法超越市場平均表現呢？）因為其他人也在看著我們所看的一切，並做出相應的反應。他們能看到那個推兩台購物車的人、三號櫃台的新人收銀員、六號櫃台的優惠券女王。每個人在結帳時都嘗試選擇最快的隊伍，有時候你能選對，有時候會選錯。長期來看，對錯的機率會平均化，所以如果你經常去雜貨店，最終你等待的時間大概跟其他人一樣多。

我們可以將這個類比再往前推。假設在農產品區附近，你看到老婦人把一大疊優惠券塞進口袋裡，等你到達結帳櫃檯，看到她也在排隊時，你明智地把購物車推到別的隊伍。當她慢條斯理地拿出錢包，開始緩慢地將優惠券交給收銀員，你自滿地為自己的機智喝采。然而，幾分鐘後，你發現前面那個人忘記秤他買的酪梨。「三號櫃檯要確認酪梨價格！」你的收銀員一遍遍大聲喊著，而你看到優惠券女王將推著購物車走出商店。誰能預測到這一點呢？沒有人，就像沒有人能預測到微策略（MicroStrategy，一家高速成長的軟體公司）會在二〇〇〇年三月十九日重新申報收益，將數百萬美元的收益從帳面上抹去，該股票一天內下跌一百四十美元，跌幅高達六二％。那些購買微策略股票的投資者和投資組合經理是否想過這會發生？當然沒有。真正重要的是那些你無法預測的事。下次當你想將一大筆錢投資於單一股票，即使是大型且穩健的公司時，請默念這個咒語：安隆、安隆、安隆，或是雷曼、雷曼、雷曼。

效率市場理論的支持者建議投資者：直接選一條隊伍，站上去。如果資產被有效定價，那麼一隻猴子對股票頁隨便投飛鏢所挑出的投資組合，平均表現應該和華爾街明星挑選的一樣好（墨基爾指出，由於分散投資很重要，猴子應該朝著股票頁丟濕毛巾，可以同時砸到更多股票）。事實上，投資者現在可以擁有自己的毛巾猴子：指數基金。指數基金是一種共同基金，沒有宣稱自己能挑出贏家，相反地，它們購買並持有預先設定的股票，例如美國五百大公司的標普五百指數（S&P 500）。由於標普五百是廣泛的市場平均指數，我們可以預期美國的主動管理共同基金中，有半數表現會比它好，半數表現較差。但那是在扣除費用之前。基金經理的調查需收取費用，他們在積極交易時也會產生成本。指數基金就像丟毛巾的猴子，管理成本要便宜得多。

但那只是理論，數據又顯示出什麼情況？事實證明，毛巾猴子可以是投資者最好的朋友。追蹤共同基金的晨星公司創造了一個指標，衡量主動管理共同基金相較於指數型基金的表現，結果對那些選股高手來說不太好看。二〇一六年，大約四四%的美國大型股票基金打敗了標普五百，後來的情況更糟，在五年的時間內，只有不到一二%的基金超越了標普五百，而在十五年的時間範圍內，只有大約八%的基金表現較優。**換句話說，九二%聲稱具有特殊選股能力的共同基金，在十幾年裡的表現都不如簡單的指數型基金——我們現代版的「毛巾猴子」**。[9]

還有另一種看法。如果選股者比毛巾猴子更擅長選擇好股，那麼這些真正的高手應該每年的績效都能名列前茅（如果你是一名極速跑者，那麼你每次比賽都應該能拔得頭籌）。二〇一四年進行的一項研究分析了兩千八百六十二支至少存在五年的共同基金，其中連續五年都能進入前四分之一的基金有多少？答案令人吃驚：兩支。隔年，分析又多了十二個月的資料，結果也相應略微修正，這兩支連續五年表現良好的基金，在第六年時表現相對較差。正如《紐約時報》所報導的：「有多少共同基金能持續擊敗市場？零。」[10]

儘管有數據支持，效率市場理論顯然不是華爾街最受歡迎的概念。有一個老笑話：兩個經濟學家走在路上，一個人看到路邊有張一百美元鈔票，他指給朋友看，「躺在水溝裡的那個是百元美鈔嗎？」他問。

「不，」他的朋友回答：「如果那是百元美鈔，早就有人撿起來了。」

於是他們繼續走過去。

最近，房地產市場和股市的表現並不符合這種合理且有序的人類行為觀點。金融界一些最聰明的頭腦正在質疑效率市場理論，效率市場理論的奠基人尤金．法馬與認為這個理論「半真半假」的羅伯特．席勒（Robert Shiller），共同獲得了二〇一三年的諾貝爾經濟學獎，這實在有點諷刺，席勒同意價格反映了可獲得的資訊，而且業餘投資者不太可能擊敗市場，但他指出，價格的波動程度常常超過基礎面所顯示的範圍，這也是我們屢次經歷泡沫經濟的原因。[11]席勒最著名的書是《非理性繁榮》（*Irrational*

Exuberance），他在書中指出，二〇〇〇年的股市被高估了。他是對的。五年後，他又指出房地產市場存在泡沫，他又說對了。有時，資產價格看起來與實際情況不符，因為它們確實不符。事實上，可以將兩人的研究進行調和。《經濟學人》在評論兩人共同獲獎時指出：「投資者應該記住法馬的研究成果，將大部分投資組合放在低成本的指數型基金，同時在股市相對於長期盈利趨勢過高時，保持警惕。」

行為經濟學家記錄了個體做出錯誤決策的方式：我們容易跟隨群體行為，對自己的能力過於自信，過分依賴過去的趨勢來預測未來等等。既然市場只是個體決策的集合，那麼如果個體會系統性犯錯（例如對好消息或壞消息過度反應），那麼市場也可能會犯錯（例如泡沫或崩盤）。

甚至有個新領域，稱為神經經濟學，它結合了經濟學、認知神經科學和心理學，探索生物學在我們決策過程中的角色。其中一個最奇特且引人入勝的發現是，受過大腦損傷的人可能是特別好的投資者。為什麼？因為損傷大腦某些部位會削弱情緒反應，而這些情緒反應往往是導致我們做出愚蠢決策的原因。卡內基梅隆大學、史丹佛大學和愛荷華大學的研究小組進行了一項實驗，將十五名大腦情緒控制區域損傷的患者（但邏輯和認知功能完好）與對照組進行比較，檢視他們的投資決策。大腦損傷的投資者最終比對照組多賺了一三％的錢，作者認為，因為他們不會感到恐懼和焦慮。這些受損的投資者在有高潛在報酬時更願意冒險，並且在虧損時情緒波動較小。[12]

本書不是建議以腦損傷作為投資策略。然而，行為經濟學家認為，如果我們預測普通投資者可能做出錯誤決策，我們就能打敗市場（或至少避免被市場蹂躪）。如果不理智的投資者讓百元紙鈔散落在地，我們不應該撿起來嗎？理查·塞勒的答案是肯定的（在第一章曾提過這位拿走客人碗裡堅果的諾貝爾獎得主）。塞勒甚至願意將自己的錢投入他的理論之中，他和一些合作者創建了名為「行為成長基金」的共同基金，利用我們人類的不完美進行投資。（口號：「投資者會犯錯，我們尋找這些錯。」）我甚至承認，在為芝加哥公共廣播訪問塞勒先生後，我決定放棄自己對效率市場的的堅定信念，將一小筆資金投入他的基金。結果怎麼樣？非常好。行為成長基金自創立以來的年均報酬率為一二·五%，而類似指數的年均報酬率僅有八·六%。

效率市場理論不會很快消失。事實上，它仍是每個投資者都需要理解的關鍵概念，原因有二。首先，市場可能會做出不理智的行為，但這不代表從這些瘋狂的波動中賺錢很容易，至少不能長久。當投資者利用市場異常現象，例如購買那些被不合理低估的股票時，他們會修正他們所利用的低效性（將低估的股票價格提高到不再被低估的程度）。回想之前雜貨店排隊結帳的比喻。假設你真的找到一條結帳速度明顯更快的隊伍——也許那個收銀員動作很快，裝袋員動作靈巧——其他購物者也看到這個結果；他們會湧向你的隊伍，直到它不再那麼快。你每周都能選到最短隊伍的機率基本上是零，共同基金的運作方式也類似。如果一位投資組合經理開始打敗市場，其他人會看到他的超額報酬，並複製這一策略，從而使該策略逐漸失去效力。所以，即使你相信有可能發現掉在地上的百元美鈔，也應該知道這張鈔票不會在地上停留太久。

其次，即使是效率市場理論最有力的批評者也相信，一般投資者可能無法打敗市場，因此不應該嘗試。麻省理工學院的安德魯．羅（Andrew Lo）和華頓商學院的克雷格．麥金萊（A. Craig MacKinlay）共同撰寫了《不隨機的華爾街漫步》（*A Non-Random Walk Down Wall Street*），他們認為擁有卓越資源（例如超級電腦）的金融專家能透過發現並利用定價異常來打敗市場。《商業周刊》對這本書的評論指出：「或許令人驚訝的是，羅和麥金萊實際上同意墨基爾對一般投資者的建議。他們說，如果你沒有特殊專業知識，或沒有足夠時間和資金尋求專家幫助，那麼就去購買指數基金吧。」[13]

巴菲特被譽為史上最偉大的選股手，他也持有同樣的觀點。[14]二〇〇七年，巴菲特提出一場著名的賭注，他下注一百萬美元，賭接下來十年內，標普五百指數基金的表現將優於由知名資產經理精挑細選的對沖基金組合。二〇一七年，結果出爐——差距非常巨大。十年間，標普五百的年均報酬率為七．一%，而對沖基金的年均報酬率僅有二．二%[15]（巴菲特將他贏得的百萬美元捐給慈善機構）。即使是以行為成長基金打敗市場的塞勒，他也告訴《華爾街日報》，他將大部分退休金投資於指數型基金。[16]指數型基金之於投資者，就如同規律運動和低脂飲食之於減重：都是非常好的起點。任何聲稱有更佳方法的人，都應該承擔舉證責任。

如前所述，本章不是投資指南。我把解釋大學儲蓄計畫、市政債券、變額年金和所有現代投資選擇優缺點的工作交給別人。儘管如此，基本經濟學可以提供一個初步測試，提供我們任何良好投資建議都必須遵守的基本原則：

儲蓄。投資。複利。讓我們回到本章最基本的概念：資本是稀缺的，這是任何投資能產生回報的唯一原因。如果你擁有剩餘資本，那麼會有人願意付錢來使用它。但是你必須先有剩餘資本，而產生剩餘資本的唯一方法，就是支出低於收入，也就是儲蓄。你存得越多，越早開始存錢，從金融市場上獲得的報酬就越高。任何一本好的個人理財書籍都會大肆讚揚複利的好處，這裡只提一句，阿爾伯特·愛因斯坦據說曾稱複利為「有史以來最偉大的發明」。

另一方面，如果你的花費超過收入，你必須從某處「租」來差額，而你需要為此付出代價。資本的租賃費用和租賃其他東西的費用並無不同：這是一筆支出，會擠壓你未來可能想消費的事物。當下過得更好的代價就是未來過得沒那麼好。相反地，現在過得節儉，未來就能過得更好。所以，現在先擱置你的退休金應該投入股票或債券的問題，第一步非常簡單：及早儲蓄，經常存錢，並還清信用卡費。

承擔風險，獲得回報。好，現在我們來談談你的退休金應該買股票還是債券。假設你有資本可以出租，你正考慮兩種選項：借給美國政府（國債）還是借給你的鄰居蘭斯，他已經在地下室敲敲打打三年，聲稱他發明了一種可用葵花籽運作的內燃機。政府或蘭斯都願意付你三%的利息，你該怎麼選擇？除非蘭斯握有對你不利的照片，否則你應該購買政府債券。葵花籽內燃機是高風險投資，政府債券不是。蘭斯或許最終能吸引足夠的資金來實現他的發明，但不是用三%的報酬吸引來的。**風險越高的投資必須提供更高的預期報酬，才能吸引資本**。這不是什麼深奧的金融法則，只是市場運作的方式。理性的人會選擇將資金投入一個能以更少風險獲得相同報酬的地方。正如曾任投資公司美林集團市場風險監控部門的主管說：「如果有利可圖又看似毫無風險，那麼這是一門你不了解的生意。」[17]

對投資者來說，這一點意義明確：你將因承擔更高的風險而獲得回報。因此，你的投資組合風險越高，平均而言報酬就越高。是的，又是那個惱人的「平均」概念。如果你的投資組合很有風險，也就代表偶爾會發生一些非常糟糕的情況。沒有什麼比《華爾街日報》一個舊標題更能總結這一點：〈債券讓你夜晚安眠，但有代價〉[18]那篇文章檢視了一九四五年到一九九七年的股票及債券報酬率，在那段期間，全股票的投資組合平均年報酬率為一二・九％；全債券的平均年報酬率僅為五・八％。那麼你可能會問，誰是持有債券的傻瓜呢？別急。該報導接著分析了不同投資組合在最不景氣時的表現，股票投資組合在最不景氣時損失了二六・五％的價值；而債券投資組合在任何一年的損失都沒有超過五％。同樣地，股票投資組合在一九四五年至一九九七年間有八次報酬率為負，而債券投資組合只有一次虧損。總結來說：風險會得到回報——前提是你能承受風險。

我們再回到哈佛基金的例子，它在二〇〇八年金融危機中損失了約三分之一的價值，耶魯大學的基金在一年內也損失了四分之一。同時，在那段經濟不景氣期間，我的岳母因為幾乎所有資產存放在定期存款和支票帳戶裡，獲得約三％的報酬。我的岳母是投資天才嗎？哈佛是否應將更多資產放在巨額支票帳戶中？兩個答案都是否定的。我的岳母總是將資產放在安全但報酬低的投資中，因為她的風險承受能力較小，她在不景氣時能受到保護；當然，這也代表如果股票市場某年上漲一八％，她能賺到……三％。同時，哈佛、耶魯及其他擁有龐大基金的學校，因為承擔高風險，進行相對缺乏流動性的投資，在景氣繁榮時期獲得巨額報酬（流動性是指某物轉換為現金的速度和可預測性，流動性不足的投資，例如珍稀藝術品或委內瑞拉公司債券這樣的非流動性投資，必須支付額外溢價來彌補這一缺點；當你需要快速處理它們籌得現金時，這就是問題）。這些機構偶爾會為其激進的投資組合付出代價，但長期來看，這些波動應該能被更高的報酬所抵銷，比定期存款高得多。最重要的是，這些基金與為教育或退休計畫投資的典型投資者不同；它們的投資時間範圍理論上是無限的，這意味著它們能承受景氣非常糟糕的年份，甚至幾十年，只要它能在接下來的一、兩百年最大化報酬（儘管哈佛和耶魯在金融危機時，必須進行大規模的刪減預算，以彌補失去的基金收入）。耶魯大學校長理查·萊文（Richard Levin）告訴《華爾街日報》：「我們在上升期間獲得了巨大超額報酬，當一切結束並穩定下來後，我認為我們會發現，從長期來看，基金的整體表現優於未採取這種策略的情況。」[19]我相信他是對的，但這對我的岳母來說，這不一定是明智的策略。

多元化。我教金融課時，喜歡叫學生拋硬幣，這是最能確定一些觀點的方式。其中一個觀點是：一個多元化的投資組合能明顯降低重大損失的風險，而不會降低你的預期回報。我們用硬幣來說明吧。假設你在退休帳戶中十萬美元的回報取決於拋硬幣的結果：正面，回報四倍；反面，資金歸零。這個活動的平均結果非常好（你的預期報酬是一〇〇％）。[*2]當然，問題是，負面風險是完全不可接受的，你有一半的機會失去所有積蓄。試著向你的另一半解釋這種風險吧。

現在我們多加些硬幣。假設你將十萬退休金分配到十筆不同的投資，每筆投資的回報規則都相同：正面，投資價值乘四倍；反面，歸零。你的預期報酬沒有改變：平均來說，你會拋出五次正面和五次反面，你的投資有五次能乘四倍，但五次會歸零。最終結果仍是誘人的一〇〇%，但看看你的負面風險，除非你丟十次都是反面，才會失去所有退休金，這是極不可能的事（機率小於千分之一）。現在，假設你做同樣的實驗，買入幾支指數型基金，這些基金包含來自世界各地數千支股票。[*3]這麼多硬幣不會全丟出反面。

當然，你必須確保那些投資的結果是真正獨立的。拋硬幣時，每次的結果都和其他次結果無關。但購買微軟和英特爾的股票，然後想假設你將投資組合安全地分到兩個籃子裡，又是另一回事。是的，它們是不同的公司，有不同的產品，不同的管理方法，但如果微軟某年的表現非常糟糕，英特爾也很有可能受到影響。讓金融危機加劇的一個錯

*2 預期回報是 0.5($400,000) + 0.5($0) = $200,000，即十萬美元的投資有一〇〇%的回報率。

*3 這個實驗有些過於簡化。每次拋硬幣都是獨立事件，個別股票的表現則不是。某些事件，例如利率調漲，會影響整體市場。因此，購買兩支股票並不會像將你的投資組合分兩次丟硬幣那樣有效地分散風險。然而，主要觀點仍然成立。

誤，就是相信將大量抵押貸款打包成單一的房貸抵押證券，會創造出一個更安全、更可預測的投資，就像拋一百枚硬幣，而不是拋一枚硬幣一樣。如果你是一家只有一筆貸款的銀行，它有可能違約，拿走你所有資金。但如果你買了一個由數千筆貸款組成的金融產品，其中大多數貸款正常還款，就能抵消偶爾的違約風險。

在正常情況下，這可能是正確的。一筆貸款通常是因為某人生病或失業才會違約，這些情況不會在家庭之間高度相關；如果街上一棟房子被法拍，沒有理由相信其他房子也會有同樣遭遇。然而，當房地產泡沫破裂時，一切都不一樣了。全國各地的房價都在暴跌，伴隨的是經濟衰退，導致大量的人失業。這些看似聰明的房貸抵押證券，最終演變成我們至今仍在努力清理的「毒資產」。

長期投資。你是否在賭場看到有人一夜致富？看到賭場經營者和其他人一樣高興，為什麼？因為他們長期來說可以賺得更多；這次大贏只是過程中的小插曲。經營賭場的美妙之處在於數字對你是有利的，如果你願意耐心等待——並愉快地拿著巨額支票與偶爾出現的大贏家合影——那麼你最終能變得富有。

投資的好處和經營賭場一樣：如果你有耐心，願意忍受偶爾的挫折，機率將站在你這一邊。任何合理的投資組合必須有正向的預期報酬，記住，你是將資本出租給各種機構，你預期能從中獲得回報。實際上，風險越高，平均預期回報就越高。因此，你持有

（多元化）投資的時間越長，機率發揮魔力的機會就越多。明天道瓊指數會收在多少點？我不知道。明年會是多少？我不知道。五年後會是多少？或許比今天高，但誰都不能確定。二十五年後會是多少？一定會比今天高；我有相當的把握。日交易（買入股票後，希望幾小時後能獲利出場）的愚蠢之處在於，它承擔了股票交易的所有成本（佣金和稅收，更不用說你的時間），卻得不到長期持有股票所帶來的任何好處。

所以，這就是個人投資的初步測試。下次有投資顧問來找你，承諾有二〇%或四〇%的報酬率時，你就知道有三種可能性：一、這是一項非常高風險的投資，只有這樣的高預期回報率能合理化（例如哈佛基金的例子）；二、你的投資顧問發現了全球所有精明投資者都未曾察覺的機會，而且他好心與你分享——請打電話告訴我；三、你的投資顧問無能且／或不誠實，就像伯納・馬多夫（Bernie Madoff，曾設計龐氏騙局）。很多時候，答案往往是第三種情況。

經濟學的迷人之處在於，基本觀念是不會改變的。在中世紀，君主需要籌集資金（通常是為了打仗），就像今日生技新創公司一樣。我不知道一百年後，這個星球會變成什麼樣子，或許我們會移居火星，或是將鹽水變成清潔、可再生的能源，但我知道，這些事業都會利用金融市場來籌集資金，並減少風險。我也可以確定，美國人光靠吃葡萄柚和冰淇淋，不會變得又瘦又健康。

第八章

組織利益的力量：經濟學如何解釋政治

許多年前，我和一群朋友一起去度假，作為唯一的學者，我成為大家好奇的對象。當我解釋自己研究的是公共政策，一個朋友懷疑地問我：「如果人們這麼了解公共政策，那為什麼一切還是這麼混亂？」一方面，這個問題有點愚蠢，就有點像是在問：「如果我們這麼了解醫院，為什麼還是不停有人死去？」放馬後砲總是簡單。（當時，我只是支吾地回答了一句：「嗯，這很複雜。」）我本應說明，就像醫學一樣，公共政策領域也取得了不錯的成就，美國人比以往任何時候更健康、更富有、教育程度更高，也更不受經濟繁榮和衰退的影響——二〇〇八年的金融危機是例外。

然而，這個問題一直困擾我多年，主要是因為它暗示了一個重要的觀點：即使經濟學家在讓我們過得更好的政策上達成共識，這些政策往往也會遭遇政治反對的高牆。國際貿易就是完美的例子。無論是對富國或窮國的福祉而言，我從未見過任何主流經濟學家認為國際貿易無關緊要。當芝加哥大學布斯商學院詢問經濟學專家小組是否認為「與中國貿易能讓美國人過得更好」，百分之百的經濟學家都回答「同意」或「非常同意」。[1]唯一的小問題：這是一個足以引發街頭暴動的議題。一九九九年，世界貿易組織在西雅圖舉行會議時，有四千萬名抗議者湧入城市，封鎖街道、砸碎窗戶。川普之所以當選總統，部分是因為對國際貿易的反彈，尤其是與中國的貿易。儘管經濟學家對北美自由貿易協議和跨太平洋夥伴關係協議等讚不絕口，兩黨的政治人物卻經常對這些貿易協議抱有敵意，尤其是在川普當選後，美國撤出了跨太平洋夥伴關係協議。

與此同時，政治分贓的立法在國會中順利通過，將資金用在無法促進國家利益的小計畫。例如，美國政府近四十年來，每年都為美國的毛海農民提供現金補貼（毛海來自安哥拉山羊，可用來替代羊毛）。這項補貼在一九五五年由軍方提出，以確保戰爭期間能有足夠的紗線供應軍服使用。對此我無意爭論，**但軍隊在一九六〇年左右開始改用合成纖維製作軍服**，政府仍持續向毛海農民發放大筆現金補助，持續了三十五年之久。最終，安哥拉羊毛補助因為成為政治分贓的典型代表，與其本身的荒謬性而被取消。

然而，當大家的注意力轉移到其他地方時，這項補助又**捲土重來**。二〇〇八年的農業法案重新恢復了對羊毛和毛海生產者的補貼。這是如何發生的呢？

並不是因為毛海農民極為強大、資金雄厚或具有政治影響力，他們完全不是這樣的。事實上，毛海農民人數少反而是一個優勢，他們能獲得政府的大量補助，而納稅人幾乎不會注意到。假設有一千名毛海農民，每位農民在每年春天拿到聯邦政府十萬美元的支票，那些獲得補貼的農民對這項政策非常重視，或許比其他政府政策還要重要。同時，其他人只要多繳幾分錢的稅金，就能維持這個不必要的毛海供應，對此幾乎毫不在乎。任何渴望保住工作的政客都能計算出，支持毛海農民補貼的投票會贏得毛海農民的強烈支持，對其他選民的成本卻微不足道。這在政治上是毫無難度的決定。

問題在於，毛海農民不是唯一排隊等著拿補貼、減稅、貿易保護或其他將錢放進自己口袋的政府政策的群體。事實上，最精明的政客可以彼此交換利益——如果你在我的選區支持毛海農民，我就支持你選區的賓果名人堂。在我擔任緬因州州長的演講撰稿人時，我們常說州預算是棵聖誕樹，每位立法者都可以掛上一、兩顆裝飾品。我目前住在伊利諾州第五選區，這個選區的席位過去幾十年由丹．羅斯登科斯基（Dan Rostenkowski）占據（後來由拉姆．伊曼紐爾，Rahm Emanuel 接手）。我們芝加哥人可以開車繞著這座城市，指出羅斯登科斯基建設的那些東西。當科學與工業博物館需要數千萬美元來建設地下停車場時，羅斯登科斯基爭取到了聯邦資金。[2]西雅圖或佛蒙特州農村的納稅人應該為這個停車場買單嗎？當然不應該。但當我在暴雨中帶著孩子們去博物館時，我很高興能停在室內停車場。這也解釋了為什麼丹．羅斯登科斯基即使剛出獄不久，仍能在芝加哥的政治集會中獲得起立鼓掌的支持。

在金融危機最嚴重時期，歐巴馬政府通過的刺激法案，就像是棵巨大的立法聖誕樹。我在下一章會說明，在當時的情況下，這項刺激措施是合理的。然而，沒有一個理智的人會設計出那樣的法案，其中包括將資金用於「綠色」高爾夫球車、極地破冰船等各種計畫。是的，數十年來補貼毛海農民的政策依然存在且運作良好。我們再以乙醇為例，這種以玉米為基礎的的汽油添加劑被認為具有環保效益，混合乙醇的汽油比純汽油每加侖少徵收五．四美分的稅，因為它燃燒得比純汽油更乾淨，也能降低我們對外國石油的依賴。當然，科學家或環保人士並不認為乙醇是個好東西。一九九七年由國會非黨派研究機構，美國國會會計總署（GAO）發表的研究顯示，與汽油相比，乙醇對環境或對外國石油的依賴幾乎沒有影響，但乙醇補貼每年仍使國庫損失七十一億美元的稅收收入。更糟的是，乙醇可能會加劇某種類型的空氣污染，它的揮發速度比純汽油快，對高溫下的臭氧問題有不利影響。二〇〇六年《美國國家科學學會會議論文集》發表的一項研究表明，乙醇的確比汽油減少一二％的溫室氣體排放，但它計算出若將整個美國的玉米用來製作乙醇，也只能替代美國一小部分的汽油消耗。玉米種植卻會因肥料和農藥的流失，對環境造成破壞。[3]

但糾結於科學會錯失重點。正如《紐約時報》在二〇〇〇年總統競選期間所指出的：「無論乙醇是否為汽車的優秀燃料，它確實在愛荷華州的競選中發揮奇效。」[4]乙醇稅補貼增加了對玉米的需求，從而讓農民的收入增加。就在愛荷華州黨團會議前，玉米農民馬文．弗萊爾（Marvin Flier）告訴《時代》雜誌：「有時候我認為（候選人）出來就是為了討好我們。」然後他又補充：「當然，那可能不是最糟的事。」全國玉米農會估計，乙醇計畫增加了玉米需求，使每英斗的價格增加了三十美分。

比爾．布萊德利（Bill Bradley）在第三度擔任紐澤西州參議會期間，反對乙醇補貼

（紐澤西州不是主要的玉米種植州）。他作為參議員的重要成就之一是清除稅法中，那些整體而言弊大於利的補貼和漏洞。然而，當布萊德利於一九九二年作為民主黨總統候選人來到愛荷華州時，他「與一些農民交談」後，突然發現自己由衷支持乙醇的稅收優惠。簡言之，他意識到乙醇對愛荷華州的選民至關重要，而愛荷華州對總統競選至關重要。自此以後，每個主流總統候選人都支持乙醇補貼，除了約翰．麥肯（John Sidney McCain III）。值得一提的是，麥肯在二〇〇〇年和二〇〇八年競選期間，都反對乙醇補貼。雖然麥肯參議員的「直言不諱」值得稱讚，但我們要記住一個重要的細節：麥肯未選上美國總統。歐巴馬支持乙醇，川普在二〇一六年的選戰中也是如此。事實上，川普在愛荷華州可再生燃料協會舉辦的活動中說，聯邦政府應要求美國出售的汽油中，混入更多的乙醇。[5]

乙醇問題不是個強大的特殊利益團隊迫使他人屈服的案例。農民僅占總人口的二％；其中真正種植玉米的更少。如果從政治過程中靠蠻力就能撈到好處，那對我們這些連母牛和公牛都分不清的人來說，應該早就能輕鬆把農民踩在腳下了。美國的右撇子選民可以團結起來，要求剝削左撇子來獲得減稅，我們也可以對付那些毛海農民，但現實並非如此。

經濟學家提出與我們實際觀察到的情況更為契合的理論。**在利益團體政治中，規模**

小更有利。蓋瑞・貝克，這位因在人力資本研究中扮演重要角色而榮獲諾貝爾獎的芝加哥大學學者，在一九八〇年代初期發表了一篇開創性的論文，巧妙地概括了被稱為「監管經濟學」的領域。貝克基於米爾頓・傅利曼的博士論文研究，提出一個理論：在其他條件都相等的情況下，小且組織良好的群體在政治過程中最為成功。為什麼？因為他們從系統中爭取到的好處，其成本會分攤到龐大且未組織起來的群體中。

再來談談乙醇補助。每年七十億美元的稅收補貼給一小群的農民，使每個人都能獲得豐厚的收入。同時，成本分散到剩下九八％的人口身上，每個人對乙醇的關注程度可能比日常口腔衛生還低。如果我提出讓左撇子納稅人補貼右撇子，情況會完全相反。美國右撇子和左撇子的比例約為九比一，所以如果每個右撇子選民都能獲得一百美元的政府福利，那麼每個左撇子選民就必須支付九百美元，才能籌措到這筆經費。左撇子對這九百美元的稅單一定會憤怒不已，可能會把這個問題變成他們最關心的政治問題，而右撇子對那一百元補助只會有普通的反應。聰明的政治人物可能會透過支持左撇子，來提升自己的政治生涯前景。

根據前文討論的內容，有個有趣的現象變得更加合理了。在像美國和歐洲這種國家，農民占人口比例較低，政府提供大規模的農業補貼；但在農民人口較多的國家，如中國和印度，補貼的情況卻恰恰相反，農民被迫以低於市場價出售農作物，好讓城市居民能夠以便宜的價格獲得基本食品。在前一種情況下，農民獲得政治上的優惠；另一種情況下，農民必須為此付出代價。這些例子在邏輯上是一致的，兩種情況下，都是大群體補貼小群體。在政治中，尾巴能夠搖動狗，這種現象能對經濟產生深遠的影響。

千刀萬剮的補助政策。羅斯登科斯基為科學與工業博物館建設地下停車場的成本，在我們二十兆美元的經濟體中微不足道，乙醇補助、糖業生產者的貿易保護措施、波多黎各製藥公司的稅收優惠、酪農的價格支持都是如此。但總的來說，這些事情和其他數以萬計類似的事情，都是有意義的。低效率的微小事件開始擾亂市場經濟的最基本功能：盡可能有效地將投入轉化為商品和服務。如果政府需要支持牛奶價格，真正的問題在於酪農太多了。我聽過給避稅手段的最佳的定義是：一種若不是因為稅務考量就毫無意義的投資或行為。而這正是問題所在：政府不應提供誘因，讓人們從事沒有經濟意義的活動。

第三章闡述了好政府不僅重要，而且不可或缺的各種理由。然而，事實是，當國會將注意力轉向某個問題時，聖誕樹上會多出很多裝飾品。曾在一九八二年獲得諾貝爾獎的芝加哥大學經濟學家，已故的喬治・斯蒂格勒（George Stigler），提出並辯護一個反直覺的觀點：企業和產業經常從監管中獲益，事實上，他們可以利用政治過程產生有利於自己的規範，或削弱競爭者的能力。

這聽起來不太可能嗎？以教師資格認證為例，每個州都要求公立學校教師在獲得執照前要達成某些條件，大多數人認為這是相當合理的。在伊利諾州，認證要求越來越高，考慮到我們對公立學校改革的高度重視，這似乎也很合理　。但仔細審視認證的政治背景時，情況就不那麼清晰了。教師工會——美國最有力的政治力量之一——總是支持要求教師接受更嚴格培訓和測試的改革措施，但細看法律細則，這些法律幾乎毫不例外地豁免現有教師遵循任何新的要求。換句話說，想成為教師必須接受額外的課程學習，或通過新的考試；現有教師則不必這樣做。如果認證法律是為了學生的利益而設，這就說不通。如果做某些事情對教學是必要的，那麼站在教室前的每位教師理應都需要遵守這些要求。

資格認證法的其他方面也不太合理。許多私立學校的教師有數十年教學經驗，但如果他們想進入公立學校教書，必須完成一系列幾乎多餘的程序。大學教授也一樣。當愛因斯坦抵達紐澤西州的普林斯頓時，也沒有合法資格教授高中物理。

最令人震驚（也最令人沮喪）的事實是，研究人員發現，教師認證要求與課程表現間幾乎沒有任何關聯。這一點的最佳證據（與我見過的其他證據一致）來自洛杉磯。加州在一九九〇年代末通過一項減少全州班級人數的法律後，洛杉磯不得不僱用大量新教師，其中許多人未取得教師資格。洛杉磯也收集了每位教師班上的學生表現，根據公共政策智庫漢彌爾頓計畫所做的研究，分析了三年內十五萬名學生的表現，得出兩個結論：一、好教師很重要，分配到最佳四分之一教師的學生，比分配到最差四分之一教師的學生，最終表現高出一〇%（在控制學生初始成績程度後）；二、資格認證不重要，研究發現，「分配到有認證教師和無認證教師的學生之間，在成就上未達統計上顯著差異」。該研究的作者建議，州政府應取消那些阻止有才華的人成為公立學校教師的入職障礙。[6]然而，大多數州卻採取相反的做法。

斯蒂格勒先生可能會認為，這一切不難解釋。只要想想這個過程如何有利於教師，而非學生。成為教師的過程變得更困難，會減少進入這一行業新人的數量，但對已在職的教師是件好事。任何進入障礙對內部成員來說，都是具有吸引力的。

我對各種職業證照的問題有濃厚的興趣（即各州要求個人在從事某些職業前必須取得證照）。我的博士論文試圖解釋伊利諾州一個看似反常的現象：伊利諾州要求理髮師和美甲師必須取得執照，但對電工卻無此要求。一個粗劣的電工可能會燒毀整個社區；糟糕的美甲師或理髮師相對無害。然而，受到政府監管的卻是後者。這種模式的簡單解釋就是：利益團體。預測伊利諾州某個職業是否需要證照的最佳指標，就是職業協會的規模和預算（每個職業在州總人口中都很小，因此這些團體都擁有毛海優勢，職業協會的規模和預算反映了該職業成員組織起來利用這一優勢的程度）。值得注意的是，一個職業是否會被政府要求持證上崗，與該職業對公共安全的危險性（以其責任保險費率衡量）相比，與其政治組織程度的關係更大。斯蒂格勒是對的：**團體會設法讓自己成為需要證照的對象**。

小而有組織的群體往往不引人注意，且能說服立法者做出不一定讓其餘人也受益的決定。經濟學家，尤其是更偏向自由市場的「芝加哥學派」，常被認為對政府抱有敵意。更準確的說法應該是，他們持懷疑態度。政府的範圍越廣，特殊利益團體就有越多空間為自己爭取與政府正當職能毫無關聯的利益，這些職能在第三章已有討論。

現狀的專政。如果小團體能從立法過程中得到他們想要的，他們也可以阻止自己不想要的，或至少嘗試這麼做。約瑟夫．熊彼得提出「創造性破壞」一詞，將資本主義描述為不斷破壞舊結構、創造新結構的過程。這對世界來說或許是好的；對構成「舊結構」的企業和產業來說卻是壞事。那些阻擋資本主義進步的人（或從他們的角度來看是破壞），會利用一切工具，包括政治。有何不可呢？立法過程向來有利於那些幫助自己的人，那些面對競爭壓力的群體，可能會尋求貿易保護、政府救助、優惠的稅收條件、限制競爭技術的發展，或其他特殊待遇。在裁員或破產迫在眉睫的情況下，向政治人物尋求幫助的呼聲可能非常具有號召力。

那麼，問題出在哪裡？問題在於，如果政治人物決定保護舊結構，我們就無法享受新經濟結構帶來的利益。前聯準會董事會副主席羅傑・弗格森（Roger Ferguson, Jr.）解釋：「未能理解競爭環境持續動盪與財富創造之間關係的政策制定者，最終會將精力集中於正在衰退的方法和技能上。如此一來，他們所制定的政策往往傾向於保護弱勢且過時的技術，最終會拖慢經濟前進的步伐。」[7]

無論是政治和人道的角度，都讓我們認為應該向那些在競爭中被淘汰的人伸出援手，如果某種劇變能帶來進步，那麼經濟的蛋糕必然變大；如果蛋糕變大了，至少部分蛋糕要分給失敗者，無論是透過過渡援助、職業再訓，或是其他能幫助被淘汰者重新站起來的方式。北美自由貿易協議讓人更易於被接受的特點就是，該協議有項條款，補償因與墨西哥貿易擴大而失業的工人。同樣的道理，美國許多州正利用菸草業的巨額法律和解金，來補償那些因菸草使用下降而使生計受到威脅的菸草農民。

然而，這裡有個關鍵的區別：利用政治過程為那些因創造性破壞而受害的人建立安全網，與利用政治過程阻止創造性破壞的發生，是兩回事。以電報和快馬郵遞（Pony Express）為例，幫助快馬郵遞失業的員工轉型成電報操作員，這是一回事；阻止電報發展來幫助他們，又是另一回事。有時候，政治過程因「毛海問題」而採取後者，競爭帶來的經濟利益通常是龐大的，但好處會分散給一大群人；反之，競爭帶來的代價通常較小，卻高度集中在少數人身上。因此，創造性破壞的受益者幾乎沒有察覺，而失敗的一方可能會將自己鎖在國會議員的辦公室門前尋求保護——如果我們的生計或社區受到威脅，任何人都會這麼做。

這正是國際貿易領域的情況。貿易對消費者有利，我們可以用很低的價格買鞋、車、電子產品、食品和在世界其他地方可以做得更好或生產更便宜的東西（或者因外國競爭而在本國生產更便宜的東西）。我們的生活因這些微不足道的小事，累積出明顯的改善。回顧柯林頓執政期間，前財政部長羅羅伯特・魯賓（Robert Rubin）表示：「我們在過去八年所談判的關稅減免，帶來了史上最大規模的減稅效益。」[8]還記得那些因與中國貿易而興奮不已的經濟學家，他們認為這能讓「大多數美國人生活得更好」。布斯商學院的同一個專家小組也被問到一個後續問題：**是否有些美國人因此受到損害？**經濟學家的答案同樣極端：九六%的學者回答「是」。因此，貿易的政治問題就出現了。

失業的美國人並不在乎貿易的「整體利益」或「使蛋糕更大」，他們在乎被奪走的蛋糕。《華盛頓郵報》在二〇一六年選舉後的分析發現，「那些面臨來自墨西哥，尤其是中國，更強烈進口競爭的郡縣，與其他共和黨候選人相比，投票支持川普的人數更多。」[9]

便宜的鞋子、更好的電視——可能還不足以讓普通人飛到某地去支持世界貿易組織。同時，受到全球化直接影響的人，會有更強烈的動機。一九九九年發生一件令人難忘的案例，美國勞聯—產聯（AFL-CIO）和其他工會真的動員約三萬名成員前往西雅圖，抗議擴大WTO。抗議的說辭不夠充分，工會聲稱他們關心開發中國家的工資和工作條件，胡說八道。AFL-CIO擔心的是美國的工作，更多貿易代表美國消費者能以更便宜的價格購買商品，也代表失業和工廠倒閉。這是能促使工人走上街頭的事，正如歷史上發生過的一樣。最初的盧德主義者是英國的紡織工人，他們摧毀紡織機器，以抗議機械化導致的低工資和失業。如果他們的訴求成功了，會發生什麼事？

想想在十五世紀初期，中國的科技超遠西方。中國在科學、農業、工程，甚至獸醫學方面都擁有更豐富的知識，中國早在西元前二百年就開始鑄鐵，比歐洲早了一千五百年。然而，工業革命卻發生在歐洲，而中國文明卻停滯不前。為什麼？一種歷史解釋認為，中國的菁英階層更看重穩定，而非進步，因此，領導者阻止了那些能促進工業革命的社會變革。例如，在十五世紀，中國的統治者禁止長途海上貿易，從而扼殺了貿易及隨之而來的經濟發展、發現和社會變遷。

我們設計了一些機制，幫助整體利益超越狹隘利益（即使完全可以理解）。例如，當政府在談判國際貿易協議時，總統常常會尋求國會授予「快速通道權限」，國會仍需要追認達成的協議，但只能進行通過與否的表決，免除了立法者添加修正案的正常程序。其邏輯在於，立法者無法透過為特定產業提供豁免條款來破壞協議；對每個區域少數特殊利益提供保護的貿易協議，根本不算真正的貿易協議。快速通道的程序迫使那些宣稱支持自由貿易的政治人物，不僅說得出，更要做得到。

備受不公批評的世界貿易組織，其實只是國際版的快速通道程序。協商降低多國之間的貿易壁壘是一項艱鉅的任務，因為每個國家都有許多本土利益團體。WTO透過界定各種加入所必須達成的條件，讓這個過程在政治上更易於操作，包括開放市場、消除補貼、逐步取消關稅等，這就是成為會員的代價。被接納的國家可以進入所有現有成員國的市場，這是一個巨大的誘因，使政治人物有動機拒絕全球的毛海農民。

體諒一下政治人物吧。在二〇〇〇年秋天，我展開了一段頗有希望的政治生涯，我被選為「神學院聯排屋協會」的會長（或許說「選上」有點過於嚴重；卸任的會長問我是否願意接任，而我太天真了，沒有拒絕）。就在這個時候，芝加哥公共運輸局（CTA）宣布計畫擴建一個非常接近我們家的高架火車站，這個計畫將使車站符合《美國身心障礙法案》的要求，且可以容納更多乘客，它也會將高架鐵路軌道（還有伴隨的噪音）向我們的家移近三十英尺。簡而言之，這個計畫對芝加哥大眾運輸有好處，但對我們的聯排屋協會不利。在我的優秀領導下，我們寫信、開會、諮詢建築師、提出替代方案（有些方案要求徵用並拆除鄰近社區的房屋），最終，在我們竭盡全力破壞這項計畫後，富爾頓大道的新高架車站還是完成了。

是的，各位女士先生們，我們是特殊利益團體，我們每個人都是。你可能沒有養安哥拉山羊（毛海的來源）、你可能沒有種玉米（乙醇的來源），但你也是某個團體的一部分，或許還屬於很多團體。每個團體都有各自的利益：某個專業、某個族群、某個人口群體、某個社區、某個產業，或是某個地區。正如老話所說：「位置決定立場。」認為政治人物應該只做正確的事，這種說法過於輕率。那句關於困難決策的老生常談是對的，做正確的事——做出那些對國家能帶來更多利益而非成本的決策——不會讓人們為之起立歡呼。更可能的情況是，那些因你的決策而受益的多數人幾乎察覺不到，而你傷害到的小團體會拿番茄砸你的車。

二〇〇八年，我的政治生涯更加有趣了（但不一定更有前途）。歐巴馬總統任命國會議員拉姆・伊曼紐爾為白宮幕僚長，伊利諾州第五選區的議席出現空缺，那正是我的選擇，而我和其他二十幾個候選人，決定參加這場特別選舉，來競爭這個職位。順帶一提，這場選舉與前州長羅德・布拉戈耶維奇（Rod Blagojevich）試圖出售的伊利諾州參議院空缺席位無關。我認為，如果我要寫像這本書一樣批評公共政策的書，那麼我應該親自上場，而不只是在場外丟石頭（作為紀錄，我反對乙醇補助——這對完全城市化，沒有玉米農場的第五選區而言無關緊要）。

本章的結論可以用這次競選裡的一個經歷來概括。在第一場候選人論壇上，主持人本是芝加哥報紙的政治專欄作家，他要求每個候選人發表對聯邦特殊專款的看法。特殊專款是國會議員將「政治分贓」寫入法案的機制，它將聯邦資金分配給某個議員選區的某個計畫，因此不會接受任何形式的審查來判斷計畫是否合理。舉例來說，一項交通法案中的特殊專款，例如阿拉斯加那個臭名昭著的「絕路橋」，即使交通部永遠不會撥款建造這座橋樑，特殊專款依然為其分配了資金。這個話題之所以被提出，是因為歐巴馬總統簽署的第一個支出法案中，包含了近九千個特殊專款（沒錯，這數字沒有灌水）。

每個候選人都譴責專款的概念和支持專款的政治人物，有個候選人甚至提議，應該逮捕那些進行此類交易的國會議員。但特殊專款的問題是個陷阱，而且非常巧妙。主持人又追問了一個問題，大致是：「所以你們是否會反對支持兒童紀念醫院的特殊專款？」這所兒童醫院就位於第五選區，離會場大約三百碼。對這個追問的回答，明顯沒有最初對專款的強烈譴責那麼激烈，回答包括：「當然，醫院是不同的。」還有，「那個特定的專款涉及到孩子」、「作為國會議員，我會竭盡全力支持兒童紀念醫院」等等。沒有人建議支持該醫院專款的政治人物應該進監獄。

每個人都討厭特殊專款，除了自己的。那些爭取到特殊資金擴建兒童紀念醫院的議員是成功的，會有剪綵儀式來慶祝這項計畫，配上蛋糕、果汁，還有演講讚揚這位議員在國會裡的辛勤工作。這筆資金是如何通過的？並不是因為這名議員在國會發表了情感充沛、激動人心的演講，讓其他五百三十四名議員決定慷慨解囊資助這所伊利諾州的兒童醫院。他的成功在於支持一個包含九千個特殊專款的法案，其中一個正是他的。這就是民主制度中的政治現實：我們喜歡能為醫院爭取資金的議員；討厭支持特殊專款的政治人物。

選舉財務改革會帶來任何改變嗎？也許在不起眼的地方會有些作用。金錢當然是吸引政治人物注意力的工具，但不是唯一的工具。如果酪農（受益於聯邦價格支持）不能捐錢，他們還可以聘請說客、敲門拜訪、舉辦會議、寫信、威脅絕食，並以集體投票的方式施壓。選舉財務改革不會改變一個事實：酪農非常關心他們的補貼，而支付補貼成本的群體則漠不關心。民主過程將永遠有利於小且有組織的團體，對大且分散的團體卻不利。問題不僅是有多少人支持或反對某件事，而是他們在意的程度。二%深切關心某件事的人，比九八%持相反意見但懶得行動的人，更具政治力量。

前內布拉斯加州民主黨參議員克瑞博（Bob Kerrey）曾表示，他不認為選舉財務改革可以帶來多大的變化。他告訴《紐約客》：「即使你要求選舉財務完全公開，政治中最重要的腐敗仍不會消失。也就是說，我不想告訴你一些會讓你不喜歡我的事。如果我有選擇，是用一句二十六秒的話贏得掌聲，或者因說出真相而被噓，我會選擇掌聲。」[10]

所以，如果我再被問到，為什麼我們對公共政策的認識增加了，世界卻未變得更完美，本章將是我更完整的回答。

第九章

計分：
我的經濟規模比
你的大嗎？

正如先前提過的，在一九八〇年代末，我曾是緬因州州長的年輕演講撰稿人，我的主要職責之一是找笑話。州長經常提醒我：「要有趣的笑話，讓大家捧腹大笑，而不是輕輕一笑的那種。」二十年後，其中一個笑話仍讓我印象深刻，不是因為現在還很好笑，而是因為它反映了當時的想法。當時，總統是老布希，副總統是丹・奎爾（Dan Quayle），新英格蘭正處於經濟衰退期，而緬因州受到的打擊尤為嚴重。同時，日本似乎正崛起成為全球經濟的強權國家。笑話是這樣的：

老布希在肯納邦克波特度假時，被他熱愛的馬蹄鐵砸中了頭，陷入昏迷。九個月後，他醒來，發現總統奎爾站在他的病床邊。「我們處於和平時期嗎？」老布希問道。

「是的，國家很和平。」奎爾總統回答。

「失業率呢？」老布希又問。

「大約四％。」奎爾回答。

「通膨呢？」老布希接著問。

「在控制之中。」奎爾總統說。

「真了不起。」老布希說，「那一條麵包多少錢？」奎爾總統緊張地抓抓頭，說：「大約兩百四十日圓。」

相信嗎？這個笑話當時真的讓人笑到肚子痛。笑點部分來自奎爾當總統的想法，但大部分是對當時普遍認為日本即將主宰世界經濟的焦慮。顯然，時代變了。我們現在知道，日本後來經歷了十多年的經濟停滯，而美國進入了歷史上最長的經濟擴張期。在緬因州州長講這個笑話的時候，日本股市的日經指數達到顛峰，約三萬八千九百一十六點，近期的日經指數約為兩萬兩千點。

當然，今日的美國人並不為此幸災樂禍，經歷了自大蕭條以來最嚴重的經濟衰退，讓美國變得謙卑。為什麼所有的經濟體，無論貧富，都是跌跌撞撞地前進，不斷在增長與衰退間排徊？在一九九〇年代經濟強勁增長期間，勞動市場異常緊張，速食餐廳開始提供簽約獎金，大學畢業生能獲得價值數百萬元的股票期權，任何有一口氣的人都能在股市中獲得兩位數的回報，消費者因房價和股價上漲而充滿信心。資本源源不斷從世界其他地方湧入，尤其是中國，使美國人能以極低的成本借款。

然後，一切突然脫軌，宛如一場全美改裝車競賽中的大規模車禍。消費者突然要背負沉重的債務，被困在無法出售的房子裡，股市崩盤，失業率飆升至一〇%，美國最大的銀行瀕臨破產，中國甚至公開考慮是否應該繼續購買美國國債。我們更喜歡最初的狀況，到底發生了什麼事？

要理解衰退和復甦的循環——經濟學家所稱的「商業周期」——我們需要先了解衡量現代經濟的工具。如果總統真的因馬蹄鐵意外昏迷而醒來，他很可能會先問一個數字：國內生產毛額（GDP），即代表一個經濟體中所有商品和服務的總價值。當新聞標題宣布某一年經濟增長了二・三％，指的就是GDP增長率，意思是這個國家比前一年多生產了二・三％的商品和服務。類似地，如果我們說公共教育促進了經濟成長，也是在說它提高了GDP成長的速度。如果有人詢問某個非洲國家在二〇一〇年是否比二〇〇〇年更好，我們的回答會從這十年間GDP的變化開始（儘管這肯定不是最終答案）。

我們真的能用生產的商品和服務數量來衡量我們的整體福祉嗎？可以，也不可以。先從「可以」開始說明，不過我們會在本章結束前，談到為什麼不行。GDP是個不錯的福祉指標，原因很簡單：我們的消費力受限於我們的生產能力——我們或是直接消費這些商品，或是用它們交換別的地方生產的商品。一個人均GDP一千美元的國家不可能達到人均兩萬美元的消費，那多出來一萬九千美元的商品和服務究竟從哪裡來呢？短期內，我們的消費可能會和生產不一致，就像家庭支出可能會暫時超過家庭收入一樣。然而，從長期來看，一個國家的生產與消費幾乎是相等的。

我必須說明兩個重點。首先，我們關心的是實際的ＧＤＰ，也就是經過通膨調整後的數據。相比之下，名目ＧＤＰ並未經過通膨調整，如果二〇一八年的名目ＧＤＰ上升一〇％，但通膨也是一〇％，那麼其實我們並沒有多生產任何東西，我們只是以更高的價格出售等量的商品，這不會讓我們過得更好。你的薪水也可能上漲一〇％，但你購買的所有商品價格也同樣上漲了一〇％。這在經濟學上就像是用一張十元紙鈔換十張一元紙鈔——皮包裡錢看來變多了，但你沒有變得更富有。我們將在下一章更深入探討通貨膨脹。目前，我們只需要理解，我們的生活水準取決於我們帶回家的商品及服務的數量，而不是收銀台顯示的價格。

其次，我們關心的是人均ＧＤＰ，也就是國家的ＧＤＰ除以其人口數。這個調整是必要的，以免得出極具誤導性的結論。印度的ＧＤＰ是九．四兆美元，而以色列的ＧＤＰ是三千一百六十億美元。哪個國家更富有？答案是以色列。印度人口超過十億人，而以色列只有八百萬；以色列的人均ＧＤＰ是三萬六千兩百美元，而印度只有七千兩百美元。同樣，如果一個國家的經濟在某一年增長三％，但人口成長五％，那麼人均ＧＤＰ將下跌。這代表國家生產了更多商品和服務，但增加的速度趕不上人口成長的步伐。

如果我們看美國的實際GDP，可以得出幾個結論。首先，按全球標準來看，美國經濟非常龐大，美國的GDP約為二十兆美元，中國是更大的經濟體（二十三兆美元），但它卻是相對貧窮的國家（人均GDP僅一萬六千六百美元）。美國不僅在人均標準，或是歷史標準上來看，都是非常富裕的。二〇一七年，美國人均GDP大約六萬美元，雖然低於瑞士、挪威和幾個擁有大量石油的小國家，但仍是世界上最富有的地區。美國的實際人均GDP是一九七〇年的兩倍多，是一九四〇年的五倍多。

換句話說，現在美國人的平均收入比一九四〇年高五倍。這是怎麼做到的？答案可以回到第五章：我們更有生產力了。一天的時間沒有變長，但我們在二十四小時內能做的事卻發生了劇變。達拉斯聯邦儲備銀行提出一種新穎的方法，來表達二十世紀的經濟進步：比較二〇〇〇年和一九〇〇年我們想購買基本商品需要工作的時間。正如達拉斯聯邦儲備銀行的官員所解釋的：「賺錢需要時間，因此我們購物時，實際上是花費了時間，真正的生活成本不是用金錢來衡量，而是以我們為了生活必須工作的分分秒秒來計算。」[1]

那麼，怎麼算呢？一九〇〇年，一隻絲襪的價格是二十五美分，當然，當時的平均時薪是十四．八美分，所以在二十世紀初，美國人想買一雙絲襪，平均要工作一小時四十一分鐘。如果你今天走進一家百貨公司，絲襪似乎比一九〇〇年更貴了，但實際上並不是。在二〇〇〇年，價格上漲了，但工資漲得更快。二〇〇〇年一雙絲襪價值四美元，美國人平均時薪是十三美元，因此，一雙絲襪平均只要工作十八分鐘，比一個世紀前的一小時四十一分鐘大大改善。

大多數商品在長時間的變化都呈現出相似的趨勢。如果你奶奶抱怨現在的雞肉比她小時候貴，那麼從技術上講，她是對的。一九一九年，三磅的雞肉是一．二三美元，到二〇〇九年已經漲到三．八六美元。但奶奶其實沒什麼可抱怨的。買雞肉的「工時」已經大幅減少，一九一九年，工人平均要花兩小時三十七分鐘，才能賺到足夠的錢買一隻雞（我猜想至少還要再加上四十五分鐘，才能賺到馬鈴薯泥的錢）。簡單來說，你可能要用一整個上午的時間工作，才能賺到一頓午餐的錢。現在「賺」一隻雞要花多少時間呢？只要十三分鐘。少打一通私人電話，你的周日晚餐就搞定了。如果再少上點網，或許你還可以請鄰居一起吃飯。

還記得在餐廳裡看到有人拿著手機講電話，覺得既新奇又令人印象深刻的感覺嗎？（好吧，那段時間並不長，但在一九八〇年代中期，擁有手機確實象徵某些地位。）難怪當時一台手機對普通美國人來說，「成本」是四百五十六個工時。大約三十年後，手機變得平凡、甚至惱人，因為幾乎人手一機，其原因是現在的「成本」只要九個工時，比二十年前便宜了九八%。

我們把這些物質上的進步視為理所當然，但我們不該如此。生活水準快速提升在歷史中並非常態。一九九五年因對總體經濟學的多項貢獻而獲得諾貝爾經濟學獎的小羅伯特．盧卡斯（Robert Lucas, Jr.）曾經指出，即使在最富有的國家，生活水準持續增長的現象也只有幾個世紀的歷史。其他經濟學家則認為，從西元五百年到一千五百年間，歐洲的人均GDP成長率基本上為零。[2]這也是那段時間稱為黑暗時代的原因。

我們也應該釐清，在二十一世紀初，按照全球標準，貧窮國家的定義是什麼。如我所說，印度的人均GDP為七千兩百美元，但它不僅僅是個數字，現代印度有超過十萬例韓森氏病例，它更廣為人知的名字是麻瘋病，這是種會攻擊人體組織和神經的傳染病，會留下可怕的疤痕，並導致四肢畸形。令人震驚的是，麻瘋病非常容易治療，如果早期發現，可以完全康復。治療麻瘋病需要多少錢？三美元的抗生素就能治療輕度病例；二十美元的三種抗生素療程可以治癒較嚴重的病例。世界衛生組織甚至提供免費藥物，但印度的醫療基礎設施不足，無法識別患者，並為他們提供所需的藥物。[3]因此，超過十萬名印度人因這種只需三美元就能治療的麻瘋病，遭受可怕的畸形影響。這就是人均GDP七千兩百美元的意義。

總的來說，GDP就像其他統計數字一樣，只是一個衡量指標。儘管花式滑冰和高爾夫採用了數字評分表現的方法，但我們將複雜的現象濃縮成單一數字仍然是困難的。

ＧＤＰ作為社會進步的衡量指標，有很多缺點。ＧＤＰ未列入任何未付費的經濟活動，例如家務事，煮晚餐、照顧小孩、收拾房子等事，都不會被算入國家的官方產出。然而，如果你點外賣，把小孩送去安親班，或是僱用清潔工，這些費用都會計入ＧＤＰ。ＧＤＰ也不會考慮環境惡化，如果一家公司大規模砍伐原始森林來製造紙張，紙張的價值會顯示在ＧＤＰ數字上，但消失的森林卻沒有任何相應的扣除額。

中國深刻體會到這一點。近幾十年來，中國的ＧＤＰ增長成為全球羨慕的對象，但它是以重大環境惡化為代價。全球二十五個污染最嚴重的城市，中國就占了十六個（大多數你可能從未聽過）。二〇〇四年，中國國家環境保護局開始計算「綠色ＧＤＰ」數字，旨在透過扣除環境損害成本，評估經濟成長的實際品質。使用這個指標的話，中國在二〇〇四年的ＧＤＰ成長率原為一〇％，但在考慮六百四十億美元的污染成本後，實際上成長率更接近七％。綠色ＧＤＰ的邏輯顯而易見，《華爾街日報》解釋：「儘管ＧＤＰ看的是一個國家每年生產的商品和服務的市場價值，它忽略了一個事實：一個國家可能以污染環境或以非永續方式消耗自然資源來推動增長。實際上，傳統的ＧＤＰ計算方法會讓破壞環境看起來對經濟有利，如果某行業在製造產品的過程中造成污染，政府花錢收拾爛攤子，這兩種活動都會增加ＧＤＰ。」[4]

傳統的ＧＤＰ計算方法沒有附帶任何價值判斷，無論是蓋監獄或清理自然災害後果的費用都會增加GDP，即使我們會更希望不要監獄，或沒有災害需要清理。GDP完全未計算閒暇時間，如果你和奶奶在公園裡度過美好的一天，對GDP毫無貢獻，甚至因為你請了一天假而讓GDP下降（當然，如果你帶奶奶去打保齡球或看電影，你花的錢就會算入GDP）。GDP不會考慮收入分配，人均GDP只是簡單的平均數，可能掩蓋貧富之間巨大差距。如果一個國家的少數人變得極為富有，而多數公民的收入穩定下降，人均GDP成長依然可能看來非常可觀。

聯合國創建了人類發展指數（Human Development Index，HDI），作為更全面的國家經濟健康指標。HDI的組成包含經濟產出、預期壽命、識字率和教育程度。根據二〇一六年的報告，美國排名第十；挪威位居榜首，隨後是澳洲和瑞士。HDI是評估開發中國家進步的好工具，但對於人民平均壽命、識字率和教育程度已經較高的富裕國家，HDI較無法反映整體福祉。

對GDP最大的批評或許在於，它無法準確衡量我們認為自己有多富足。經濟學對幸福的看法過於循環論證：我們做的事必須讓我們快樂，否則我們就不會做。相似地，變有錢一定會讓我們過得更好，因為我們可以擁有更多自己喜愛的事物。然而，調查結果卻顯示出另一種現象：更富有不一定更快樂。記得一九九〇年經濟強勁增長的時期嗎？它對我們的心理狀態似乎沒什麼幫助，事實上，從一九七〇年到一九九九年收入持續上升的同時，描述自己「非常快樂」的人卻從三六％下降到二九％。[5]經濟學家很晚才開始探討這一現象，而且他們都使用量化方式研究。例如，達特茅斯學院經濟學家大衛．布蘭奇洛爾（David Blanchflower）和和沃里克大學的安德魯．奧斯華（Andrew Oswald）分別發現，一段持久的婚姻相當於每年十萬美元的收入，因為已婚者自述的平均幸福感，和離婚（且未再婚）且年收入高十萬美元的個體是相同的。所以，在你今晚入睡前，一定要告訴你的配偶，除非代價超過十萬美元，否則你絕不會放棄他／她。

一些經濟學家直接研究幸福感，他們要求受試者每天記錄自己在不同時間做的事，以及事情帶來的感受。毫不意外地，「親密關係」在正向經驗中名列榜首，最後一名則是早晨通勤，比煮飯、做家務、晚間通勤等其他所有活動都低。[6]這些研究結果並非無關緊要，因為它能顯示出人們以為自己在追求快樂，其實效果不彰的方式（是的，這裡能看到行為經濟學家的影響）。例如，長距離通勤可能不值得它所帶來的回報（通常是更大的房子和更高的薪水）。通勤不僅令人不快，還常常伴隨著高昂的機會成本：少了與人社交、運動或放鬆的時間，這些活動的愉悅程度都非常高。同時，我們很快就會對過去曾渴望事物的好處變得麻木（就像習慣了熱水澡），而由經歷帶來的快樂（如家庭旅遊及其縈繞心頭的回憶）更具持久性。《經濟學人》對這些研究的建議做出總結：「一般來說，經濟品味仲裁者推薦『經驗』勝過商品，消遣娛樂勝過小擺設，行動勝過擁有。」[7]

如果GDP無法有效衡量經濟進步，我們為什麼不能想出更好的呢？

福德漢姆大學的社會科學教授馬克．米林霍夫（Marc Miringhoff）認為，我們可以。他提出，國家應有一份「社會成績單」[8]，社會健康指標將結合十六個社會指標，例如兒童貧困、嬰兒死亡率、犯罪率、醫療服務的可及性及可負擔的住房等。保守派作家兼評論員威廉．班奈特（William Bennett）同意其中一部分分析。我們的確需要一個比GDP更廣泛的進步衡量指標，但他反對自由派那些譁眾取寵的言論。班奈特提出「領先文化指標」，其中包括各種他認為重要的事情：非婚生子女數量、離婚率、藥物使用、教會團體參與度和對政府的信任度。

二〇〇八年，法國新任總統尼古拉．薩科吉（Nicolas Sarkozy）指示法國國家統計機構，開發衡量國家經濟健康狀況的指標，而且要納入比GDP更多的生活品質衡量標準。兩位著名的經濟學家，也是前諾貝爾獎得主約瑟夫．史迪格里茲和阿馬蒂亞．森，主持了一個由薩科吉召集的專家小組，探討一個看似矛盾的現象：GDP的增長似乎伴隨著人們對生活感到壓力更加重重和困難的看法，而非減少。薩科吉希望有個衡量指標，能同時反映藝術和休閒的快樂，以及環境破壞和壓力的痛苦。[9]衡量這些人類狀況元素的行為是高尚的，但只用一個數字表現？《華爾街日報》評論：「如果史迪格里茲先生和森先生能將這些精神層面的事物用數字表達出來，值得為他們喝彩，但還是別抱太大希望。」最終，他們沒能做到。二〇〇九年，法國統計局負責人拒絕採用更廣泛的經濟福祉衡量指標，並表示這樣的指標過於緩慢、昂貴且複雜，尤其是法國正嘗試理解並應對全球金融危機。他在記者會上表示：「我們會繼續以GDP作為經濟活動的衡量指標，在整體經濟危機的當下，我們需要一個能精確捕捉市場活動波動的指標。」[10]

所以，你開始看到問題所在了。任何經濟進步的衡量指標都取決於你如何定義進步。GDP只是個加總數字，它本身也有其意義，在其他條件相同的情況下，一個國家生產越多商品和服務越好。當GDP變為負數時，損害是真實的：失業、企業倒閉、生產能力閒置。但為什麼我們要經歷這一切呢？為什麼一個現代經濟體會從前進變成後退呢？如果我們能生產並消費二十兆美元的商品和服務，並讓大多數美國人因此有工作，為什麼隔年卻有一堆人失業，生產減少五%呢？

最好的答案是：衰退就像戰爭一樣，如果我們能防止它出現，我們一定會這麼做。每次衰退都與上次略有不同，這讓防範變得困難（決策者可能多次成功防止戰爭和衰退出現；只有他們失敗時，我們才會注意到）。一般來說，衰退源於某些經濟衝擊，也就是有不好的事發生了，可能是股市或房地產泡沫化（如一九二九年和二〇〇七年的美國、一九八九年的日本）；油價急劇上漲（如一九七三年的美國）；甚至是聯邦準備制度蓄意讓過熱的經濟降溫（如一九八〇年和一九九〇年的美國）。在開發中國家，衝擊可能來自該經濟高度依賴的某種商品價格突然下跌。顯然，這些原因可能是多重的。二〇〇一年開始的美國經濟放緩，根源在於「科技崩盤」，對科技的過度投資最終導致網路泡沫的破裂，這場困難又因二〇〇一年九一一恐怖攻擊及其後果而雪上加霜。

無論原因是什麼，衰退最令人著迷的一點是它們的蔓延方式。先用一個簡單的例子開始說明，然後再來討論二〇〇七年的「經濟大衰退」。你或許沒注意到，但大約在二〇〇一年，咖啡豆的價格從每百磅一百五十美元跌至五十美元。[11]雖然這次下跌可能讓你的星巴克拿鐵變得便宜一點，但作為主要咖啡生產地的中美洲卻受到重創。《紐約時報》報導：

> （咖啡）市場的崩潰引發整個地區的連鎖反應。城鎮的稅收下降，被迫削減公共服務並裁員，農場縮小規模或關閉，讓當地數千名最弱勢的群體失去收入，沒錢買食物、衣物或支付租金。許多小農場因欠下銀行和咖啡加工商的債

務，被迫停止運作，有些甚至面臨失去土地的危險。

無論你住在中美洲還是聖塔莫尼卡，別人的經濟困境也會很快成為你的問題。二〇〇七年的經濟衰退（二〇〇八年爆發成金融危機）是近年來最令人恐怖的一次。在這種情況下，經濟「衝擊」源於股票和房市的急劇下跌，這兩種情況都讓美國家庭變得更加貧困。歐巴馬總統經濟顧問委員會主席，克里斯蒂娜・羅默（Christina Romer）估計，二〇〇七年十二月至二〇〇八年十二月期間，美國家庭財富下降了一七％，是一九二九年下降幅度的五倍（當時擁有股票或房屋的家庭較少）。[12]當消費者收入受到衝擊時，他們會減少支出，從而擴大經濟損害。這是個有趣的悖論：我們對經濟不穩定時期的自然（且理性）反應變得更加謹慎消費，這反而使得我們的整體情況更糟。因經濟衝擊造成的信心喪失可能比衝擊本身更嚴重，我的節儉——如決定減少廣告預算，或選擇明年再買車——可能會讓你失業，進而又傷害到我的生意！事實上，如果我們都認為經濟會變得更糟，那麼它就真的會變糟。如果我們都相信它會變好，它就會變好。我們的行為——花錢或不花錢——受制於我們的期望，而那些期望很快會變成自我實現的預言。富蘭克林・德拉諾・羅斯福曾警告，我們「唯一需要害怕的就是恐懼本身」，這不僅體現了優秀的領導力，也符合良好的經濟學原則。同樣，魯迪・朱利安尼（Rudy Giuliani）在世貿中心襲擊事件後幾周，敦促紐約人外出進行假日購物，這話聽起來其實沒那麼古怪，消費可以產生信心，從而產生促成經濟復甦的消費。

不幸的是，始於二〇〇七年的經濟大衰退，還透過其他可怕且劇烈的方式擴散了經濟損害。許多美國家庭「過度槓桿化」，也就是他們借了遠超過自己能承擔的金額。房地產繁榮促使人們購買越來越大的房子，並承擔越來越多貸款；與此同時，頭期款（買方為獲得貸款而必須支付的自有資金）相對於借款額而言越來越小。次級房貸（必須承認這是一種金融創新）使原本信用不良的人更容易借到錢，並讓其他人能以特別激進的方式借錢（例如，根本沒有頭期款）。當房價上漲時，一切都能運作良好；那些無法按時繳貸款的人，總是能賣房來償還。然而，當房地產泡沫破裂時，問題變成了災難。槓桿率過高的美國家庭發現他們無法負擔貸款，房子也賣不掉，數百萬間房屋和公寓被擁有抵押貸款的銀行或金融機構收回。當這些房產被拋售到市場上時，價格再次下跌，加劇了所有房地產相關的問題。

然而，更可怕的情況還在後頭。美國的貸款問題透過兩個相關管道蔓延到金融業。首先，銀行充斥著大量不良房地產貸款，讓它們無力也不願提供新的貸款，即使是有良好信用、頭期款充足的買房者都申請不到貸款（可想而知進一步加劇了房地產問題）。同時，華爾街投資銀行和對沖基金累積了大量房地產衍生品，例如與房地產市場崩跌息息相關的不動產抵押貸款證券等複雜產品。這些機構就像美國的家庭一樣，也借了大量資金來進行這些投資，因此他們也面臨還款壓力。許多債務是由第七章所述的「信用違約交換協議」擔保，這也對承擔此風險的公司造成嚴重衝擊。

二〇〇八年秋天的一段時間，華爾街乃至全球金融體系看來似乎快崩潰了。最嚴重的時刻出現在投資銀行雷曼兄弟認清自己無法償還短期債務——這意味如果沒有外部資金挹注，公司將不得不宣布破產。美國財政部和聯準會無法、也不願拯救雷曼兄弟（那年較早時，他們安排摩根大通收購，拯救了另一個陷入困境的投資銀行，貝爾斯登）。雷曼兄弟宣佈破產時，所有債權人都陷入困境，全球金融體系基本上陷入癱瘓。財政部一位官員在《紐約客》中描述了恐慌的連鎖反應：「雷曼兄弟導致儲備基金的崩潰，進而造成貨幣市場的恐慌，使貨幣市場基金不再購買商業票據（例如向通用電氣這類公司提供短期貸款），商業票據市場瀕臨崩潰。此時，銀行系統停止運作。」[13]

理智的人開始討論如何在後院養山羊以求生存（好吧，是我在這麼想）。我的大學室友，後來成為一家大公司的執行長，坦承曾將一萬美元藏在衣櫃裡一雙牛仔靴裡（我當時疑惑的是他為什麼有牛仔靴）。我們並不孤單，《紐約客》的詹姆士．史都華（James

Stewart）寫了一篇精彩的文章，描述雷曼兄弟破產及其帶來的所有損害，以下節錄一段：

蓋特納（Geithner，當時紐約聯邦準備銀行總裁）說：「很難描述當時的情況有多糟糕，感覺有多難過。」他接到一位「金融界巨頭」的電話，對方表示擔心，但情況還行，不過他的聲音在顫抖。掛斷電話後，蓋特納立即回撥給那個人，說：「不要再打給其他人了，如果別人聽到你的聲音，他們會嚇死的。」

你不必喜歡投資銀行家，卻仍需要關心這一切（並理解為何聯邦政府需要阻止華爾街的恐慌）。一旦金融體系癱瘓，沒人可以獲得信貸。到那時，即使是健康的公司也會變得不健康，因為他們無法獲得貸款來進行必要的商業活動，例如購買庫存。金融危機的損害蔓延到美國社會的每個角落，在二〇〇九年，女童軍餅乾的預訂銷售額比前年下降了一九%。[14]同時，南加州製作的成人影片數量從每年五、六千部，下降到三、四千部。《經濟學人》報導色情片減少對總體經濟的影響：「有些公司因此倒閉，其他公司則合併或勉強生存。」對於聖弗南多山谷的一千兩百名活躍演員來說，這表示拍攝工作減少，生活越來越困難……對每個表演者而言，背後都有很多支持人員，從音效技術、餐飲到服裝都是，一位成人電影業發言人杜克女士說，「這種情況對山谷的經濟整體影響很大。」[15]

經濟衰退可以迅速跨越國界。如果美國經濟疲弱，我們向國外購買的商品就會減少，很快地，超過八成出口至美國的墨西哥便會受到影響。在商業和體育中都一樣，競爭對手的不幸可能變成你的機會。在全球層面，情況則正好相反。**如果其他強大的經濟體陷入衰退，它們會停止購買我們的商品和服務，反之亦然**。想想看：如果日本或德國的失業率加倍，你究竟會如何因此受益？在金融危機期間，華爾街的問題很快蔓延到其他國家，美國作為全球最大的消費者，他們購買的進口商品減少，便會損害全球的出口經濟。美國的GDP在二〇〇八年第四季縮水了五．四%，你以為這樣就叫糟糕？新加坡經濟在同一季度以年率一六%的速度下滑，日本則下滑了一二%。[16]

事情如何才能好轉？通常有些潛在問題需要解決。例如，在「科技崩盤」的情況下，我們大規模過度投資網路業和相關科技，有些公司破產了，其他公司削減了資訊科技的支出。資源重新分配後，離開矽谷的搬家貨車比進來的多。或者，在能源價格上漲的情況下，我們重新組織經濟，以應對油價每桶一百美元，而不是十美元的世界。在金融危機前，消費者和企業借了太多錢、投資者建造了本不應建造的房屋、華爾街在交易有限價值的產品上獲得暴利。這些事情開始（痛苦地）自行修復。經濟衰退實際上可能對長期成長有好處，因為它們可以清除經濟中生產力較低的企業，就像寒冬有利於物種的長期健康一樣（雖然不一定有利於那些凍死的動物）。

景氣循環會對人類造成損害，從頭條新聞中的大規模裁員報導中可見一斑。人們越來越期望政策制定者能讓景氣循環變得平穩；經濟學家應該告訴他們如何達成這個目標。政府有兩個工具：財政政策和貨幣政策。兩項政策的目標都是一致的：鼓勵消費者和企業重新開始花錢和投資，從而讓經濟產能不再閒置。

財政政策利用政府的稅收和支出能力作為槓桿，推動經濟從衰退走回增長。如果緊張的消費者不消費，那麼政府為他們消費，這可以創造一個良性循環。當消費者坐在家中，將錢包牢牢放在床墊下時，政府可以開始造橋鋪路，建築工人重新開始工作，他們的公司開始訂購材料，水泥廠也會召回閒置的工人。隨著世界開始看起來更加美好，我們又覺得可以安心進行大筆消費。我們之前描述的周期開始反向運作，這就是二〇〇九年《美國復甦與再投資法》（American Recovery and Reinvestment Act）的邏輯，該法案是歐巴馬政府的第一項重大立法，該法案授權超過五千億美元的聯邦支出，用於從擴大失業救濟金到重新鋪設我家旁邊主幹道的各種計畫（路邊有個大標誌說明錢是從哪裡來的）。

政府還可以透過減稅來刺激經濟，《美國復甦與再投資法》也做到了這一點，最終的法案中包括近三千億美元的各種減稅和抵免額。經濟學的邏輯是，消費者在月底發現薪水變多了，會決定花掉其中一部分。同樣，這種支出有助於扭轉衰退的困局，減稅帶來的消費將使更多工人重新就業，從而激發出更多消費和信心，依此類推。

政府可以利用財政政策（包括支出、減稅或兩者兼施），來「精細調控」經濟，這是約翰．梅納德．凱因斯的核心見解。這個想法並沒有錯，多數經濟學家都會承認，理論上，政府擁有可以穩定景氣循環的工具。問題在於，財政政策不是在理論中制定的，而是在國會中制定的。要讓財政政策成為經濟衰退的有效解藥，必須滿足以下三個條件：一、國會和總統必須同意一項包含適當對策的計畫；二、他們必須及時通過該計畫；三、該計畫必須迅速生效。能滿足這三個條件的可能性微乎其微。**值得注意的是，在大多數戰後的經濟衰退中，國會往往直到衰退結束後，才通過相關立法。**舉一個特別離譜的例子，在一九七七年五月，國會還在審理應對經濟衰退的法案，而那場衰退早在一九七五年三月就結束了。[17]二〇〇一至二〇〇二年一場相對輕微的衰退結束時，《紐約時報》的標題寫道：〈聯準會主席認為衰退已結束；眾議會通過復甦法案〉。這可不是我編出來的。

歐巴馬的刺激方案呢？《美國復甦與再投資法》看似及時，但實際上大部分資金並沒有立刻投入使用（儘管單純宣布即將有大量支出，也可能產生心理效應，從而帶來經濟效益）。批評者認為，這項龐大的經濟干預計畫把借來的政府資金揮霍在各種匪夷所思的計畫上，其中一些相當荒謬，且大幅增加國家債務。而刺激方案的支持者，例如歐巴馬經濟顧問委員會主席克里斯蒂娜・羅默，認為七千八百七十億美元的刺激方案讓實際GDP成長了二到三個百分點，並挽救了一百萬個工作。[18]從我的觀點來看，雙方都是對的。當時我在競選國會議員，所以我的看法都會列入公共紀錄（雖然很少有人關注）。經濟陷入了危險的惡性循環——斷贖導致銀行問題，銀行問題導致裁員，裁員又進一步加劇斷贖問題。我常說：「一個糟糕的刺激方案總比沒有刺激方案好，而我們得到的就是個糟糕的刺激方案。」政府需要採取行動來打破這個循環（部分原因是貨幣政策未能奏效，稍後會解釋），我更希望政府將更多支出集中在基礎設施和人力資本投資，以提高國家的長期生產能力。我同意政府債務上升是一個問題，我們將在第十一章深入討論。不過，考慮到本章前面提到的金融恐慌，以及壞經濟事件會引發更多壞經濟事件，可以合理地說，即使只是花錢讓人挖坑再填坑，也可能比什麼都不做更好。

政府的第二項工具是貨幣政策，它的影響速度比你讀完這段文字還要快。聯準會主席只需一通電話就可以調高或降低短期利率，無需與國會討論還價，不用等好幾年才能實施減稅。因此，現在經濟學家普遍認為，正常的景氣循環最好用貨幣政策來管理。下一章將專門探討聯邦準備制度運作的神祕機制。目前只需要知道，降低利率能讓消費者以較低的價格購房、買車和其他大額商品，企業也能更便宜地投資新工廠和設備。聯準會提供的便宜資金再次打開了人們的錢包。

然而，在二〇〇七年「經濟大衰退」最嚴重的時候，聯準會無法讓錢變得更便宜了，它已經將短期利率降低到趨近於零，但消費者和商業還是不願借錢或花錢（而且不健康的銀行也處於無法放貸的窘境）。此時，貨幣政策已經無能為力，正如凱因斯所描述的，就像「推動濕麵條」一樣無法達到效果。這也解釋了為何在這種情況下需要轉向財政刺激方案。

我在本章前面承認，GDP不是衡量經濟進步的唯一標準。我們的經濟由數億人組成，這些人處於不同程度的幸福或不幸福狀態，如果某個總統從馬蹄鐵事故中醒來，他會需要一系列經濟指標，就像急診室醫生會詢問病患的生命徵象（至少影集裡的醫生是這麼做的）。如果你要了解地球上任何經濟體的生命徵象，那麼除了GDP外，政策制定者還會先關注以下這些經濟指標。

失業率。我母親沒有工作，但她不算失業。怎麼說呢？這不是什麼奇怪的邏輯謎題，失業率是那些想工作、但找不到工作的勞工比例（我母親已經退休，且不想工作）。美國的失業率在一九九〇年代經濟繁榮的高峰期，曾降至四％以下。在金融危機時期，曾攀升至一〇％。即便如此，真正失業人數仍可能被低估了。當美國人放棄找工作時，他們就不再被計入失業人口，而是成為「灰心的勞工」。經過幾年的經濟復甦，目前失業率又回到約四％。

任何關心失業問題的人，也應關心經濟成長。根據經濟學家亞瑟・奧肯（Arthur Okun）的研究（後被稱為奧肯定律），每年GDP成長三％，失業率將保持不變，成長率更快或更慢都會使失業率上下浮動，每當GDP變化一個百分點，失業率就會相應變動半個百分點。因此，GDP成長四％將使失業率下降〇・五％，而GDP成長率若只有二％，失業率會上升〇・五％。這個關係並非鐵律；而是描述了奧肯先生研究一九三〇年至一九八〇年間美國GDP成長率和失業率之間的關係。

貧窮。即使在最好的時光，開車穿越芝加哥的住宅區就足以證明不是每個人都能參與這場派對。但是，有多少美國人生活在貧窮中呢？「貧窮」到底是什麼意思？在一九六〇年代，美國政府創立了貧窮線，定義購買基本生活必需品所需的最低收入。經過通膨調整後，貧窮線仍是美國用來區分貧窮與非貧窮的統計門檻。舉例來說，目前單身成人的貧窮線為一萬兩千七百五十二美元；兩個成人和兩個兒童的家庭貧窮線為兩萬四千八百五十八美元。

貧窮率是指收入低於貧窮線的美國人比例。大約一三％的美國人處於貧窮狀態，這和一九七〇年代的情況差不多，貧窮率在一九八〇年代穩定上升，一九九〇年代稍有下降。在金融危機期間，貧窮率升至一五％，隨著經濟復甦又下降。整體的貧窮率掩蓋了一些驚人的數據：大約五分之一的美國兒童處於貧窮狀態，而黑人兒童的貧窮率更高達三五％。唯一值得驕傲的成功是老年人的貧窮問題，從一九六〇年代的三〇％降至不到一〇％，這主要歸功於社會安全保險的實施。

收入不平等。我們關心蛋糕的大小，我們也關心怎麼分配這塊蛋糕。經濟學家有一種工具，可以將收入不平等濃縮成一個數字：基尼係數（Gini index）。[*1]在這個指標中，零代表完全平等，即每個人都賺一樣多錢；一百分則代表完全不平等，即所有收入都集中在一個人身上。世界各國的收入不平等可以依據這個指標排列，在二〇〇七年，美國的基尼係數為四十五、法國二十八、瑞典二十三、巴西五十七。根據這個指數，美

---

*1　基尼係數的計算方法是將國內的個人收入從低到高排序，然後畫出勞倫茲曲線，該曲線表示個人收入累積百分比和人口累積百分比的關係。完全平等的情況下，這條區線將呈四十五度。勞倫茲曲線和對角線構成的面積，除以整個三角形面積的比值，就是基尼係數。

國的收入不平等在過去幾十年中有所增加，一九八〇年的基尼系統為三十六．五，而一九五〇年是三十七．九。

政府規模。如果我們要抱怨「大政府」，那至少應該了解這個政府究竟有多大。衡量政府規模有個相對簡單的方式，即所有政府支出（包括地方、州和聯邦的支出）占GDP的比例。美國的政府支出歷年來約占GDP的三〇％，在已開發國家中偏低。金融危機時，政府支出比例有所上升，這是因為刺激方案推高了政府支出（分子），而GDP縮水（分母）。英國的政府支出約占GDP的四〇％，日本超過四五％，法國和瑞典則超過五〇％。另一方面，美國是唯一一個未由政府負擔大部分醫療費用的已開發國家。美國的政府規模較小，但提供的服務也較少。

預算赤字／盈餘。這個概念很簡單：當政府支出超過收入時，會出現預算赤字；反之，則為預算盈餘。但更有趣的問題是，赤字或盈餘究竟是好是壞。與會計師不同，經濟學家不堅持預算平衡，相反，經濟學家更偏向於認為，政府應該在經濟繁榮時期實現適度盈餘，在經濟困難時則允許適度赤字，預算只需在長期內達到平衡即可。

原因如下：如果經濟陷入衰退，稅收收入將下降，而失業保險等計畫支出將上升，這很可能導致赤字，也可能會促進經濟復甦。在經濟衰退期間提高稅收或削減支出，幾乎一定會讓情況變得更糟。赫伯特．胡佛在面對經濟大蕭條期間，堅持實現預算平衡，被認為是史上最嚴重的政策失誤。在景氣好時，情況正好相反：稅收收入增加，某些類型支出下降，從而形成盈餘，就像一九九〇年代末的情況（我們也看到，當經濟惡化時盈餘迅速消失的情況）。總之，只要與景氣循環一致，適度的赤字和盈餘並無不妥。

然而，我要提出兩個警告。第一，如果政府出現赤字，就必須透過借款來彌補差額。在美國的情況下，會發行國債，國債是赤字累積的結果。大約從二〇〇一年開始，美國的支出持續超過收入，這種情況逐漸累積，美國國債從二〇〇一年占GDP三三%的低點，預計在二〇四七年將攀升至一五〇%。這令人憂慮，因為美國經濟現在已接近完全復甦，但政府仍出現大規模赤字。在經濟強勁時期，財政狀況應該改善，而不是逐步惡化。如果債務變得過於龐大，投資者可能會對借錢給政府感到猶豫。

第二，世界的資本是有限的；政府借得越多，留給其他人的就越少。大規模的預算赤字可能會透過提高實際利率來「排擠」私人投資。一九九〇年代，美國的大規模預算赤字暫時消失後，一個明顯的好處就是長期實際利率下降，讓我們借錢的成本降低了。

經常帳盈餘／赤字。美國在二〇一七年的經常帳赤字約為四千七百億美元，占GDP約二．四%。是否該去超市囤積罐頭和瓶裝水了？或許吧。經常帳餘額可以是赤字或盈餘，它反映的是我們從世界其他地方賺取的收入，和其他國家從我們這裡賺取收入之間的差額。大部分收入來自商品和服務的貿易，因此，我們的貿易差額（也可能是盈餘或赤字）是經常帳中最大的組成部分。[*2]如果我們和世界其他國家的存在貿易赤字，那麼我們的經常帳也幾乎總是赤字（對純粹主義者來說，美國的經常帳還包括美國持有外國股票所獲得的股息、在海外工作的美國人匯回的款項，以及其他來自海外的收入來源）。

當經常帳出現赤字時，通常是因為一個國家的出口不足以「支付」所有的進口。換句話說，如果我們出口五百億美元的商品，進口一千億美元，我們的貿易夥伴會希望有其他方式來交換額外的五百億美元商品。我們可以動用儲蓄、向他們借錢來填補差額，或將股票或債券等資產賣給他們。作為一個國家，當消費多於生產，就必須以某種方式支付這個差額。

奇怪的是，這可以是好事，也可以是壞事，或是介於兩者之間。正如《紐約時報》頭條所指出的：〈川普痛恨貿易赤字，但大多數經濟學家不會〉。[19]美國建國的前一百年，經常有大規模的經常帳赤字，美國向海外大量借貸，以便進口商品和服務，來建立工業能力。這是一件好事。事實上，經常帳赤字可以是國力的象徵，因為資金會流入那些被認為未來成長潛力被看好的國家。另一方面，如果一個國家僅僅是進口多於出口，卻沒有進行能提高未來產出的投資，就會出現問題，就像你浪費了十萬美元的就學貸款，卻沒有拿到學位一樣麻煩。你現在必須償還借款，還有利息，但你並未增加未來的收入能力。唯一償還貸款的方式就是削減未來的消費，這是一個痛苦的過程。出現大規模經常帳赤字的國家不一定面臨財務危機；但反過來說，陷入財務危機的國家通常都伴隨大規模的經常帳赤字。

國家儲蓄。我們每個人都會為自身需求存錢，如大學、退休等等。企業也會透過保留利潤，而非分配給股東來存錢。這些私人儲蓄決策，還有政府決定採取赤字或盈餘的決策，會對我們的經濟產生深遠的影響。原因很簡單，儲蓄是資金投資的必要條件，而投資會提高我們社會的生產力。如果你將收入的一〇%放進銀行，那這筆錢將在這個國家某個地方用於建設工廠或資助大學教育。如果美國人全都不把錢存入銀行，那我們就必須放棄重要的投資，或向國外借款。同樣，這取決於外國投資者是否願意以合理的利率借出資金，而在經濟不穩定的情況下，這種情況可能不成立。長期來看，一個國家的投資率與國內儲蓄率通常有顯著的相關性。

美國的國民儲蓄率講述了一個警示性的故事。個人儲蓄率從一九六〇年代和一九七

---

*2 川普總統經常因忽略服務貿易，而誇大了美國的貿易赤字。美國在商品貿易上常出現赤字，但服務貿易上出現盈餘。因此，忽略服務貿易會使整體貿易赤字看來比實際情況嚴重。

〇年代的九%以上，穩步下降到一九八〇年代的六%，一九九〇年代中期跌至五%以下，到一九九〇年代末幾乎為零。[20] 二〇〇七年經濟衰退爆發後，個人儲蓄率才再次上升。政府（無論是聯邦政府或各州政府）長期以來一直在運行赤字，即「負儲蓄」，美國企業是唯一仍在儲蓄的部門，直到經濟衰退迫使家庭開始儲蓄。美國可以並已經向海外借錢，來資助國家投資，但這是有代價的。沒有人會無條件貸款，向國外借款意味著我們必須支付一些投資報酬給國外的貸款人。任何高度依賴外國貸方的國家，都必須擔心在經濟困難時，國際投資者可能會因恐慌而迅速撤資。

人口結構。美國人越來越老。正如經濟學家保羅．克魯曼所指出的，未來美國的人口年齡分布將開始像佛羅里達州一樣，這對生產沙壺球設備的公司來說是好事，對政府財政卻不是好消息。大部分的政府福利，尤其是社會安全保險和老人醫療照護保險，主要受益對象都是退休的美國人，而這些計畫的資金來自向還在工作的年輕美國人徵收所得稅。如果年輕美國人和老年美國人的比例發生變化，那麼像社會安全保險和老人醫療照護保險這類計畫的財政健康狀況也將開始改變。

事實上，我們可以用接下來的兩段話解釋人口結構的重要性，同時解決社會安全保險的問題。社會安全保險是一個「現支現付」（Pay-as-you-go）的計畫，美國勞工繳納社會安全保險（薪水單上最大筆的ＦＩＣＡ扣除額），這筆錢不會像私人養老金那樣投資到別的地方，以便你在二、三十年後提取，而是用來支付現在的退休金，直接把年輕彼得的錢轉給年長的保羅。這個計畫就像一個巨大的金字塔結構，就像任何好的金字塔計畫一樣，只要底層有足夠多的勞工繼續支付頂層的退休人員，這一切就能正常運轉。

問題就在於此。美國人生育的孩子越來越少，壽命卻越來越長。這種變化代表每位退休人員所對應的勞工數大大減少。一九六〇年，每位退休人員對應五位勞工；如今，每個退休人員背後只有不到三個勞工，到二〇三二年，這個數字將變成兩位。可以將社會安全保險（或老人醫療照護保險）想像成一個翹翹板，一邊是支付資金的勞工，另一邊是收取福利的退休人員，只要兩邊平衡，這個計畫就是可持續的。當一邊勞工的數量減少，而另一邊退休人員的數量增加，翹翹板開始傾斜。理論上，解決這個問題很簡單，我們可以從現有勞工那裡多收點錢，提高所得稅率，或是讓他們更有生產力並提升收入（從而同樣的稅率能產生更多收入），或是我們可以減少給退休人員的福利，例如削減福利金，或是提高退休年齡。這就是這個問題的簡單經濟核心。當然，如果你認為這些解決方案在政治上是可行的，請再回頭重讀第八章。

全國總幸福感。由你來決定怎麼算吧，目前還沒有量化數字可以衡量這個指標。

一位在底特律工作的汽車工人，在職業生涯中經歷反覆裁員又被召回的過程，他可能會提出一個簡單的問題：我們在這方面有進步嗎？答案是，有的。美國自二次世界大戰後，經歷過十一場經濟衰退，[21]但包括二〇〇八年金融危機，沒有一次能與經濟大蕭條比較。從一九二九年到一九三三年，實際GDP下降了三〇%，失業率從三%飆升至二五%。相比之下，金融危機時GDP下降五%，失業率最高則達到一〇%。在大蕭條前，美國經常遭遇深度衰退，包括金融恐慌，其嚴重程度遠超我們這一代人的經歷。[22]雖然我們無法消除經濟中的起伏，但它們的波動已經變小了。

我們也可以說，從過去的經濟衰退，尤其是大蕭條中學到的經驗，幫助我們在這次危機中制定更好的政策。金融危機期間的聯準會主席班·柏南奇（曾是普林斯頓大學教授），以及曾任歐巴馬政府經濟顧問委員會主席的克里斯蒂娜·羅默，都是研究經濟大蕭條的專家。可以確信的是，五十年後，經濟學家仍將辯論在這場衰退及隨後的金融危機中，應該做和不應該做的事。然而，即使是最嚴厲的批評者也應該承認，布希政府末期和歐巴馬政府初期的官員避免了一九三〇年代最嚴重的錯誤——當時聯邦準備制度在面對經濟大蕭條時提高利率，國會也加稅，將貨幣政策和財政政策推向錯誤的方向。

避免做出完全錯誤的決定，確實值得肯定。我猜測，歷史將會認為這次政策制定者的表現甚至更出色。

第十章

聯邦準備制度：為何你口袋裡的紙鈔價值超過一張紙

有時候，簡單的陳述能發出響亮的聲音。二〇〇一年九月十一日，在美國遭遇恐怖襲擊後的數小時內，美國聯邦準備制度發表了以下聲明：「聯邦準備制度正常開放並運行，貼現窗口（編按：Discount Window，央行向金融機構提供短期融資的貨幣政策工具，用以應對短期的流動性短缺問題）隨時可以滿足流動性需求。」

簡潔而技術性的兩句話對全球市場產生了安撫作用。隨後的星期一，當美國的市場在襲擊後首次開盤時，聯邦準備制度將利率下調〇．五%，這一行為進一步減輕了恐怖襲擊對金融和經濟的影響。

為何如此無法說服人的兩句話能對全球最大的經濟體，甚至對整個世界經濟產生如此深遠的影響呢？

美國聯邦準備制度比世界上其他機構都更能直接影響全球經濟，在二〇〇七年開始爆發的經濟危機期間，聯邦準備制度利用一切手段，甚至獲得了新的工具，將金融系統從恐慌邊緣拯救回來。在那之後，有些人批評聯準會及危機期間的主席班．柏南奇，認為他們做得太多；有些人則批評聯準會做得太少。但每個人都認同，聯準會所做的事至關重要。

聯邦準備制度，作為一個不直接對選民負責的機構，其權力來自何處？這種權力又如何影響美國人的日常生活？這些問題的答案是相同的：聯邦準備制度控制貨幣供應，因此也控制著經濟的貸款閥門。當閥門大開時，利率下降，我們能更自由地購買需要借錢才能得到的東西——例如新車，或是蓋新的工廠。因此，聯準會可以利用貨幣政策來對抗經濟衰退（或避免其發生），它也可以在突發事件後（如一九八七年的股市崩盤、九一一恐怖襲擊或美國房地產泡沫破裂），向金融系統注入資金，防止消費者和企業因恐慌而停止消費。或者，聯準會可以透過提高利率來收緊閥門。當借款成本增加，我們的消費會減少。這是一種強大的權力，保羅．克魯曼曾寫道：「如果你想要一個簡單的模型來預測未來幾年美國的失業率，答案就是：它會是葛林斯潘（當時的聯準會主席）想要的樣子，再加上一些隨機誤差，因為畢竟他不是上帝。」現在，這同樣適用於現任主席傑洛姆．鮑爾（Jerome Powell）。

上帝不需委員會管理；傑洛姆．鮑爾要。聯邦準備制度由分布全國的十二家聯邦準備銀行組成，還有一個位於華盛頓的七人理事會。鮑爾是理事會主席，也就是聯準會主席。聯邦準備制度負責監管商業銀行，支持銀行基礎設施，並讓金融體系順利運行。這些工作需要能力，而不是天賦或遠見。然而，聯準會的另一項職責——貨幣政策，則有所不同，它可以說是經濟領域的腦外科手術。經濟學家對聯邦準備制度如何管理貨幣供應並未有一致的想法，甚至對貨幣供應如何及為何產生影響也存有分歧。然而，經濟學家確實同意，有效的貨幣政策至關重要，聯準會必須為經濟注入恰到好處的信貸，以保持經濟穩定成長。管理失當可能會帶來災難性結果。一九九九年諾貝爾獎得主勞勃・孟岱爾（Robert Mundell）曾指出，一九二〇年代和一九三〇年代的失敗貨幣政策導致了慢性通貨緊縮，進而使世界變得不穩定。他曾寫道：「如果一九二〇年代晚期提高黃金價格，或是主要中央銀行選擇穩定物價的政策，而不是堅守金本位制度，就不會有大蕭條、納粹革命和第二次世界大戰。」[1]

這份工作看似並不複雜，如果聯準會能透過降低利率，讓經濟成長加速，那麼理論上利率越低越好。事實上，為什麼經濟成長速度要有上限呢？如果將利率從七％降到五％，可以讓我們更自由地花錢，為什麼不繼續降呢？如果還有人沒有工作，還有人沒新車，那我們就把利率降到三％，甚至一％吧。人人都有新錢可用！可惜的是，任何經濟的成長速度都有限制。如果低利率，或所謂的「寬鬆貨幣」，使消費者對新型吉普車的需求比去年多了五％，那麼克萊斯勒公司就必須將生產擴大五％。這代表需要僱用更多工人，購買更多鋼鐵、玻璃、電子元件等，然而，到了某個時間點，克萊斯勒將難以或無法找到這些新增的生產材料，尤其是合格的工人。到那時，公司做不出足夠的新車，無法滿足消費者需求；只能開始提高價格。同時，汽車工人注意到克萊斯勒對勞工的迫切需求，工會就會要求更高的工資。

故事還未結束。類似的情況將在整個經濟體中發生，不僅僅是克萊斯勒。如果利率極低，企業會借貸投資新的電腦系統和軟體、消費者會拿出信用卡購買大螢幕電視和加勒比海郵輪之旅，但這一切都有極限。當郵輪已經客滿，蘋果也賣出所有能生產的電腦時，這些企業將同樣提高價格（當需求超過供應時，企業可以收取更高的價格，卻依然能賣光所有商品或郵輪名額）。簡而言之，聯準會的「寬鬆貨幣」政策可能會導致消費者的需求超過經濟能生產的總量。唯一能配給這種超額需求的方式，就是提高價格。結果便是通貨膨脹。

吉普車的價格上漲了，但沒有任何人因此變得更好。的確，克萊斯勒賺了更多的錢，但他們也支付更多錢給供應商和工人。那些工人雖然拿到更多工資，但他們也要為基本需求支付更高的價格。四處的數字都在變動，但我們經濟的生產力和衡量我們福祉的實際GDP卻遭遇了瓶頸。通膨循環一旦開始，就很難打破。各地的企業和工人開始預期價格會持續上漲，而這種預期又反過來推動價格上漲。這就是一九七〇年代的情況。

經濟在不引發通膨的情況下能成長的速度，可以合理地看作一種「速度限制」。畢竟，一個國家能夠增加生產總量的方式屈指可數。我們可以延長工時，可以透過降低失業率或增加移民產生新的勞動力（但要注意新進勞動力未必具備需要的技能）。我們可以增加機器和其他類型的資本，幫助我們生產更多東西。或者，我們可以變得更有生產力，利用創新或技術變革，增加現有資源的生產力。這些增長來源各有其自然的限制，勞動力稀缺、資本稀缺、技術變革的速度有限且難以預測。在一九九〇年代末，美國汽車工人威脅要罷工，因為他們被迫大量加班；同時，速食餐廳提供簽約獎金給新員工。我們已經達到極限。經濟學家估計，美國經濟的成長速度上限約為每年三％。

「大約」這個詞，讓我們初步感受到聯準會工作的難度。聯邦準備制度必須保持微妙的平衡，如果經濟成長低於其潛力，那麼經濟潛力就浪費了。製造新車的工廠閒置了；原本可以在那裡工作的人變成了失業者。一個本應以三％成長為基礎的經濟體，卻只能以一．五％勉強前行，甚至進入衰退。因此，聯準會必須向經濟注入足夠的信貸，以創造就業和繁榮，但又不能讓經濟過熱。小威廉．麥克切斯尼．馬丁（William McChesney Martin, Jr.）是一九五〇年代和一九六〇年代聯邦準備制度的主席，他曾指出，聯準會的工作就是在派對開始時拿走酒杯。

但有時，聯準會必須在派對失控很久後才出手干預。聯邦準備制度曾多次故意促成經濟衰退，以壓制通貨膨脹。最著名的例子是，聯準會主席保羅．沃爾克被視為結束了一九七〇年代通膨派對的惡棍。當時，甚至有人赤身裸體地上桌瘋狂跳舞，通膨率從一九七二年的三％飆升到一九八〇年的一三．五％，沃爾克先生踩下貨幣的剎車，也就是大幅提高利率以減緩經濟成長。一九八一年，短期利率達到一六％以上，結果是痛苦的通膨循環開始了。隨著兩位數的利率，許多未售出的克萊斯勒K型車停放在停車場，經銷商被迫降價（或停止漲價），汽車公司關閉工廠、裁員工人，而那些仍有工作的汽車工人也知道現在不是要求加薪的好時機。

當然，同樣的狀況也發生在經濟的其他領域。慢慢地，並且付出了沉重的代價，人們對物價持續上漲的預期逐漸在系統中被消除了，這導致了一九八一年到一九八二年的經濟衰退，其間GDP縮減了三%，失業率接近一〇%。最終，沃爾克先生清理了桌子上的舞者。在一九八三年，通膨率下降到三%。顯然，如果一開始沒有讓派對失控，這一過程會更容易，且不那麼痛苦。

那麼，聯準會對利率這種巨大的影響力從何而來？畢竟，商業銀行是私人機構，聯邦準備制度不能逼迫花旗銀行提高或降低其向消費者收取的汽車貸款和房貸利率，這個過程是間接的。回顧第七章，利率實際上只是資本的租金，或「金錢的價格」。聯準會控制美國的貨幣供應，我們稍後會討論這個過程的具體機制，現在要理解的是，資本和公寓沒什麼不同：資本供應越多，租金就越便宜。聯準會透過調整商業銀行資金供應量來影響利率，如果銀行資金充裕，那麼利率必須相對較低，才能吸引借款人使用這些資金。相反的，資本稀缺時，銀行可以收取更高的利率，卻仍能吸引足夠的借款人來使用所有可用資金。這就是供需關係，而聯準會控制著「供應」。

這些貨幣決策——決定是否提高、降低或維持利率——由聯準會的「美國聯邦公開市場委員會」（FOMC）做出，FOMC由理事會成員、紐約聯邦準備銀行行長，以及其他四家聯邦準備銀行行長（輪值）組成。聯準會的主席也是FOMC的主席，鮑爾的權力來自在FOMC做出利率決策時，他坐在桌子的主位上。

如果FOMC想透過降低借貸成本來刺激經濟，委員會有兩個主要工具可以用。第一是貼現率，即商業銀行可以直接向聯邦準備制度借款的利率，貼現率與花旗銀行等商業銀行的借貸成本之間的關係是直接的：當貼現率下降時，銀行可以用更低的成本從聯準會借款，因此能以更低的利率貸款給客戶。但這裡有個問題，直接向聯準會借錢有一定的污名，這意味著銀行無法從私人管道籌集資金。因此，向聯準會借款有點像二十五歲以後還要向父母借錢，雖然你能拿到錢，但最好還是先去其他地方尋求幫助。

相反，銀行通常會向其他銀行借款。聯準會貨幣供應的第二個重要工具是聯邦資金利率，即銀行間進行短期貸款時所收取的利率。聯準會無法規定富國銀行向花旗銀行貸款時收取的利率，但FOMC會設定一個聯邦資金利率的目標，例如四．五%，再透過操控貨幣供應來實現這個目標。如果資金供應量增加，銀行為了要找到借款人使用新資金，就必須降低價格，即降低利率。我們可以把貨幣供應想像成一個爐子，聯邦資金利率就是它的恆溫器。如果FOMC把目標聯邦資金利率從四．五%降低到四．二五%，那麼聯邦準備制度會向銀行體系注入資金，直到富國銀行向花旗銀行提供的隔夜貸款利率接近四．二五%為止。

這一切將我們帶到最後的難題：聯邦準備制度如何將資金注入私營銀行體系？鮑爾（據說他喜歡別人叫他「傑」）是否會印製出一億美元的新鈔，裝進重型裝甲車，然後開到花旗銀行分行嗎？並非如此——雖然這個畫面對理解實際發生的事不失為一個不錯的方式。

鮑爾和FOMC的確創造了新錢。在美國，只有他們擁有這個權力（財政部只是鑄造新的鈔票和硬幣來取代現有的貨幣）。聯邦準備制度也的確將新貨幣送給像花旗銀行這樣的銀行，但不是直接給銀行資金，而是用新貨幣換取銀行現有的政府債券。用比喻來解釋，花旗銀行分行經理在銀行門口與鮑爾的裝甲車碰面，把一億美元的新錢放進銀行金庫，然後把銀行資產中的一億美元政府債券交給聯準會主席作為交換。請注意，花旗銀行並沒有因這樁交易變得更富有，銀行只是將一億美元的資產（債券）換成另一種一億美元的資產（現金，或更準確地說，是其電子等價物）。

銀行持有債券的原因和個人投資者一樣，債券是個安全的地方，可以存放暫時無需使用的資金。具體來說，銀行以未用於放貸的存戶資金購買債券。對經濟來說，花旗銀行將債券換成現金產生重大影響。當銀行用一億美元的存款購買債券時，那些資金並未用於貸款，並未用來資助購屋、商業投資或新工廠。但等鮑爾的裝甲車離開後，花旗銀行就擁有了可以用來放貸的資金，這意味著可以將資金貸給所有能促進經濟活動的事物。實際上，注入銀行體系的資金會產生連鎖效應。銀行將債券換成來自聯準會的新資金後，根據法律要求，銀行會將一部分資金作為準備金，然後將其餘部分貸出。收到貸款的人將會在某個地方花掉這些錢，或許是汽車經銷商，或許是百貨公司。那些錢最終會流向其他銀行，這些銀行同樣會保留部分資金作為準備金，剩餘資金則用於放貸。聯準會注入銀行體系的一億美元資金，最終可能會讓貨幣供應量增加十倍。

當然，聯準會主席不會真的開著卡車到花旗銀行分行，用現金換債券。FOMC利用債券市場就能實現相同的結果（債券市場的運作方式和股市相似，但買賣的是債券）。聯準會的債券交易員代表聯準會從商業銀行購買債券，並用新創造的資金支出——這些資金在二十分鐘前還不存在（可以推測那些出售債券的銀行也是最有機會發放新貸款的銀行）。聯準會會持續使用新資金購買債券，這個過程稱為公開市場操作，直到達成目標聯邦資金利率。

顯然，聯準會能給予，也能收回。聯邦準備制度提高利率，就能做到與上述所談相反的事。FOMC會投票決定提高貼現率和／或目標聯邦資金利率，並發布指令，將持有的債券賣給商業銀行。當銀行用可貸資金換取債券時，貨幣供應量就會縮減，本來可以貸給消費者和企業的錢，現在都投進債券中。利率上升，用借貸資本購買的一切都會變得更貴。最終結果是，經濟成長放緩。

聯準會的操作機制不應掩蓋整體大局，它的使命是促進經濟以可持續的速度成長，但我們來澄清一下這項工作到底有多難。首先，我們只能猜測經濟在不引發通膨的情況下可以成長的速度。一個經濟學家爭論的焦點在於，電腦和其他資料科技是否明顯提高了美國人的生產力，如果是的話，正如葛林斯潘在任期內所建議的，經濟的潛在成長率可能已經上升；如果不是，正如其他經濟學家有力的論證，舊有的成長速度限制仍然適用。顯然，遵守未清楚標示的速度限制是非常困難的。

但這僅僅是第一個挑戰。聯準會還必須計算利率變動會帶來什麼樣的影響，以及這些影響會持續多久。降息四分之一點會促使十二個人去德梅因（Des Moines）買新的吉普車，還是二十七個人？什麼時候？下周或六個月後？同時，聯準會對短期利率的控制力最強，但短期利率的變化未必會與長期利率變化一致。為什麼鮑爾不能對長期利率施展同樣的魔法？因為長期利率不取決於今日的貨幣供應，而是市場對未來十年、二十年甚至三十年貨幣供應量（相對於需求）的預期。聯準會主席鮑爾對二〇四三年的貨幣供應量毫無控制能力。同時要記住，當聯準會試圖利用貨幣政策實現特定的經濟目標時，國會可能會透過財政政策——對稅收和支出的政府決策——造成完全不同的影響（或產生相同的影響，從而使聯準會的政策效果過度）。

那麼，我們繼續以速度限制的比喻，回顧聯準會的具體任務。聯準會必須促進經濟以既不過快、也不過慢的速度成長，請記住：一、我們不知道經濟的確切速度限制。二、無論是加速還是煞車，都有延遲效應，這意味我們必須等待一段時間才能見到效果——從幾周到幾年不等，但沒有可預測的模式。一位新手司機可能會不斷加大踩油門的力度，想知道為什麼沒有反應（並且忍受外界對他慢如蝸牛的各種嘲諷），但九個月後才發現車子突然失控狂飆。三、貨幣和財政政策對經濟的影響是獨立的，所以當聯準會輕輕踩下煞車時，國會和總統可能正在猛踩油門；或是聯準會輕輕踩下油門，國會卻用一塊磚壓住油門。四、最後，還有世界事件這道障礙賽，例如某地的金融崩潰或油價暴漲，聯準會就像在陌生地帶駕駛，手裡拿著的地圖至少過時十年。

鮑布．伍華德（Bob Woodward）為艾倫．葛林斯潘撰寫的傳記名為《指揮家》（*Maestro*）。在一九九〇年代，美國經濟經歷了史上最長的擴張期，葛林斯潘先生因為「金髮女孩經濟」的貨幣政策而獲得讚譽——他做得恰到好處。這份聲譽後來受到部分質疑，葛林斯潘先生現在因過長時間維持過低的利率，被批評助長了房地產和股票市場的泡沫。「寬鬆貨幣」並未因大家去購買吉普車或加勒比海郵輪而引發通膨，相反地，我們買了股票和不動產，而這些上漲的資產價格並未反映在消費者物價指數中，這為貨幣政策增加了新挑戰：雖然我們用來監控的指標顯示一切正常，但我們實際上正在加速。

這是項困難的工作。然而，這個結論離諾貝爾獎得主勞勃．孟岱爾的嚴峻聲明還有一段距離，他認為糟糕的貨幣政策為二次世界大戰的爆發奠定了基礎。要理解為什麼不負責任的貨幣政策可能帶來災難性後果，我們必須先簡短討論一下金錢的本質。對經濟學家來說，金錢和財富是截然不同的，財富包含所有有價值的東西——房子、車子、商品、人力資本。金錢，只是財富的一小部分，它只是交易的媒介，用來促進貿易和商業活動。理論上，金錢甚至不是必要的，一個簡單的經濟體可以僅依靠以物易物運作。在一個基本的農業社會中，用五隻雞換一件新衣服，或用一隻山羊和三袋米支付學費，都是容易的事。但在更先進的經濟體中，以物易物的效果會大大降低，試圖用雞來支付亞馬遜網站上的書籍，會面臨巨大的物流挑戰。

幾乎在每個社會中，都會演變出某種形式的貨幣，讓交易簡單一些（「薪水」（salary）這個詞來自羅馬士兵的工資，他們是用鹽（拉丁文為sal）來支付的）。無論是金幣、鯨魚牙齒或美元，任何交易媒介的基本目的都是相同的。首先，它作為交易的手段，讓我們晚餐能享用豬排，即使屠夫對買這本書毫無興趣；其次，它是一種計算單位，使得各種商品和服務的價格可以用同一種標準來衡量和比較。（想像沒有計算單位的生活：GAP賣的牛仔褲每條三隻雞，而與Tommy Hilfiger類似的褲子打折時要十一張海狸皮，哪條褲子更貴呢？）第三，貨幣必須是可攜帶且耐用的，保齡球和玫瑰花瓣就不適合作為貨幣。最後，貨幣必須相對稀缺，才能成為價值儲存的工具。

聰明人總能找到適用的交換媒介。監獄裡禁用現金，於是香菸長期以來被用為交換媒介（即使你不抽菸也沒關係，只要有足夠多的囚犯抽菸，它就有價值）。那麼，如果美國聯邦監獄禁止吸菸時，會發生什麼事？囚犯轉而使用其他便攜、耐用且具儲存價值的物品：鯖魚罐頭。根據《華爾街日報》的報導，在監獄裡，鯖魚罐頭成為標準的貨幣單位（一些監獄已從罐頭改為塑膠包裝，因為罐頭可被改造成武器）。不管是罐頭或袋裝，鯖魚不會腐壞，可以在福利社賒購，一罐大約一美元，計算方便。在隆波克懲教所（Lompoc Federal Correctional Complex），一次理髮的費用是兩罐鯖魚。[2]

在美國歷史的大部分時間裡，商業交易是使用以貴金屬支持的紙幣進行的。在二十世紀之前，私人銀行曾發行自己的貨幣，在一九一三年，美國政府禁止私人貨幣，並成為唯一的貨幣提供者。基本理念沒有改變，無論貨幣是由政府或私人發行，紙幣的價值來自於它可以兌換為一定數量的黃金或白銀，無論是從銀行或政府兌換。然後，發生了一件奇怪的事。一九七一年，美國永久地脫離了金本位制。從那時起，紙幣可以兌換成……什麼都沒有了。

看看你錢包裡那疊百元美鈔（如果需要，也可以用一元紙鈔代替）。這些鈔票只是一張張的紙，不能吃、不能喝，不能拿來當菸草抽，最重要的，你不能拿著它們找政府要求兌換任何實物，它們本身沒有內在價值。幾乎所有世界上的貨幣都是如此。假設你被單獨留在荒島上，手裡有一億美元，你很快就會死。另一方面，如果你被救了，可以帶著這筆現金回去，那麼你將能過上好生活。這就是現代貨幣的價值所在：它具有購買力。美元有價值，因為販售真實事物的人——無論是食物、書籍或美甲服務——願意接受它們，而那些人願意接受美元，是因為他們相信販售其他物品的其他人也會接受它們。一張美元只是一張紙，其價值完全來自我們對它未來可以用來購買所需物品的信心。

為了讓你更清楚了解現代貨幣是場信任遊戲，可以想想印度的奇特現象。大多數從事商業活動的印度人——店主、計程車司機等——不會接受破損、皺巴巴或過於髒污的盧比鈔票。因為其他印度人知道，許多同胞不接受破損的鈔票，他們也不會接受。最後，當遊客來到這個國家，他們很快學會只接受完整的鈔票，以免破損鈔票花不出去。

整個過程是完全不理性的，因為印度中央銀行認為，只要鈔票上帶有序號，無論破損、髒污還是皺巴巴，都屬於合法貨幣，任何銀行都會用嶄新的鈔票換取破損的盧比。但這不重要，理性的人拒絕接受合法貨幣，因為他們相信其他人也不會接受。這一奇怪的現象突顯了我們對紙幣的信任，完全建立在其他人對相同紙幣的信任之上。

由於紙幣沒有內在價值，它的價值取決於其購買力——它會隨時間逐漸變化，甚至可以非常快速地改變。在一九九七年夏天，我花了幾天時間開車穿越愛荷華州，為《經濟學人》撰寫「美國農民的脈博」報導。在離德梅因不遠的地方，我開始和一位種植玉米和大豆，也養殖牲畜的農場主交談，他帶我參觀他的農場時，指著停在穀倉外的一輛舊拖拉機說：「這輛拖拉機在一九七〇年價值七千五百美元，現在看看它，」他憤怒地指著旁邊全新的拖拉機，「這輛花了我四萬美元，你能解釋一下嗎？」*1

我可以解釋，但我並沒有告訴那位農場主，他已經對我這個年輕、來自城市、穿西裝打領帶、開著本田喜美的人產生懷疑（隔年，又有人要我寫篇關於肯塔基州菸農的報導時，我就知道要租卡車上路了）。我的答案是一個詞：通貨膨脹。新的拖拉機可能實際上並不比舊的拖拉機更貴，意思是一個人只需要做等量的工作，或更少的工作，就能買下它。雖然拖拉機的標價漲了，但他也能以更高的價格賣出作物和牲畜。

通貨膨脹簡單來說，就是平均價格上漲。通膨率，或消費者物價指數的變化，是政府試圖用一個數字來反應價格變化，例如四·二%。決定這個數字的技術出奇的低，政府官員定期檢查成千上萬種商品——衣服、食物、燃料、娛樂、住房——然後將它們編成一個數字，反映出一般消費者購買一籃子商品的價格變化情況。

理解通膨最具啟發性的方法是：不是價格上漲，而是金錢的購買力下降了。美元能買的東西比過去少了，這也是聯邦準備制度或任何中央銀行與經濟崩潰之間的關聯所在。紙幣只有在稀缺的情況下才具有價值，中央銀行控制這種稀缺性，因此一個腐敗或無能的中央銀行可以侵蝕，甚至完全催毀我們的貨幣價格。假設監獄管理員出於好心，決定給每個囚犯五百罐鯖魚，監獄理髮費會發生什麼變化呢？鯖魚比紙鈔好一點，至少它還有些內在價值。

在一九二一年，一份德國報紙的價格約是三分之一馬克；兩年後，一份報紙需要七千萬馬克。那段時間改變的不是報紙，而是德國馬克，政府無節制地印發新鈔，導致馬克變得毫無價值。事實上，德國馬克貶值嚴重的程度，已到了家庭發現燒掉它們比用它

---

*1 我不記得確切的數字，但大概是這個差距。

們買木柴還划算。一九八〇年代拉丁美洲的通膨嚴重到有些國家的最大進口貨物是紙幣。[3]在一九九〇年代晚期，白俄羅斯的盧布被稱為「兔子」，不僅因為鈔票上印有兔子圖案，也因為這種貨幣具有令人驚人的「增殖」能力。一九九八年八月，白俄羅斯盧布在一周內損失了一〇%的購買力，我桌上有張一百兆的辛巴威紙鈔，不需要額外的安全措施保護它，因為在辛巴威經歷超級通膨後，這張鈔票唯一的價值就是作為一個新奇的收藏品。

大規模的通貨膨脹會嚴重扭曲經濟。工人們急於在現金變得一文不值之前把它花掉，於是形成了一種文化：工人在午餐時就匆忙花掉薪水，因為到了晚餐時物價可能已經上漲。固定利率貸款變得不可能，因為沒有任何金融機構願意接受固定數量的貨幣作為還款條件，畢竟這些貨幣隨時可能變得毫無價值。試想，在一九二一年的德國，任何持有固定利率房貸的人，到一九二三年都可以用比買報紙還少的馬克就還清整筆貸款。即使到了今天，許多拉丁美洲國家，仍然無法取得三十年期的固定房貸，因為人們擔心通貨膨脹會再次爆發。

美國從未經歷過超級通膨，但曾多次遭遇中度通膨，雖然影響較小且較為隱晦，卻仍然相當重要。在最基本的層面上，通膨會導致誤導性或不準確的比較。記者很少會去區分實際數字和名目數字，雖然他們應該那麼做。例如，假設去年美國的平均收入成長了五％，這個數字本身毫無意義，除非我們知道通膨率。如果物價上漲了七％，那麼實際上我們的生活水準是下降的。我們的薪資看起來變多了，但實際購買力卻減少了二％。好萊塢就是個明顯的例子，每年夏天總會有某部平庸的電影宣稱打破了票房紀錄。然而，若不經過通膨調整，直接拿二〇一八年的票房收入與一九七〇年或一九五〇年的數據比較，完全沒有意義。《亂世佳人》的電影票價是十九美分，而《豬頭，我的車咧？》（*Dude, Where's My Car?*）的票價是十美元，票房數字看起來當然會比過去大得多。

即使是中度通膨，如果資產管理不當，也可能逐步侵蝕我們的財富。任何現金形式的財富都會隨著時間流逝而貶值，即使是被認為「安全」的投資，例如存款帳戶或定存單，雖然本金受保險保障，卻仍可能面臨較不明顯的風險——它們的低利率可能無法跟上通膨速度。諷刺的是，許多不熟悉投資的民眾會避開「風險較高」的股市，卻在不知不覺中讓本金從後門被通膨侵蝕。通膨對退休族群或其他依靠固定收入生活的人來說，尤其有害。如果收入未隨通膨調整（即未「指數化」），其購買力將逐漸減弱，在一九八五年仍能支持舒適生活的月薪，到了二〇二〇年可能已無法負擔基本生活開支。

通膨也會隨機地重新分配財富。假設我向你借了一千元，並承諾明年歸還本金加上一百元的利息，這對我們雙方而言似乎都是公平的交易。然而，假設某位極度不負責任的央行行長導致通膨率飆升至每年一〇〇％，那麼我明年償還給你的那一千一百元，實際價值將遠低於我們預期，其購買力將減半。換句話說，在實質層面上，我等於向你借了一千一百元，卻只還了五百五十元。突如其來的高通膨對債務人有利，卻對放貸人極為不利——我們之後會再探討這個關鍵議題。

順帶一提，你應該了解「實質利率」與「名目利率」的差異。名目利率是用來計算你必須償還的金額，也就是你在銀行櫥窗上或貸款文件首頁看到的數字，如果富國銀行的活存利率為二．三％，這就是名目利率。但這與實質利率不同，因為實質利率會考量通膨因素，因此能夠反映「租借」資本的真實成本。實質利率的計算方式是名目利率減去通膨率。舉個簡單的例子，假設你向銀行借款一年，名目利率為五％，而當年的通膨率也是五％。在這種情況下，你的實質利率為零。你償還的金額比借款多出五％，但由於該金額的購買力在一年內縮水了五％，因此你實際上償還的價值與當初借來的價值完全相同。換句話說，你使用別人資本一年的真實成本是零。

通膨也會扭曲稅收。以資本利得稅為例，假設你購買一支股票，一年後賣出，獲得一成的回報。如果同期通膨率也是一成，那麼實際上你並沒有真正賺到錢，因為你的回報剛好抵消了投資組合中每一塊錢購買力縮水的一成。然而，你仍然需要為這筆一成的「利得」繳稅。賺錢時繳稅已經夠讓人不爽了，沒賺到錢還得繳稅，那更讓人抓狂。

話雖如此，若通膨能保持穩定且可預測的速度，其影響其實相當有限。舉例來說，假設我們確切知道通膨率每年都會是一成，不高不低，那麼我們完全可以輕鬆應對。任何儲蓄帳戶的利率都會在某個實際利率的基礎上，再加一成以補償通膨。我們的薪資每年都會上漲一成（當然，還是希望能因績效額外加薪）。所有貸款合約也都會以某個實際的資本租賃利率，外加一成的年度溢價，以反映借款時的錢與還款時的錢已經不同。政府福利將依通膨調整，稅收亦然。

然而，通膨既不穩定，也無法預測。事實上，這種不確定性帶來的影響，正是通膨最狡猾的成本。個人和企業在做經濟決策時，被迫猜測未來的物價走勢。當汽車工人和福特公司談判為期四年的合約時，雙方都必須對未來的通膨率做出預測。如果合約規定每年加薪四%，當通膨率僅一%時，這將是一份相當慷慨的協議；但若通膨飆升至一〇%，對工人來說，這就是筆糟糕的交易了。貸款機構也面臨同樣的問題，在通膨環境下，以固定利率貸款長達三十年，風險極高。因此，當貸款方擔憂未來通膨時，他們會額外設置一層緩衝機制。通膨預期越高，這層緩衝就越大。另一方面，如果央行能夠展現出強烈的抑制通膨決心，這層緩衝就會縮小。一九九〇年代持續低通膨帶來的最大好處，就是減輕了市場對未來通膨的恐懼，進而使長期利率大幅下降，讓房屋及其他大宗消費品變得更可負擔。哈佛大學經濟學家羅伯特．巴羅（Robert Barro）研究了近一百個國家在數十年間的經濟成長數據，結果證實，高通膨通常會導致實際GDP成長趨緩。

政府和央行將對抗通膨視為首要任務應該是顯而易見的，即便他們在試圖讓經濟以「速度上限」運行時犯下無心之過，我們也預期只會出現短暫的通膨波動，而非長期的物價上漲，更不用說惡性通膨。然而，實際情況並非如此。無論是富裕國家還是貧窮國家，許多政府不僅讓經濟運行超過速度上限，甚至推動到引擎冒煙、輪胎尖叫的極端程度。為什麼？因為短視、腐敗或陷入困境的政府，往往能透過推動通膨來為自己爭取一些時間。我們在第二章曾談到誘因的力量，現在試著把這個拼圖組合起來：一、政府通常負擔龐大債務，而陷入困境的政府負債更為沉重；二、通膨對債務人有利，因為它會侵蝕貨幣的價值，使未來償還的金額相對變少；三、政府掌控著通膨率。把這些條件加起來：政府可以透過拉動通膨這根降落傘繩，來削減自己的債務負擔。

當然，這樣的行為會造成許多受害者。那些借錢給政府的人，雖然收回了債務的名目金額，但這筆錢的實際價值卻已大幅縮水。同時，持有貨幣的人都會受到懲罰，因為他們的金錢購買力驟降。而最終，甚至未來的公民也會受到懲罰，因為這個政府將難以再用合理的利率進行借貸（儘管銀行家似乎總有不斷重蹈覆轍的奇怪傾向）。

各國政府在短期內也能從經濟學家所稱的「通膨稅」中獲益。假設你正在管理一個無法透過傳統方式提高稅收的政府，可能是因為缺乏有效的稅收基礎建設，或者公民根本無力或不願支付更高的稅款，但你仍需要支付政府員工的薪資，甚至可能有一支龐大的軍隊等著領薪水。解決方案非常簡單：買些啤酒，訂個披薩（或者任何符合國情的傳統美食），然後開始讓國家鑄幣廠的印鈔機全速運轉。一旦新印好的披索、盧布或美元上的墨水乾了，就用它們來支付政府員工和軍隊的薪資。**唉，這其實還是在對人民徵稅**——只是間接地進行。你沒有直接從人民的錢包裡拿走金錢，而是透過貶值他們錢包裡的貨幣來達成相同的效果。美國獨立戰爭期間大陸會議曾這麼做；南北戰爭期間，雙方都曾這麼做；德國政府在兩次世界大戰之間也這麼做；如今，像委內瑞拉這樣的國家仍在這麼做。

政府不一定要瀕臨災難邊緣才會打出通膨這張牌。即便在當今的美國，精明的政治人物仍能利用適度的通膨來獲取利益。不負責任的貨幣政策——就像一場逐漸失控的派對——短時間內可能讓人感到愉悅，寬鬆貨幣讓每個人都覺得自己更富有了。當消費者湧向德梅因的克萊斯勒經銷商時，店長的第一反應可能是，他的銷售技巧真的很好，也可能認為克萊斯勒的新車款比福特和豐田更具吸引力。無論是哪種情況，他都會提高售價，賺取更多收入，並普遍認為自己的生活變得更美好。不過，他會慢慢發現，其他企業也在經歷同樣的情況。由於大家都在漲價，他高漲的收入最終也會輸給通膨。

到那時，政客們可能已經達成了他們的目標——成功連任。一個未能充分擺脫政治影響的中央銀行，可以在選舉前大開派對，營造一片繁榮景象。大家會興高采烈地大肆跳舞，而當選民因通膨帶來的「宿醉」而感到不適時，選舉早已塵埃落定。總體經濟學有個傳聞認為，聯準會主席亞瑟．伯恩斯（Arthur Burns）曾在一九七二年為尼克森（Richard Nixon）提供這樣的「助攻」，而布希家族至今仍對艾倫．葛林斯潘心存不滿，因為他在一九九二年總統大選前未能再多往「酒裡」添點料，導致老布希（George H. W. Bush）在一場輕微的經濟衰退後，失去了連任機會。

貨幣當局若要負責任地履行職責，政治獨立性至關重要。證據顯示，那些擁有獨立中央銀行的國家——即能夠相對不受政治干預運作的央行——其長期平均通膨率較低。美國聯準會便被認為是相對獨立的機構之一，聯準會理事會成員由總統任命，任期長達十四年。雖然不像最高法院大法官擁有終身職位，但確保了任何新任總統都難以往聯準會安插親信。值得注意的是，這個民主政府中最重要的經濟職位竟是由任命產生，而非選舉，這點甚至成為受人批評的目標。這是蓄意的設計；我們在民主制度下，選擇創建一個相對不那麼民主的機構。一個中央銀行的效能取決於其獨立性和公信力，幾乎到了信譽能成為自我實現的程度。如果企業相信中央銀行不會容忍通膨，那麼它們就不會急於提高價格；如果企業不提高價格，那麼通膨問題也就不會發生。

聯準會官員對於政治干預相當敏感。一九九三年春天，我曾與前聯準會主席保羅．沃爾克共進晚餐，當時他在普林斯頓大學授課，而他好心地邀請學生們一起吃飯。不久前柯林頓總統剛在國會聯席會議上發表了一場重要演說，而聯準會主席艾倫．葛林斯潘，也就是沃爾克的繼任者，就坐在希拉蕊．柯林頓身旁。我對那場晚餐最深刻的印象，是沃爾克先生不滿地抱怨，認為葛林斯潘坐在總統夫人身旁極不恰當，因為這會傳遞錯誤的訊息，讓人以為聯準會與行政部門關係過於密切。這正顯示出，中央銀行家們對於維護政治獨立性的重視程度。

通貨膨脹是件壞事，而通貨緊縮——也就是物價持續下跌——則更糟糕。即便是溫和的通縮，也可能對經濟造成毀滅性影響，日本過去二十年來的經驗就是明證。價格下跌可能讓消費者的處境變糟，這點或許看起來違反直覺（畢竟，物價上漲也讓人們變得更窮），但通縮會引發一種危險的經濟循環。首先，價格下降會導致消費者延遲購買。

既然下周冰箱會更便宜，幹嘛要今天買呢？同時，資產價格也在下跌，消費者感到自己變得更貧窮，進而減少支出。這也是為何房地產泡沫往往會對經濟造成如此嚴重的衝擊，當消費者目睹房屋價值大幅縮水，而房貸支付卻依舊不變，他們會感覺自己變更窮了（因為確實如此）。正如前一章所述，當消費者減少支出，經濟成長就會趨緩，企業會進一步降價，結果就是經濟陷入死亡螺旋，正如保羅．克魯曼所指出的：

> 價格下跌的原因是景氣低迷，而現在我們又發現，景氣低迷的原因是價格下跌。這就為一九三〇年代以後再未出現的怪物——「通貨緊縮螺旋」——搭建了舞台，在這種情況下，價格下跌與經濟衰退相互影響，彼此加劇，最終將經濟推向深淵。[4]

這種螺旋可能會毒害金融體系，即使銀行業者並未做出不負責任的行為。當貸款變成壞帳，作為抵押品的房地產及其他資產價值下跌時，銀行和其他金融機構的狀況會變得更加脆弱。一些銀行開始面臨償付能力問題，另一些則因資本縮減而無法提供新貸款，進而使本來經營健全的企業失去資金來源，導致經濟困境擴大。為了解決這種情況，小布希政府在任期結束前推出了「問題資產紓困計畫」（TARP），也就是所謂的「華爾街救助計畫」，目的是讓美國銀行「資本重整」，以恢復向市場提供資金的能力。該計畫的設計確實存在缺陷，政府對於計畫的溝通及解釋極差，但在金融危機的背景下，這一舉措的基本概念是合理的。

僅僅依靠貨幣政策可能無法打破通貨緊縮螺旋。在日本，中央銀行早已將名目利率降至接近零，這意味著無法再進一步降低（名目利率不能為負值，畢竟，若有銀行借出一百元卻只要求對方償還九十八元，那還不如直接保留這一百元）。[*2]然而，即使名目利率接近零，資本的租賃利率——即實際利率——仍可能相當高。原因如下：如果物價持續下跌，那麼今天借一百元，隔年償還一百元就會產生成本，因為你償還的這一百元，比你借的時候更有購買力，甚至可能多出許多。物價下跌的速度越快，借貸的實際

---

*2 好吧，這並不完全正確。金融危機最嚴重的時期，正值雷曼兄弟申請破產之際，美國三個月期國債的收益率曾跌至零以下，這代表名目利率已轉為負值。令人驚訝的是，投資人竟然願意花更多的錢購買一項未來三個月內償還金額比購買成本還低的投資。對政策制定者而言，這是市場恐慌的徵兆。時任白宮國家經濟委員會主任的基斯·漢尼斯（Keith Hennessey）告訴《紐約客》的詹姆斯·史都華（James Stewart）：「國債利率變成負值了！人們寧願鎖定損失，也要保護自己的資金。」存放大量現金的確既昂貴又困難，在某些情況下，個人或機構可能會接受輕微的負名目利率，視其為支付保管資金安全的費用。

成本就越高。如果名目利率為零，但物價每年下跌五%，那麼實際利率便為五%，對於處於停滯狀態的經濟而言，這樣的借貸成本過於高昂。長期以來，經濟學家們一直認為，日本需要一劑強烈的通膨來解決這一問題。一位知名經濟學家甚至鼓勵日本銀行採取「除了從直升機撒錢以外的任何措施」。[5]回到第八章提及的組織利益政治理論，有一種觀點認為，日本官員在對抗物價下跌方面作為不夠積極的原因之一，是因為日本老齡人口眾多，其中許多人依賴固定收入或儲蓄生活，因此，儘管通縮對整體經濟會造成災難性的影響，但對退休者而言，卻可能是一件好事。

美國也曾發生過通貨緊縮。經濟學家普遍認為，錯誤的貨幣政策是造成大蕭條的核心原因。從一九二九年至一九三三年，美國的貨幣供應量下降了二八%，[6]聯準會並非刻意關閉信貸水龍頭，而是對貨幣供應量的自然萎縮袖手旁觀。經濟中的資金流通過程已經失靈，一九三〇年，全國發生大規模銀行倒閉，導致銀行和個人開始囤積現金，塞在床墊下或鎖進銀行金庫的資金無法重新回流到經濟體系中。聯準會對此毫無作為，任由美國的信貸枯竭（甚至在一九三一年為了捍衛金本位制度大幅調高利率）。事實上，聯準會當時應該做出完全相反的事——向市場注入資金。

二〇〇九年九月，雷曼兄弟倒閉滿一年之際，白宮經濟顧問委員會主席克里斯蒂娜・羅默發表了一場題為「從崩潰邊緣回歸」的演講，並將美國得以避開經濟災難的主要功勞歸於聯準會。她解釋道：「與一九三〇年代相比，這次的政策反應迅速且果斷。聯準會去年秋天為維持信貸市場運作所採取的行動創新且積極，將成為央行歷史上的經典時刻。當各個信貸市場相繼凍結或枯竭時，聯準會創建了許多新方案以填補空缺，保障信貸持續流動。」

我們真的從直升機上灑錢了嗎？差不多吧。事實上，十年前曾為日本提出這種策略（灑錢只是個比喻）的普林斯頓教授，正是班・柏南奇，這也讓他在某些圈子裡獲得了「直升機班」（Helicopter Ben）的綽號。

從二〇〇七年首次出現危機跡象開始，聯準會積極利用所有傳統工具，在二〇〇七年九月到二〇〇八年四月間，七次調降聯邦資金利率目標。然而，當這些手段開始感覺力不從心時，聯準會開始採取一些「當前貨幣政策教科書內沒有的行動」。聯準會是美國的「最後貸款人」，負責確保金融體系的穩定運作，尤其是在信貸和流動性匱乏使系統有崩潰危險的時候。在這一職能下，聯準會擁有巨大的權力。《聯邦準備法案》第十三條第三款規定，聯準會有權放貸給「任何個人、合夥企業或公司，前提是借款人無法從銀行機構獲得信貸」。聯邦準備制度可以創造五百美元，然後借給你祖母修理屋頂，只要當地銀行拒絕她，而且聯準會的理事會認為這筆貸款對所有人都好。

在金融危機期間，柏南克及其團隊採取了一系列貨幣政策，可謂是經濟版的萬能膠帶。聯準會不僅敦促商業銀行直接透過貼現窗口向聯準會借款，還允許銀行匿名借貸，以避免市場解讀為該銀行財務狀況不佳，還提供較長期的貸款。聯準會也首次直接向一家投資銀行提供資金借款（貝爾斯登）；當貝爾斯登最終面臨破產時，聯準會放貸三百億美元給摩根大通，以幫助其接管貝爾斯登，從而避免了雷曼兄弟破產後市場出現的混亂。此外，對於那些已經能夠獲得聯準會資金的機構，聯準會還放寬了抵押品標準，允許借款人以流動性極差的資產（如抵押貸款證券）作為擔保，相當於你的祖母向聯準會借五百美元來修屋頂時，可以用閣樓裡的舊物品作抵押，即便不會有人想買它，或不管它究竟值多少錢。你祖母能拿到錢修理屋頂，這就是一切行動的目的。[7]

貨幣政策是一門微妙的技術。執行得當，它能促進經濟成長，並在經濟受到衝擊時提供緩衝，防止造成巨大破壞；執行錯誤，則可能帶來痛苦和災難。那麼，聯準會近來的所有非常規措施，是否可能為未來埋下禍根？當然會。但根據目前的證據來看，更有可能的是，聯準會避免了一場更嚴重的危機，並因此減少了大量的人類苦難。二〇一〇年，歐巴馬總統任命聯邦準備制度主席柏南克展開第二個四年任期。在任命儀式上，總統說：「作為一位研究大蕭條成因的專家，我相信柏南克從未想過，自己有天會成為阻止另一場大蕭條的團隊成員。但因為他的背景、冷靜的性格、過人的勇氣和創造力，正好有助於達成這一目標。」[8]這是極高的讚譽，而且實至名歸。柏南克於二〇一四年結束第二期聯準會主席任期，當時全球金融危機已逐漸淡出人們的視野。

第十一章

國際經濟：像冰島這麼好的國家怎麼會破產？

一九九二年，喬治．索羅斯（George Soros）在短短一天內，為他管理的投資基金賺進近十億美元。大多數人需要好幾周，甚至一個月才能賺到這筆金額，而索羅斯只用了一天的時間。他在十月時進行了一場豪賭，押注英鎊相對於其他貨幣的未來價值走勢，結果他押對了，也因此成為史上最知名的「貨幣投機者」。

他是怎麼做到的？一九九二年，英國還是歐洲匯率機制（ERM）的成員，這項協議旨在管控歐洲各國貨幣之間的大幅波動，因為若是無法預測歐洲各國的匯率，企業在跨國經營上會面臨更大的困難（大約十年後，作為單一貨幣的歐元才正式問世）。ERM為參與國家的匯率設立了目標，每個政府都有義務執行政策，確保其貨幣在國際外匯市場上的交易價格維持在這個目標的狹窄範圍內。例如，英鎊被固定在二．九五德國馬克的匯率，且不得跌破二．七七八馬克的底線。

然而，當時英國正處於經濟衰退，國際投資者紛紛拋售英鎊，轉向世界其他地方尋找更有利可圖的投資機會，導致英鎊的價格降低。貨幣與其他商品無異，其匯率（即一種貨幣相對於另一種貨幣的「價格」）是由供需決定的。隨著英鎊需求減少，其在外匯市場上的價值也不斷下跌。但英國政府承諾要「捍衛英鎊」，確保它不會跌破ERM設定的最低匯率。然而，索羅斯並不相信這一點——這正是促使他進行豪賭的關鍵。

英國政府有兩種工具可以用來支撐英鎊價值，以抵抗導致其貶值的市場壓力：一、政府可以動用外匯儲備來購買英鎊——直接提高對英鎊的需求；二、政府可以透過貨幣政策提高實際利率，這樣，在其他條件不變的情況下，英國公債（以及購買這些公債所需的英鎊）對全球投資者而言會變得更具吸引力，從而吸引資本流入（或防止資本外流）。

但英國政府還有其他問題。政府已經花費了大筆資金購買英鎊，英格蘭銀行（英國的中央銀行）冒著進一步消耗外匯儲備的風險，卻收效甚微。而提高利率對政府而言也不是一個吸引人的選項。英國經濟狀況不佳，在經濟衰退期間提高利率只會進一步拖累經濟發展，這不僅是糟糕的經濟政策，對政治而言更是雪上加霜。《富比士》在對索羅斯策略的事後分析中指出：「由於英國和義大利（同樣面臨類似問題）努力維持貨幣吸引力，它們被迫維持高利率以吸引外國投資資金，但這也限制了它們刺激低迷經濟的能力。」[1]

儘管如此，英國首相約翰．梅傑（John Major）仍斬釘截鐵地宣稱，他的首要目標是捍衛英鎊維持在ERM裡的目標匯率，即使這項任務看似越來越困難。索羅斯看穿政府在虛張聲勢，他賭英國最終會放棄捍衛英鎊，屆時英鎊價值會大幅下跌。他那一天賺進數十億美元的操作很複雜*1，但本質是簡單的：索羅斯大筆下單英鎊貶值，而他賭對了。[2]一九九二年九月十六日——「黑色星期三」——英國退出ERM，英鎊立即貶值超過一成。英鎊的損失，成為索羅斯的獲利——而且金額龐大。

國際經濟學應該與國內經濟學無異，國界是政治上的劃分，而不是經濟上的劃分，跨國界的交易仍需使所有參與方受益，否則交易便不會發生。你購買豐田汽車，是因為你認為它是划算的好車；豐田賣車給你，是因為他們能賺取利潤。國界間的資金流動，與任何地方的資金流動，都是相同的理由：投資者希望得到最高的回報（無論風險程度如何）。個人、企業和政府向國外借款，是因為這是「租用」資本，以進行重要投資或支付帳單的最便宜方式。

我剛才描述的一切可能發生在伊利諾州和印第安納州，而非中國和美國。然而，國際交易又增加了一層複雜性：不同國家擁有不同的貨幣，且各自有機構負責創造與管理這些貨幣。聯準會發行美元，對墨西哥披索卻幾乎無能為力。你用美元買豐田汽車，豐田必須以日圓支付日本工人和管理人員。而這正是國際經濟開始變得有趣的地方。

美國的美元只是一張紙，它沒有以黃金、稻米、網球或任何具內在價值的物品作為支撐。日圓亦是如此，歐元、披索、盧比及其他現代貨幣也都沒有內在價值。當個人和企業開始跨國界貿易，貨幣必須依某種比率進行兌換。如果美元只是一張紙，日圓也只是一張紙，那麼我們應該用多少張美國紙來換日本紙呢？

貨幣兌換成另一種貨幣的比率稱為匯率。我們有一個合乎邏輯的起點來評估不同貨幣的相對價值：日圓之所以有價值，是因為它可以用來購買商品；美元也是如此。因此，理論上，我們應該願意用一美元來交換能在相關國家購買等量商品的日圓、披索或盧布。如果在美國，一堆日常用品的價格是二十五美元，而等量的物品在俄羅斯的價格約為七百五十盧布，那麼我們預期二十五美元等於七百五十盧布（換算後一美元約等於三十盧布），這便是購買力平價理論（**Purchasing Power Parity, PPP**）。

同樣的邏輯，如果盧布在俄羅斯國內的購買力每年減少一〇%，而美元的價值保持不變，我們會預期盧布相對美元的價值也會以相同的速度下跌（或貶值）。這不是高深

---

*1　索羅斯借了大量英鎊，然後立即兌換成較強勢的貨幣，例如德國馬克。當英國最終退出ERM，且英鎊貶值後，他再將手中外幣換回更多英鎊，遠超過他原本借入的金額。他還清了貸款，並保留了差額。數字可以讓這個過程更直觀。假設索羅斯借了一百億英鎊，並立即換成一百億德國馬克（這裡的匯率與金額是為了簡化計算），當英鎊貶值超過一成後，這一百億德國馬克便能換回一百一十億英鎊，索羅斯再將這一百億德國馬克兌換回英鎊，償還當初借貸的一百億英鎊後，還能將額外獲得的一億英鎊收入囊中（更準確來說，是他投資基金的收益）。索羅斯還透過與貶值相關的交易，例如對歐洲股票和債券市場的影響，進一步擴大了他的獲利。

的數學；如果某種貨幣能購買的商品比以前少，那麼任何進行該貨幣交易的人，都會要求更多貨幣，來補償購買力的下降。[*2]

我曾得到一個嚴重的教訓。在一九八九年春天，我從香港搭火車到中國的廣州，當時，中國政府要求遊客以荒謬的「官方」匯率將美元兌換成人民幣，這個匯率與兩種貨幣的相對購買力毫無關聯。為了得到更好的匯率，背包客通常會在黑市上兌換貨幣，我查過我的旅遊指南，所以當我抵達廣州車站，我大概知道黑市的匯率是多少，當然還要做些討價還價。我很快找到一個貨幣交易商，並提出強硬的開價，交易商馬上就接受了。他甚至沒有找碴，更不用說討價還價了。

結果是我的旅遊指南過時了；自書籍出版以來，中國貨幣的價值一直在逐漸下降，我用一百美元換到的人民幣，大約只值十三·五美元。

購買力平價是一個實用的概念，官方機構常用它來比較各國的經濟狀況。例如，當美國中央情報局或聯合國收集各國人均收入數據，並將其換算為美元時，他們通常使用PPP，因為這能夠最準確地反映一個國家的生活水準。假設一個人每年收入一萬約旦第納爾，那麼在美國要獲得相同的生活水準，需要多少美元呢？

從長遠來看，基本的經濟邏輯顯示，匯率應大致與PPP相符。如果一美元兌換到的披索，在墨西哥能購買到更多商品，誰還想要這一百美元呢？許多人會選擇將美元兌換成披索，以便在墨西哥買到更多商品和服務，提高生活品質（或者更可能的是，聰明的企業家會利用匯率，在墨西哥購買便宜的商品，然後進口到美國賺取利潤）。不論是哪種情況，相對於美元，披索的需求上升，其「價格」（即匯率）也會上升（墨西哥的物價也可能上漲）。理論上，理性的人會不斷將美元兌換成披索，直到這種經濟優勢消失為止；到那時，一百美元在美國能購得的商品與服務，將於價值一百美元的披索在墨西哥的購買力大致相當，也就是匯率達到PPP的時候。

這裡有個奇怪的現象：官方匯率，即你實際兌換其他貨幣的比率，往往長時間大幅偏離PPP所預測的匯率。如果PPP合乎經濟邏輯，為什麼在現實中經常無法準確預測匯率呢？答案在於「可貿易」與「不可貿易」商品與服務之間的關鍵區別：可貿易商

---

*2 經濟學家區分了名目匯率與實質匯率，前者是官方公告的貨幣兌換比率（例如外幣兌換處看板上的數字），而實質匯率則考量了兩國的通膨情況，因此更能反映一種貨幣相對於另一種貨幣購買力的變化。舉例來說，假設你可以在當地銀行用一美元兌換十披索，進一步假設：一、美國的通膨率為零，而墨西哥的年通膨率為一〇％。二、一年後，你的銀行願意用一美元兌換十一披索。從名目匯率來看，美元相對於披索升值了一〇％（因為一美元現在能換到比去年更多的披索）。然而，實質匯率並未改變。你在兌換窗口拿到的披索雖然比去年多了一〇％，但由於這一年通膨的影響，每一披索的購買力比去年少了一〇％。因此，你今年在銀行櫃台用一百美元兌換到的披索，總購買力與去年相同，雖然金額較少。本章中所有提到的匯率，均指實質匯率。

品指的是可以在國際間交易的商品，例如電視機和汽車；而不可貿易商品則無法輕易在國際間交換，例如理髮或育兒服務。

現在，讓我們回到剛才的美元與披索的例子。假設按照官方的披索兌美元的匯率，在墨西哥的提華納（Tijuana）買一台索尼電視的價格是美國聖地牙哥的一半。聰明的企業家可以將美元兌換披索，在墨西哥低價購買索尼電視，然後回到美國轉賣獲利。如果這種交易規模夠大，披索的價值將上升（或許墨西哥的電視價格也會上漲），最終官方匯率將朝著PPP所預測的方向調整。然而，**這位企業家很難用同樣的方式來套利理髮服務、垃圾清運、保母服務或租屋服務**。在現代經濟中，超過四分之三的商品與服務屬於不可貿易類別。

典型的商品籃——即用來比較PPP的基準——包含了可貿易與不可貿易的商品與服務。如果官方匯率導致某個不可貿易商品或服務在某個國家特別便宜（例如，在孟買花五美元就能吃到一頓在曼哈頓要價五十美元的餐點），企業家還是無法利用這種價格差異，因此這種價格差距將持續存在。

透過孟買餐飲的例子，我們也可以理解為何PPP是比較各國收入水準時最準確的機制。按照官方匯率，孟買的薪資換算成美元後可能看起來非常低，但由於許多不可貿易的商品與服務在孟買比在美國便宜，因此表面上較低的薪資，實際上能夠買到的生活水準，比官方匯率所顯示得更高。

那些購買力高於PPP預測的貨幣，稱為「高估」；相反地，購買力低於PPP預測的貨幣，則稱為「低估」。《經濟學人》創造了一個半開玩笑的工具——「大麥克指數」（Big Mac Index），用來評估官方匯率與PPP的偏差。全球的麥當勞都有賣大麥克，它包含可貿易商品（牛肉和調味料），也有大量不可貿易的成分（當地勞工成本、租金、稅收等）。《經濟學人》解釋：「長期來看，各國的匯率應當朝著使同一籃商品與服務的價格一致的方向移動。我們的商品籃就是在一百二十個國家都有生產販售的麥當勞大麥克，大麥克的PPP指的是讓漢堡在美國與其他國家價格一致的匯率。比較這個數值與實際匯率，可以判斷某種貨幣是否被高估或低估。」[3]

二〇一八年一月，美國的大麥克平均售價為五．二八美元，而中國的售價為二十．四人民幣，意即五．二八美元應約等於二十．四人民幣（即一美元約等於三．八六人民幣）。然而，這與當時的官方匯率相差甚遠——在銀行，一美元可兌換六．四三人民幣，按照「漢堡經濟學」的預測，人民幣被嚴重低估了四成（相反地，美元則被同等程度地高估了）。這種現象不是偶發事件，中國政府依賴「便宜」的貨幣，來推動經濟政策。近年來，人民幣相較於美元的價值，已成為美中之間的重要摩擦議題——本章稍後會再回來討論這個問題。

漢堡匯率可能與PPP預測的差異相當大，這引出了兩個問題：為什麼會這樣？又有何影響？

先來回答第二個問題。試想，你入住巴黎最愛的飯店，卻發現房價比上次幾乎貴了一倍，你向經理抗議時，他回答房價已經好幾年沒有變動。他說的是實話。變動的是歐元和美元的匯率，美元相對於歐元「疲軟」了，或說是「貶值」了，也就是說，每一美元能兌換的歐元比上次來法國時更少了（另一方面，歐元則「升值」了）。對你來說，飯店變貴了，對其他來巴黎觀光的法國遊客來說，飯店房價並沒有變動。匯率的變動會讓外國商品變得便宜或更昂貴，這取決於匯率變動的方向。

這正是關鍵所在。如果美元疲軟，代表它能換到的日圓或歐元比平常少，那麼外國商品就變貴了。這個道理不僅適用於巴黎飯店，也適用於古馳名牌包和豐田卡車，歐元或日圓的價格沒有改變，但美國人需要支付更多美元，這才是他們關心的問題。

同時，美元走弱也會讓美國商品對全球市場而言變得更便宜。假設福特汽車決定在美國將Taurus轎車定價為二萬五千美元，並在海外市場以當地貨幣的等值價格（按照官方匯率）出售。如果歐元相對於美元升值，意味著每一歐元能買到更多美元，那麼對巴黎的購車者來說，Taurus的價格就變得更便宜——但福特依然能帶回二萬五千美元的收入。對於美國出口商來說，這是一個完美的局面：產品價格更具競爭力，但利潤卻不受影響！

對福特來說，好消息還不只這些。美元疲弱會讓進口商品對美國人來說變得更昂貴，一輛售價二萬五千歐元的汽車，原本在美國市場的成本是二萬五千美元，如今卻變成三萬一千美元——並不是因為汽車本身漲價，而是因為美元貶值。在托雷多，所有豐田和賓士的標價都上漲，使得福特汽車相較之下更便宜。或者，豐田和賓士也可以選擇保持原有的美元定價（省去重新標價的痲煩），但這樣一來，它們從日本和德國帶回的日圓與歐元就會變少。不論哪種情況，福特都能因此獲得競爭優勢。

一般來說，貨幣疲弱對出口商有利，對進口商卻有懲罰作用。一九九二年，當美元相對較弱時，《紐約時報》曾這樣形容：「美元貶值使世界上最富裕的經濟體成為工業國家的折扣商店」。[4]美元若強勢則會相反的效果。二〇〇一年，當美元處於歷史強勢時，《華爾街日報》曾以〈通用汽車高層表示美元過強，對美國企業不利〉為標題報導。雖然看似微不足道，畢竟當時匯率是一美元兌九十日圓，但當日圓兌美元匯率每升值一日圓，這足以讓豐田的年度營業利潤減少四億五千萬美元。[5]

一個貨幣相較於PPP預測是「強勢」或「弱勢」，本身並無絕對的好壞之分。低估的貨幣能促進出口（也能促進生產相關產品的產業發展），但同時，便宜的貨幣也會提高進口商品的成本，這對消費者不利（諷刺的是，弱勢貨幣可能導致進口投入更加昂貴，從而損害出口商的利益）。一個政府如果刻意維持其貨幣低估，基本上就是在對購買進口商品的消費者徵稅，並補貼出口產品的生產商。貨幣高估則會帶來反向效果——人為地讓進口商品變得便宜，並讓出口商品在國際市場上失去競爭力。貨幣操縱和其他形式的政府干預一樣：它可能有某些建設性的經濟目的，也可能將經濟資源從最有效的使用中轉移出來。如果有一項政策，對你購買的每件進口商品都額外徵稅，然後將這筆收入發放給出口企業，你會支持嗎？

那麼，政府如何影響其貨幣的強弱呢？基本上，貨幣市場與其他市場運作方式相似：匯率是某種貨幣的需求相對於供應的函數。影響貨幣需求的最重要因素是全球經濟力量，一個經濟蓬勃發展的國家，通常會擁有正在升值的貨幣。強勁的經濟成長帶來投資機會，吸引全球資本流入。為了在當地投資（例如在哥斯大黎加建造製造廠，或購買俄羅斯股票），外國投資者首先需要購買當地貨幣。相反地，當一個經濟疲軟時，投資者會把資金轉移到其他地方，並在離開時拋售當地貨幣。

在其他條件相同的情況下，對某國出口產品的強勁需求會導致該國貨幣升值。例如，當全球石油價格飆升時，中東產油國會積累大量的美元（國際石油交易以美元計價）。當這些利潤兌換回當地貨幣，例如兌回沙烏地阿拉伯的里亞爾時，便會推動里亞爾相對於美元升值。

較高的利率會使得貨幣更有價值，這在短期內可能受美國聯邦準備制度、或其他國家的中央銀行影響。其他條件相同的情況下，較高的利率能為投資者提供更高的資本報酬，從而吸引資金流入該國。假設一英鎊可以兌換一．五美元，而英國與美國的政府公債實際回報率皆為三％，如果英國政府透過貨幣政策將短期利率提高至四％，美國投資者可能會選擇出售美國國債，轉而購買英國國債。當然，為了這麼做，他們必須在外匯市場上拋售美元，並購買英鎊。如果全球經濟的其他條件保持不變（這種情況極為罕見），對英鎊需求的增加將導致英鎊相對於美元升值。

當然，「其他條件不變」這種說法幾乎從未在全球經濟中成立。經濟學家在預測匯率走勢方面的表現一直不佳，部分原因是有許多複雜的全球現象會同時影響外匯市場。例如，二〇〇七年開始的全球經濟衰退，最初的震央就在美國。按照一般預期，美國經濟在這麼糟糕的情況下，美元相對於其他主要貨幣應該會貶值。實際上，美國國債被視為經濟動盪時期最安全的資金避風港。因此，當金融危機爆發時，全球投資者紛紛「逃向安全區」，購買美國國債，導致儘管美國經濟衰退，美元還是升值了。

各國政府也可以直接參與外匯市場，透過買賣自己的貨幣來改變其相對價值，就像英國政府在一九九二年試圖阻止英鎊貶值時所做的那樣。由於外匯市場的規模極為龐大，每天的貨幣交易額達數兆美元，大多數政府的財力並不足以真正撼動市場。如英國政府和其他許多國家所經歷的那樣，貨幣干預往往就像試圖用一匙熱水來溫暖一整缸冷水，特別是當投機者正在做相反的事情時。當英國政府努力買進英鎊時，索羅斯及其他投機者則在拋售英鎊，等同於在同一個浴缸裡倒入更多冷水。

我們仍然沒有真正回答本章開頭的基本問題：一美元應該值多少日圓？或多少盧布？或克朗？這個問題有很多可能的答案，主要取決於一個國家所採用的匯率機制，各國可以使用多種不同的機制來確定貨幣的相對價值：

金本位制。最容易理解的系統就是金本位制。現代工業化國家已經不再使用金本位（除了發行昂貴的紀念金幣外），但在第二次世界大戰後的幾十年間，金本位提供了一種直接的匯率協調機制。各國將本國貨幣與固定數量的黃金掛鉤，因此也就隱含地與他國貨幣掛鉤。這就像一道小學數學題：如果在美國，一盎司黃金價值三十五美元，在法國則價值三百五十法郎，那麼美元與法郎的匯率是多少？

金本位的一大優勢在於它能提供可預測的匯率範圍，同時也能防止通貨膨脹，因為政府不能隨意印鈔，除非擁有足夠的黃金儲備來支持這些新發行的貨幣。在這種制度下，你錢包裡的紙鈔確實具有內在價值，你可以拿著三十五美元兌換一盎司黃金。「金本位」聽起來頗具吸引力，但這種制度在經濟大蕭條期間導致了災難性的貨幣政策，即便在正常情況下也可能嚴重削弱貨幣政策。當以黃金為支撐的貨幣面臨壓力時（例如，經濟疲弱），外國投資者會開始要求以黃金兌換貨幣，而不是持有紙鈔。為了保護國家的黃金儲備，中央銀行必須提高利率——即使疲軟的經濟需要的是降低利率。二〇〇八年因國際貿易研究獲得諾貝爾經濟學獎的保羅．克魯曼曾解釋道：「一九三〇年代初期，這種思維模式導致各國政府在大規模失業的情況下，仍然選擇提高利率並削減支出，以試圖保護黃金儲備。即使這些國家後來放棄金本位，這種思維仍然讓它們不願降低利率，或創造就業機會。」[6] 如果美國在二〇〇七年仍採用金本位，聯準會將幾乎無法抵禦當時的金融危機。在金本位制度下，中央銀行雖然可以隨時貶值貨幣（例如宣布一盎司黃金可以兌換比過去更多的美元），但這樣做基本上就違背了金本位制度的初衷。

一九三三年，富蘭克林．羅斯福終止了美國公民以現金兌換黃金的權利，但各國政府在國際結算時仍保有這項權利。一九七一年，理查．尼克森也終止了這項權利。美國的通貨膨脹降低了美元的吸引力，在三十五美元與一盎司黃金之間，外國政府越來越傾向選擇黃金。經過大衛營一個周末的商討後，尼克森單方面「關閉了黃金窗口」，外國政府在周五仍可用美元兌換黃金，但一個周末後就不行了。自那時起，美國（以及所有工業化國家）都採用了「法定貨幣」制度，簡單來說：美元其實只是張紙而已。

浮動匯率。金本位制度固定了貨幣之間的匯率，而浮動匯率則允許貨幣隨經濟狀況波動，甚至每分鐘都可能變動。大多數已開發國家的貨幣都採取浮動匯率，貨幣在外匯市場上交易，跟股票交易所或eBay上的交易一樣。如同其他商品的市場價格，在任何時間點，美元與日圓的匯率反映了雙方自願相互交易的價格。當豐田在美國銷售大量汽車，賺取美元收入時，他們會與需要換美元的對象交換日圓（或者，豐田也可以直接用這些美元支付美國員工薪資、在美國投資，或購買美國的生產原料）。

在浮動匯率制度下，政府沒有義務維持貨幣的特定價值，這與金本位制度不同。這個制度的主要缺點在於貨幣波動會為從事國際貿易的企業帶來額外的不確定性。例如，福特汽車可能在歐洲市場獲得了巨額利潤，但當它試圖將歐元匯回美國時，卻可能在外匯市場發生虧損。截至目前，匯率波動雖然是浮動匯率制度的一大缺點，但並非致命問題。跨國企業可以利用金融市場來對沖匯率風險。例如，在歐洲經營業務的美國公司可以透過期貨合約，鎖定未來某個日期的歐元兌美元匯率，這與西南航空鎖定未來燃油價格，或星巴克透過期貨市場來防範咖啡豆價格意外飛漲的方式類似。

固定匯率（或貨幣浮動區間）。固定或「釘住」匯率與金本位制度非常相似，只是它並不依賴黃金（這可能是一個問題，而且經常如此）。各國承諾將其匯率與其他幾個國家（如歐洲國家）保持在某個預定的範圍內，相關貨幣仍可在市場上自由交易，但每個參與國的政府都同意採取政策，以確保其貨幣的交易價格維持在預定的區間內。本章開頭提到的歐洲匯率機制就是這樣的制度。

「釘住」匯率的主要問題在於，各國確保兌現維護匯率的承諾往往不可信。一旦某種貨幣顯得疲軟，就像英鎊當時的情況，投機者便會迅速出手，希望在該貨幣貶值時賺取數百萬，甚至數十億美元的利潤。當然，當投機者（以及其他擔心貶值的人）積極賣出該貨幣時——正如索羅斯所做的——那麼該貨幣就更有可能貶值。

借用他人的良好信譽。一九九〇年底，阿根廷的年通膨率超過一〇〇〇%，這對於一個有惡性通膨歷史的國家來說並不令人意外。這是你會想持有的貨幣嗎？長期以來，阿根廷一直是全球通膨的「壞孩子」——貨幣政策的表現就像是一個連續三次放你鴿子，然後第四次還試圖說服你這次會不一樣的人——大家都知道當然不會。所以，當阿根廷終於下定決心對抗通膨時，它的中央銀行不得不採取極端手段。基本上，它請美國來當監督者。一九九一年，阿根廷宣布放棄控制自己的貨幣政策，不再隨意印鈔。取而代之的是，政府成立了一個貨幣委員會，制定了嚴格規則，確保從此之後，每一阿根廷披索都等值於一美元。為了讓這個制度可行（並贏得國際市場的信任），貨幣委員會承諾，市場上流通的每一披索，都必須有等值的一美元儲備支持。因此，貨幣委員會只能在其金庫裡新增美元儲備時，才可以發行新的披索。此外，每一阿根廷披索都可以隨時兌換成美元，實際上，阿根廷創造一個以美元代替黃金的金本位制度。

這套制度一開始確實有效，通膨率從三位數降至兩位數，最後甚至降到個位數。然而，這也帶來了極大的代價。還記得聯準會主席用來精細調控經濟的所有方法嗎？阿根廷政府無法做到，因為它已經為了打擊通膨而放棄對貨幣供給的控制。此外，阿根廷也無法獨立控制其匯率；披索已與美元掛鉤，如果美元強，披索就強；如果美元弱，披索也只能跟著變弱。

這種對貨幣供給與匯率缺乏控制的情況最終帶來了沉重的代價。自一九九〇年代末起，阿根廷陷入嚴重的經濟衰退，而當局卻沒有應對的常規工具。更糟糕的是，由於美國經濟繁榮，美元走強，導致阿根廷披索也變得強勢，對阿根廷的出口商造成打擊，進一步傷害經濟。相較之下，巴西的貨幣「雷亞爾」在一九九九年至二〇〇一年底期間貶值超過五〇%，等於向全球投下了一場「半價大促銷」，而阿根廷卻只能無奈旁觀。隨著阿根廷經濟持續低迷，經濟學家對貨幣委員會制度的合理性展開辯論。支持者認為這是維持總體經濟穩定的重要手段，懷疑者則認為這種機制弊大於利。一九九五年，加州大學柏克萊分校的經濟學家莫里斯．奧布斯菲（Maurice Obstfeld）與普林斯頓大學的肯尼斯・羅格夫（Kenneth Rogoff）分別發表論文，警告像阿根廷貨幣委員會這類固定匯率的努力，最終可能會以失敗告終。[7]

時間證明了懷疑者的觀點是對的。二〇〇一年十二月，長期受苦的阿根廷經濟徹底崩潰，街頭抗議演變成暴力衝突，總統辭職，政府宣布無法償還債務，造成歷史上規模最大的主權違約（諷刺的是，羅格夫當時已從普林斯頓大學轉任國際貨幣基金組織的首席經濟學家，他不得不處理自己數年前曾經警告過的經濟災難）。阿根廷政府最終廢除了貨幣委員會制度，終止了披索與美元一比一的固定匯率，披索對美元的價值隨即暴跌約三〇%。

虛假的貨幣。有些貨幣在國際市場上毫無價值。一九八六年，我曾穿越柏林圍牆進入東柏林，也就是當時的鐵幕世界。從「查理檢查哨」（Checkpoint Charlie）入境東德時，我們必須將一定數量的「硬通貨」（強勢貨幣，美元或西德馬克）兌換一定數量的東德馬克。匯率是如何決定的？純屬虛構。東德馬克是一種「軟」貨幣，也就是在共產世界之外完全無法交易，因此也沒有任何購買力。匯率幾乎是隨意設定的，而且我相當確定，換到手的東德馬克，其實不值我們所支付貨幣的購買力。事實上，當我們離開東德時，甚至不允許將東德貨幣帶出國，東德邊境官收走了我們剩餘的錢，並表示他們會「替我們存起來」（這真的是他們的說法），留待我們下次造訪時使用。如今，在統一後的德國某處，或許還有一個以我的名字登記的帳戶，裡面存著一小筆毫無價值的東德貨幣。所以，我還算有點收穫。

對於少數在柏林圍牆倒塌前，便在共產國家經營的美國企業而言，軟貨幣是一個相當嚴重的問題。一九七四年，百事可樂與蘇聯達成協議，開始在該國銷售產品。共產國家的人當然也喝可樂。但問題來了，百事可樂該如何處理數百萬盧布？最終，百事可樂與蘇聯政府選擇了最傳統的交易方式——以物易物。百事可樂用它的飲料糖漿換取蘇聯政府的紅牌伏特加，這在西方是有真正價值的。[8]

這些貨幣機制聽起來井然有序，除了阿根廷街頭的暴動。事實上，類似阿根廷的貨幣崩潰事件出奇的頻繁，我們不妨回顧幾頁前的話：「投資者會把資金轉移到其他地方，並在離開時拋售當地貨幣。」但現在，讓我們用更接近現實的描述來呈現這一過程：「投資者陷入恐慌，在哭喊尖叫中拋售資產，拚命甩賣當地貨幣——不管價格如何，只求在市場徹底崩潰之前逃出！」

阿根廷、墨西哥、俄羅斯、土耳其、南韓、泰國，以及本章開頭提及的國家——冰島，這些國家有什麼共同點？不是地理位置，也不是文化，當然也不是氣候，它們的共同點是都曾經歷貨幣危機。雖然沒有兩場貨幣危機是完全相同的，但它們通常遵循一個三幕劇模式：（一）某個國家吸引了大量外資流入；（二）某些不好的事情發生了，例如政府過度舉債而面臨違約風險、房地產泡沫破裂、一個採取固定匯率的國家面臨貨幣貶值、銀行體系曝露出充滿壞帳，或是上述所有因素的組合；（三）外國投資者試圖將資本撤離，最好是在其他人之前。資產價格下跌（因為外資拋售），貨幣價值也隨之暴跌。這兩者都讓原本的經濟問題惡化，進而引發更嚴重的資產與貨幣崩跌。最終，這個國家只能向世界其他地區求助，好阻止經濟陷入惡性循環。

要了解這一切是如何發生的，我們來看看最近的受害者：冰島。冰島並不是一個貧窮的開發中國家，事實上，冰島在二〇〇八年位居聯合國人類發展指數（UN Human Development Index）排行的榜首。以下根據我能理解的情況，列出冰島的三幕劇：

第一幕。在二十一世紀的第一個十年，冰島的貨幣——冰島克朗（Icelandic krona）極為強勢，且實質利率遠高於全球標準。冰島的銀行監管相對寬鬆，吸引了來自世界各地的資金，因為投資人希望獲得高額的實質回報。在顛峰時期，冰島的銀行資產總額是全國GDP的十倍，這些銀行利用這筆龐大的資金池，在二〇〇六年進行看起來非常聰明的投資。同時，國內的高利率促使冰島人甚至是為了購買相對小額的商品，以外幣借貸。一位冰島大學的經濟學家告訴《CNN商業》（CNN Money）：「當你買車時，銷售員會問你：『你想要怎麼貸款？一半日圓，一半歐元？』」[9]

第二幕。全球金融危機對世界而言是壞消息，對冰島來說更是災難。冰島的銀行因為糟糕的投資與呆帳損失慘重，二〇〇八年秋天，冰島的三大銀行已經倒閉，央行接管了最大的私人銀行，實際上也已經陷入違約狀態。《紐約時報》在二〇〇八年十一月報導了一則新聞，開頭便是：「人們破產很常見，公司破產也時有所聞。但國家呢？」

隨著冰島克朗暴跌，以外幣貸款的消費者貸款成本激增。試想一下：如果你借了歐元，當冰島克朗兌歐元貶值了五〇%，那麼你每月償還的貸款就會翻倍。當然，冰島人用那些貸款購買的資產，例如房屋和不動產，價格也同時暴跌。

第三幕。冰島克朗價值剩原本的一半，股市下跌了九〇%，GDP萎縮了一〇%，失業率達到四十年來新高。人們非常憤怒，就像當年的阿根廷。一位女性對《經濟學人》說：「如果我遇到銀行家，我會狠狠踹他，直到我的鞋子卡在他身上。」而她還是名幼稚園老師。[10]

連大麥克指數（Big Mac Index）在冰島都留下了一個悲傷的註腳。二〇〇九年十月，冰島的三家麥當勞餐廳因金融危機而倒閉。麥當勞規定冰島的加盟店必須從德國購買食材與包裝材料，但由於冰島克朗對歐元匯率暴跌，加上政府對進口商品徵收高額關稅，這些來自德國的原物料成本幾乎翻倍。冰島的麥當勞加盟店老闆表示，若要維持「合理的利潤」，一個大麥克的售價必須超過六美元——這個價格比當時世界上任何地方都高，且對於一個深陷經濟衰退的國家來說，這是無法承受的。最終，麥當勞選擇退出冰島市場。[11]

投資者逃離國家時帶來的經濟殘局，似乎有個顯而易見的解決方案：或許應該讓撤資變得困難。部分國家曾實驗資本管制（capital controls），設立各種限制來阻止資金自由進出。然而，和許多看似明顯的解決方案一樣，這種做法也存在不那麼顯而易見的問題，如果外國投資者無法撤回資金，他們可能最初就不會選擇投資，這就像百貨公司試圖透過禁止退貨，來增加營收一樣。一組經濟學家研究了五十二個貧窮國家在一九八〇年至二〇〇一年期間的經濟表現，探討金融自由化（讓資本更容易進出該國）與經濟表現之間的關係。結果顯示，這是一種取捨：實施資本管制的國家，經濟成長速度也較慢。《經濟學人》總結了這項研究的結果：「偶爾的經濟危機，或許是為了更快速的成長而必須付出的代價。」[12]

那麼，如果我們全都使用相同的貨幣呢？這樣是否能避免與貨幣相關的麻煩？畢竟，愛荷華州從未因為伊利諾州的投資者將資本撤回密西西比河對岸而陷入金融危機。擴大貨幣區域確實有其優勢，這正是歐元誕生的邏輯，它取代了歐洲大多數國家的個別貨幣。在整個歐洲（以及美國五十個州）使用單一貨幣，可以降低交易成本，並提高價格透明度（這表示當所有商品都以相同貨幣計價時，更容易發現並利用價格差異）。然而，這裡同樣存在取捨。請記住，貨幣政策是任何政府控制經濟「速度」的主要工具。央行透過調整貨幣供給來升降利率。當多個國家共用同一種貨幣（例如歐元區國家），這些國家就必須放棄對自身貨幣政策的控制權。現在，整個歐元區的貨幣政策由歐洲中央銀行（**European Central Bank, ECB**）統一管理（當然，路易斯安那州與加州也沒有各自的貨幣政策）。如果貨幣區內的某個地區經濟低迷，需要降低利率來刺激經濟，而另一個地區卻在快速成長，需要升息以抑制通膨，這就會成為問題了。

我們真正關心的並不是貨幣本身，而是背後的商品與服務流動。跨國貿易讓我們的生活更美好，而貨幣僅僅是一種促進雙方互惠交易的工具。從長遠來看，我們輸出的商品與服務價值，應該與我們進口的價值大致相等。如果不是，那麼一定有人吃了大虧。就連小孩子在學校午餐室交換零食時也知道，你放棄的東西應該與得到的東西價值相當。

除了美國之外，其他國家基本上都會在午餐室裡拿內臟三明治換火雞三明治、外加洋芋片、餅乾、果汁，甚至還有一份不含花生的小點心。美國長期以來一直在與世界其他國家進行龐大且持久的經常帳赤字，這表示年復一年，美國從世界其他國家獲得的商品與服務，比美國出售給它們的還要多（經常帳衡量的是來自國際貿易的收入，包括商品和服務，以及其他海外收入，如海外投資的股息和利息，和海外工作美國人匯回的款項）。美國是怎麼安全過關的？從長期看來，這會成為問題嗎？第二個問題的答案是：會。第一個問題則比較複雜。

正如第九章所提到的，經常帳赤字本身並不一定是壞事，經常帳盈餘也未必是好事。例如，亞塞拜然（Azerbaijan）與波札那（Botswana）在二〇一七年的經常帳盈餘占GDP的比例很高，但這並不代表它們是經濟強國。然而，有個經濟現實不容忽視：一個經常出現經常帳赤字的國家，從世界其他地區獲得的收入少於其支付的金額。舉個簡單的例子：如果美國從日本購買了一億美元的汽車，卻只向日本出售了五千萬美元的飛機，那麼美國就產生了五千萬美元的經常帳赤字。日本人不會因為美國人友善或長得好看，就願意額外贈送五千萬美元商品；他們預期美國會用某種方式補上這筆差額。要填補這個缺口，我們只有幾個選擇，其中之一就是將資產賣給日本的貿易夥伴，例如股票、債券、房地產等。

舉例來說，美國可能會將二千五百萬美元的曼哈頓房地產，還有二千五百萬美元的美國企業股權（股票）出售給日本企業。現在帳目就說得通了，美國人從日本獲得一億美元的商品與服務；作為交換，美國輸出五千萬美元的商品（飛機），以及五千萬美元的資產。這筆交易很公平，但它是有代價的：美國放棄的資產（房地產與股票）本來能在未來產生收入（租金與股息），但現在這些收入將流向我們的貿易夥伴。我們用未來的收入換取現在的汽車。

這並不是唯一的選擇。美國還可以賒帳來購買商品，它可以向國際金融市場中的某個願意貸款的對象借五千萬美元，這樣一來，美國用五千萬美元的飛機加上五千萬美元的借款來「支付」這一億美元的日本汽車。但這當然也有未來成本，這筆貸款最終得連本帶利償還，同樣是透過借未來的的錢來支付當前的消費。

為什麼美國會長期處於經常帳赤字？與傳統觀念所認為的相反，這幾乎與商品與服務品質、或勞動力競爭力無關。（回到前面提到的觀點，你認為亞塞拜然和波札那之所以有經常帳盈餘，是因為它們的產品更優質、勞工更有效率嗎？）美國持續處於經常帳赤字，是因為美國年復一年消費量比生產量更多。換句話說，我們正在做與儲蓄相反的事情（儲蓄的定義是生產大於消費，並將多餘的部分存起來）。作為一個國家，我們的行為即是經濟學家所說的「負儲蓄」。

經常帳平衡與國家儲蓄率之間的關聯至關重要。任何消費超過生產的國家，從定義上來說，必然會出現經常帳赤字，因為：一、你消費的商品與服務必須來自世界其他地方；二、你無法用自己的商品與服務來交換從其他國家獲得的額外物品，因為你已經消費所有能生產的東西。

照例，用農業來比喻會更清楚。假設一位名叫「美國」的農夫種植玉米，他是一位高產能的農夫，英俊又聰明，且只使用最現代的農業技術（這些細節在這裡並不重要，就像在描述一個國家經濟是否運行經常帳盈餘或赤字時一樣）。農夫美國可以對他所種植的作物做四件大事：可以吃掉（消費）、可以留作來年播種（投資）、可以交給政府以換取服務（政府支出），或者拿來交換其他東西（出口換取進口）。就這四種選擇。因此，假設農夫美國這年的情況如下：

他種了一百英斗的玉米，吃掉了七十英斗，交給政府三十英斗，他還需要二十英斗留到明年播種。但是如果你算一下，你會發現農夫美國一年用掉了一百二十英斗，但他只種了一百英斗。他一定是玉米的淨借貸者——在這個例子中，他借了二十英斗。這就等同於經常帳赤字，而這不過是數學問題——如果他用掉的玉米比自己種的多，那麼差額必須來自其他地方。

農夫中國就在不遠處耕作。他只種了六十五英斗，因為他剛開始務農，使用的技術還相對原始。農夫中國自己吃掉二十英斗，交給政府十英斗，並留出十五英斗作為來年的種子。再次簡單計算可以發現，農夫中國並沒有把自己種的玉米全部用掉，他手上還有二十英斗的盈餘。巧合的是，這些玉米可以賣給農夫美國，因為他的玉米不夠用。當然，農夫美國並沒有任何作物可交換，所以他開了一張欠條來代替。農夫中國把玉米給了農夫美國（這是「出口」）——並且貸款給他來購買這些玉米。

讓我們從農場的比喻轉回現實：到目前為止，美國欠中國大約一兆美元。

通常，這類全球經濟失衡會有自我調節的機制。一個經常帳赤字嚴重的國家，貨幣通常會開始貶值。假設紐西蘭正處於經常帳赤字狀態，世界其他國家會不斷累積紐西蘭元，因為他們賣給紐西蘭的商品多於他們從紐西蘭購買的商品；外國企業希望將手上的紐西蘭元兌換回自己的本國貨幣，在外匯市場上，紐西蘭元的供應量將超過需求量，導致紐西蘭元相對於其貿易夥伴的貨幣貶值。紐西蘭元貶值有助於修正貿易失衡，因為這讓紐西蘭的出口商品更具競爭力，而進口商品變得更昂貴。例如，如果紐西蘭元相對日圓貶值，那麼在紐西蘭市場上的豐田汽車會變得更貴，而紐西蘭的農產品（奇異果？）在日本市場看起來則更便宜。同時，類似的情況也會發生在其他國家；紐西蘭將減少進口並增加出口，縮小經常帳赤字。

目前中美之間的情況不太一樣，這兩個國家可以說陷入了一種不健康的共生關係，隨時可能瓦解。中國建立了一種非常成功的發展戰略，即「出口導向型成長」，這表示大部分的就業成長與經濟繁榮，都是透過企業生產出口商品來實現的，而這些出口商品中有很大一部分銷往美國。

中國的出口導向型發展戰略依賴於保持人民幣相對便宜（如我們在「大麥克指數」中所見）。為了達成這個目標，中國政府將累積的大量美元主要投入美國國債，也就是像是貸款給美國聯邦政府。至少在短期內，這對雙方來說都是各取所需。中國政府透過出口來促進就業與經濟成長，而美國則透過向中國大舉借貸來維持其「反儲蓄」的生活方式。這與農夫中國與農夫美國的情境並無太大差異：美國向中國借貸，以購買中國的出口商品。

從長遠來看，這種情況對雙方都構成嚴重風險。美國已經成為一個巨大的債務國，但債務人總是容易受到債權人一時的興致與要求影響。美國習慣於借貸，而中國則滿足這種習慣。詹姆斯．法羅斯（James Fallows）指出：「沒有中國每天提供的十億美元，美國無法維持其經濟穩定，也無法防止美元崩潰。」[13]更糟糕的是，中國可以威脅拋售其持有的大量美元資產，這樣的舉動將帶來毀滅性的後果。正如法羅斯所說：「他們多年的國家儲蓄就存在這些可能被毀掉的美元中；在恐慌時，他們只能在價值下跌前搶回一小部分。」儘管如此，這仍然是一種強大的武器，而這個武器正掌握在一個與美國經常意見不合的國家手中。

然而，中國的處境可能更糟。假設美國的債務負擔已超過納稅人能夠（或願意）償還的程度，美國政府可能選擇違約——簡單地拒絕償還債務。這種情況極不可能發生，主要是因為還有另一種更微妙且不負責任的選擇：美國可以透過印鈔「通膨抹去」中國（及其他債權人）的大部分債務。如果美國無節制地印鈔，美元將貶值，而美元計價的債務也將縮水。如果通膨率達到二〇％，我們實際上要償還的債務價值就會減少二〇％；如果通膨率達到五〇％，那麼美國對中國的一半債務就等於消失了。這種情況可能發生嗎？不太可能。但如果有人欠我一兆美元，而他還擁有印鈔權，那我一定會對非常擔心通膨問題。

這種功能失調的經濟關係終將結束，關鍵問題是何時、為何以及如何結束。法羅斯對當前狀況做出總結：「實際上，過去十年間，（富裕的）美國每個人平均向（貧窮的）中國人民共和國借了約四千美元。就像許多經濟失衡現象一樣，這種情況不能無限期持續，因此終將結束。但結束的方式——是逐步還是突然？是可預見的還是發生於恐慌之中？對未來幾年美國和中國的經濟都會產生巨大影響，更不用說歐洲與其他地區的旁觀者了。」[14]

考量到其中牽涉的風險，是否有大人在監督這一切？有的，但他們已經年邁。在二次世界大戰即將結束之際，同盟國的代表齊聚美國新罕布什爾州布雷頓森林的華盛頓山飯店（那裡是個無論冬夏都相當宜人的新英格蘭度假勝地），他們的任務是為戰後世界建立穩定的金融架構，最終創建了兩個國際機構，即所謂的「兩姊妹」。

其中負責全球貧困問題的核心機構是華盛頓的世界銀行（World Bank）。世界銀行於一九四七年提供首筆二億五千萬美元貸款給法國，用於戰後重建。該機構由一百八十三個成員國共同擁有，從其會員國和資本市場籌集資金，借給開發中國家，用於可促進經濟發展的計畫。世界銀行處理許多國際發展相關議題，我們將在第十三章中詳細探討。

如果說世界銀行是全球的福利機構，那麼與之並列的姊妹機構——國際貨幣基金組織（International Monetary Fund, IMF）則可視為負責撲滅國際金融危機的消防隊。當冰島、阿根廷、墨西哥及其他國家陷入經濟危機時，他們都曾向ＩＭＦ求援。ＩＭＦ同樣是在布雷頓森林會議上構思出來的合作全球機構，會員國要向ＩＭＦ支付資金；作為回報，他們可以在困難時貸款，不過前提是這些國家必須承諾推行經濟改革，以消除這些困難，造福本國與其他成員國。ＩＭＦ與世界銀行都無權強迫任何國家接受貸款或建議，這兩個機構的權力和影響力都來自於它們所掌握的誘因。

很少有機構能像世界銀行和ＩＭＦ那樣，受到來自各種政治立場的猛烈批評。《經濟學人》曾評論道：「如果開發中國家每份關於改變『國際金融架構』的提案都能得到一美元，那麼第三世界的貧困問題早就解決了。」[15]保守派認為，世界銀行和ＩＭＦ是官僚組織，將資金浪費在無法真正帶領國家擺脫貧困的計畫上。他們還主張，ＩＭＦ的紓困機制反而助長了金融危機的發生，因為投資者會因為相信ＩＭＦ會在國家陷入困境時出手相救，而更肆無忌憚地向國際貸款。二〇〇〇年，共和黨主導的美國國會成立了一個委員會，建議縮小並全面改革世界銀行和ＩＭＦ。[16]

在政治光譜的另一端，反全球化陣營則指控世界銀行和ＩＭＦ是資本主義的鷹犬，強行將全球化模式套用在發展中國家，導致這些國家背負龐大債務。這些機構的會議已成為暴力抗議的場合，二〇〇〇年，當這兩大機構在布拉格舉行秋季會議時，當地的肯德基和必勝客甚至提前訂購了替換玻璃。

隨著二〇〇七年全球經濟衰退的展開，美國批評幾個歐洲國家沒有做出足夠努力來刺激經濟。具體的批評內容有爭議性，但無論如何，它還是提出一個關鍵點：要讓美國經濟復甦，歐洲經濟也必須復甦。同樣地，日本、中國及其他所有主要經濟體的復甦也至關重要。國與國之間並非傳統意義上的競爭對手，畢竟，紅襪隊絕不會抱怨洋基隊在休賽時沒有做出足夠努力，來提升球隊實力。棒球是一場零和遊戲，只有一支球隊能奪得世界大賽冠軍。然而，國際經濟則恰恰相反，所有國家都可以隨著時間的推移而變得更富裕，儘管這些國家的企業仍然會競爭利潤和資源。全球GDP已持續成長數百年，我們如今的富裕程度遠超過一千五百年前。那麼，這些成長是以誰變窮為代價的呢？沒有人。全球經濟政策的目標應該是讓各國更容易彼此合作，合作得越好，所有人就會變得越富裕、越安全。

第十二章

貿易和全球化：亞洲血汗工廠的好消息

想像一項令人驚嘆的發明：一台能將玉米轉換為電子產品的機器。當這台機器全速運轉時，它可以將五十英斗的玉米變成一支iPhone。或者，只需轉動一下旋鈕，便能將一千五百英斗的大豆轉換成一輛四門轎車。但這台機器的功能遠不止於此，如果設定得當，它甚至能將Windows軟體變成法國最優質的葡萄酒，或者將一架波音七七七換成足以供應一座城市數月的新鮮水果與蔬菜。這項發明最令人驚奇的地方在於，它可以在世界上任何地方設置，並且能夠將當地生產的任何產品，轉換為那些通常難以獲得的東西。

更不可思議的是，這台機器對貧窮國家也有效。開發中國家可以將它們能夠生產的東西——無論是原物料、廉價紡織品，還是基本製造品——投入這台機器，就能換取那些本來無法得到的物品：食物、醫療或更先進的製造品。顯然，擁有這台機器的貧窮國家，將比沒有的國家發展得更快。我們應該預期，讓貧窮國家能使用這台機器，會是幫助全球數十億人擺脫極端貧困的策略之一。

令人驚訝的是，這項發明早已存在。它的名字叫「貿易」。

如果我以寫書為生，然後用收入購買一輛底特律製造的汽車，這筆交易並沒有什麼特別具爭議性的地方。我因此受益，汽車公司也受益，這正是第一章的內容。現代經濟建立在貿易的基礎上，我們付錢給他人來製造或提供我們無法自行完成的商品與服務，從製造汽車到進行闌尾切除手術。同樣重要的是，我們也會花錢讓別人做那些我們本可以自己做，但選擇不做的事情，通常是因為我們有更值得投入時間的事。我們付錢讓人煮咖啡、做三明治、換機油、打掃房子，甚至是遛狗。星巴克的成功並非因為某項重大的科技突破，它只是認識到，忙碌的人願意花幾美元買一杯咖啡，而不是自己沖泡，或者喝那壺已經在辦公室放了六小時的爛咖啡。

要理解貿易帶來的好處，最簡單的方法就是想像沒有貿易的生活。你住在冷風直灌的自建小屋裡，早起後穿上自己織的衣服，這些布料來自你親手剪下後院兩隻綿羊的毛。然後，你從後院那棵在明尼亞波利斯（編按：Minneapolis，位於美國明尼蘇達州，溫帶大陸性氣候）長得不怎麼好的咖啡樹上摘下一些咖啡豆，同時心裡暗自祈禱，你的母雞昨晚有產蛋，這樣你才有東西可以當早餐。總而言之，我們的生活水準之所以高，是因為我們能夠專注於自己最擅長的事，然後交易其他一切事物。

為什麼若是產品或服務來自德國或印度，這類交易會有所不同？其實沒有不同。我們可能跨越了政治邊界，但經濟並沒有發生重大變化。個人和企業之所以進行交易，是因為這能讓雙方都受益。無論是越南耐吉工廠的工人、底特律的汽車工人、在波爾多吃麥當勞漢堡的法國人，還是坐在芝加哥品味勃根地紅酒的美國人，這一點都不變。任何理性的貿易討論都必須從這個基本概念開始：來自中非查德、西非多哥或南韓的人與你我並無不同，他們做的事情都是為了讓自己的生活變得更好，而貿易正是其中之一。保羅．克魯曼曾指出：「你可以這麼說——我也會這麼說——全球化並非出於人類的善良，而是由於利益所驅動，卻為更多人帶來了更多福祉，遠超過那些出於善意的政府與國際機構所提供的外援與優惠貸款。」接著，他又感慨道：「但我知道，說過這些話後，我一定會收到一堆討厭的郵件。」[1]

這正是「全球化」的本質，這個詞如今已成為國際間商品與服務流動加速的代名詞。美國人和世界上大多數人比以往更有可能購買來自其他國家的商品或服務，並將自己的產品與服務出口到國外。一九八〇年代末，我在亞洲旅行，為新罕布夏州的一家日報撰寫一系列文章。當時，在峇里島一個相對偏遠的地方，我驚訝地發現了一家肯德基，於是特地寫了一篇報導：「桑德斯上校成功地在世界上最偏遠的地區開設了速食餐廳。」如果我當時就意識到，「文化同質化」這一概念在十年後會成為社會動盪的導火線，或許我現在已經成為全球化問題的知名評論家，甚至因此成名致富。然而，我當時只是單純地寫道：「在這片相對未受干擾的環境中，肯德基顯得有些格格不入。」[2]

然而，這間肯德基並不僅僅是我筆下的奇景，它是一個確實存在的跡象，證明統計數據清楚顯示：全球經濟相互依存日益加深。全球出口占世界GDP的比重已從一九五〇年的八％上升到今日的接近三〇％。[3]美國的出口占GDP的比重，也從同期的五％成長至一二％。值得注意的是，美國經濟的絕大部分仍然由供應國內市場的商品與服務構成。與此同時，由於美國經濟的規模龐大，它仍是全球最大的出口國之一，總金額僅次於中國。美國從開放的國際貿易體系中獲益頗多，而對世界其他地區來說，亦是如此。

我曾在許多場合闡述這個觀點，現在我也開始收到謾罵郵件了。有時候內容還挺有創意。我最喜歡的一封來自一篇專欄文章的讀者回應，當時我在文中主張，一個更加富裕且快速成長的印度對美國是有益的。

這封信的開頭和往常一樣，先是說我的工作應該趕快被外包到某個低薪國家，然後結尾寫道：「你和湯姆・費里曼（Tom Friedman，《世界是平的》這本支持全球化的書籍作者）乾脆一起開間房吧？世界不是平的，是你的腦袋平！」有些信件就沒那麼含蓄了，例如主旨直接寫著：「你爛透了！！！！！！！！！！！！！！」（沒錯，就是這麼多個驚嘆號。）

儘管有這麼多驚嘆號，幾乎所有的理論與證據都表明，國際貿易帶來的好處遠遠超過其成本。唐納・川普在競選時宣稱，國際貿易是美國製造業工作機會大量流失與許多美國人生活水準下降的主因。這在某種程度上是無可否認的事實。和所有市場一樣，貿易會產生「輸家」。我之前已經提過這點，稍後還會再討論。中國崛起成為製造業強國，確實讓部分美國企業及其員工付出了代價。任何具公信力的經濟學家都會承認這點，任何合格的政治人物也都清楚這個現象，尤其是那些曾經失去大量製造業工作的地區。然而，認為貿易是美國大部分工作流失的罪魁禍首，或是認為貿易壁壘能夠讓這些工作回流並讓美國人變富裕，這是錯誤的。根據美國波爾州立大學商業與經濟研究中心的研究，二〇〇〇年至二〇一〇年間，美國流失的五百六十萬個製造業工作中，有八五%是因為技術進步，而不是因為中國、越南或墨西哥。機器正在執行人類的工作，尤其是那些原本由低技術工人從事的工作。美國的製造業產出在這十年間加倍——請記住，美國仍然是全球第二大出口國——就算就業機會仍在下滑。布魯金斯研究所的貿易專家指出：「簡單來說，我們用更少的人生產了更多的產品。」[4]

貿易值得一整本書來深入探討；有些好書深入討論從世界貿易組織（WTO）的行政架構到海龜被捕蝦網困住的命運。我的同事道格・爾文（Doug Irwin）撰寫了一本關於美國貿易政策的歷史書籍——《貿易之爭》（*Clashing Over Commerce*），書中詳細記錄了美國歷史上對於貿易的激烈政治爭論，整整八百三十二頁！然而，全球化的成本與收益所依據的基本概念，其實既簡單又直接。沒有哪個現代議題引起這麼多混亂且草率的思考，但國際貿易的論證，恰恰是建立在經濟學最基本的概念之上。

貿易讓我們變得更富裕。貿易既是經濟學中最重要的概念，同時也是最不直觀的概念。曾有人建議亞伯拉罕．林肯從英國購買廉價的鐵軌來完成橫貫大陸鐵路，他回答道：「在我看來，如果我們向英國買鐵軌，那麼我們得到了鐵軌，他們得到了錢。但如果我們在這裡製造鐵軌，那麼我們既有鐵軌，也保住了錢。」[5]要理解貿易的好處，我們必須找出林肯經濟觀點中的謬誤。讓我換個說法，也許這樣邏輯上的錯誤就會更明顯：如果我從肉販那裡買肉，我得到肉，他得到我的錢。但如果我在後院養一頭牛三年，然後自己宰殺，那麼我既有肉，也保住了錢。為什麼我不在後院養牛？因為這將是極大的時間浪費，而這段時間本可以用來做其他更有生產力的事情。**我們與他人進行貿易，是因為這樣能釋放時間和資源，做自己更擅長的事情**。

沙烏地阿拉伯生產石油比美國更便宜，而美國生產玉米和大豆比沙烏地阿拉伯更便宜，這種以玉米換石油的貿易就是絕對優勢的例子。當不同國家在生產不同產品上具有優勢時，透過專注於自己最擅長的領域並進行貿易，雙方都能消費更多產品。住在西雅圖的人不應該自己種植水稻，而應該建造飛機（波音）、開發軟體（微軟）、銷售書籍（亞馬遜）——將種稻的工作留給泰國或印尼的農民。同時，那些農民雖然沒有能力或技術開發軟體，但他們仍然能享受到微軟Word帶來的便利。國家就像個人一樣，擁有不同的自然優勢。讓沙烏地阿拉伯種植蔬菜，和讓老虎伍茲自己修車一樣沒有道理。

那麼，如果一個國家什麼都不擅長呢？畢竟，國家之所以貧窮，正是因為生產力低落。孟加拉能為美國提供什麼？其實很多，這正是比較優勢的概念。孟加拉的工人不需要在生產任何產品上都勝過美國工人，貿易依然能帶來好處。他們為我們提供商品，使我們能夠把時間專注於最擅長的領域。舉個例子，許多工程師住在西雅圖，這些人擁有機械工程博士學位，對製鞋和製衣的了解甚至可能超過孟加拉的大多數工人。那麼，為何我們還是從孟加拉進口由低等教育的工人生產的衣服和鞋子呢？因為西雅圖的工程師更擅長設計與製造商用飛機，這正是他們最擅長的事，也就是說，製造飛機可以讓他們的時間產生最高價值。從孟加拉進口衣服和鞋子，讓他們能有時間做這些事情，也能讓這個世界變得更好。

生產力讓我們變得富有，專業化讓我們更具生產力，而貿易則讓我們能夠專業化。西雅圖的工程師製造飛機的生產力勝於縫製衣物；孟加拉的紡織工人製作衣物鞋子的效率則高於其他工作（否則，他們也不會選擇在紡織廠工作）。此刻，我正在寫作，我的妻子經營一家軟體顧問公司，而有位名叫克萊曼婷的女士曾幫我們照顧小孩。我們僱用克萊曼婷，並不是因為她比我們更會養育孩子（儘管有時候我確實這麼覺得），而是因為她讓我們能在白天專注於自己擅長的工作，這對我們的家庭來說是最理想的安排——對克萊曼婷、對本書的讀者，以及對我妻子的客戶來說亦然。

貿易使世界上的稀缺資源得到了最有效的利用。

貿易也會帶來輸家。如果貿易將競爭的好處帶到世界的每個角落，那麼「創造性破壞」所造成的影響也不遠了。試著向緬因州的製鞋工人解釋全球化的好處吧，這些人因為工廠遷往越南而失去了工作（別忘了，我曾擔任緬因州州長的演講撰稿人，**我曾試圖解釋這個問題**）。貿易，就像科技一樣，可能摧毀工作機會，尤其是低技術工作。如果緬因州的工人時薪十四美元，而同樣的工作在越南每小時只需一美元，那麼這位工人的生產力必須是越南工人的十四倍才行。否則，一家追求最大利潤的企業會毫不猶豫地選擇越南。貧窮國家同樣會失去工作機會。那些長期受保護、未曾面臨國際競爭的產業，由於沒有競爭，會養成各種不良習慣，最終可能被無情且高效的國際競爭徹底擊垮。如果你是印度Thumbs-Up可樂的製造商，在一九九四年可口可樂進入市場時，你會有什麼感覺？

從長遠來看，貿易促進經濟成長，而成長的經濟能夠吸收被取代的勞工。出口增加，且因廉價進口商品使得消費者變得更富裕，這兩者都會在經濟的其他領域創造新的就業需求。在美國，由貿易造成的工作流失，相較於經濟創造新工作的能力來說，是微不足道的。一項關於《北美自由貿易協議》的研究顯示，一九九〇年至一九九七年間，每年因與墨西哥的自由貿易約流失三萬七千個工作機會，而同期美國經濟每個月卻創造出二十萬個新工作。[6]然而，「長遠來看」與「轉型成本」或「短期失業」這些詞語一樣殘酷無情，因為它們過於淡化了人們的痛苦與混亂。

緬因州的製鞋工人需要在短期內支付房貸，悲哀的現實是，他們在長期內可能也不會變得更好。失業工人往往有技能問題（如前所述，因科技進步而失去工作的人數遠超過因貿易而失業的人數）。如果某個產業集中在某個地區，失業工人可能會眼睜睜地看著自己的社區與生活方式逐漸消失。同樣如前所述，川普在二〇一六年選舉中，在與墨西哥與中國貿易最多的郡表現最好。

《紐約時報》曾報導紐約州北部小鎮牛頓瀑布（Newton Falls）的案例，這個社區圍繞著一九八四年開設的紙廠發展起來，一個世紀後，紙廠因國外競爭增長而關閉。這個故事並不美好：

> 自十月以來，在最後一次試圖拯救工廠的努力失敗後，牛頓瀑布逐漸成為一個悲慘的鄉村社會學案例：一座正在死去的小鎮，僅存的居民無奈地見證自己的社區像個無人照料的時鐘一樣，無情地走向最終的「滴答」。[7]

是的，貿易帶來的經濟收益超過損失，但贏家很少讓輸家分一杯羹，輸家往往損失慘重。對於緬因州的製鞋工人來說，與越南貿易能讓整個國家變得更富裕，這對他有什麼安慰？**他變得更窮，而且很可能永遠如此**。我也收到過這類電子郵件。

事實上，這又回到了本書開頭以及第八章所討論的資本主義問題。市場透過摧毀舊秩序，創造一個新的、更高效的秩序。對那些已經適應舊秩序的個人和企業來說，這個過程並不愉快。國際貿易讓市場變得更大、更具競爭性，也更具破壞性。馬克．吐溫預見了這一根本矛盾：「我完全支持進步，但我不喜歡改變。」

國際顧問暨芝加哥大學布斯商學院教授馬文．佐尼斯，曾形容全球化帶來的潛在利益是「巨大的」，特別是對最貧困的人來說。他也指出：「全球化打亂了一切，無處不在，它顛覆了既有的生活模式——夫妻之間、父母與子女之間、男女之間、老少之間、僱傭之間、統治者與被統治者之間。」[8]我們可以做些事情來減緩這些衝擊。我們可以重新訓練，甚至將他們重新安置；可以提供發展援助給因重大產業衰退而受害的社區；可以確保學校教授有能力讓勞工能適應未來經濟變化的技能。簡而言之，我們可以確保贏家（即使是間接地）補貼輸家，分享至少部分收益。這不僅是良好的政治決策，也是正確的做法。

耶魯大學政治學教授肯尼思．施維（Kenneth Scheve）與達特茅斯學院塔克商學院院長馬修．斯勞特（Matthew Slaughter）在《外交事務》（*Foreign Affairs*）上發表了一篇引人深思的文章，主張美國應該採取「根本上更加累進的聯邦稅制」（例如對富人課更高的稅），這樣可以最有效地保護全球化，免受保護主義的反擊。有趣的是，這兩位學者並非穿著紮染T恤（編按：**Tie-dye shirts**，將布料打結、捆綁後進行染色的傳統手工技藝，美國嬉皮文畫化中廣泛流行）的左派激進分子；斯勞特還曾在小布希政府中任職。他們認為，美國經濟整體的巨大利益正面臨風險，因為太多美國人沒有看到他們的薪水變多。施維與斯勞特解釋道：

（美國）政策正變得越來越保護主義，因為民眾的態度正趨向保護主義，而民眾之所以傾向保護主義，是因為收入停滯甚至下降。世界經濟的整合提升了美國及許多其他國家的生產力與財富創造，但在許多國家內部，尤其是在美國，這種整合帶來的利益分配不均，且越來越多人意識到這一事實。人們開始自問：「全球化對我來說是好事嗎？」而越來越多人的答案是否定的。

作者提出了一個「全球化的新政——一個將全球經濟與收入大規模再分配聯繫起來的計畫。」請記住，這並不是嬉皮式的空談。這些是資本家看到憤怒的工人帶著乾草叉在一間獲利豐厚的工廠門口徘徊，因此做出非常務實的計算：在局勢變得更糟之前，先給這些人一些食物（也許再加幾張電影票和幾瓶啤酒）。[9]川普總統對中國商品加徵關稅，和之前退出跨太平洋夥伴關係協議，正是施維與斯勞特所警告的貿易保護主義反撲。

保護主義能在短期內挽救工作機會，但長期來看則會拖慢經濟成長。我們可以保住緬因州製鞋工人的工作，可以保護像牛頓瀑布這樣的城鎮，可以讓印第安納州蓋瑞的鋼鐵廠維持盈利。我們只需要擺脫它們的外來競爭，我們可以設立貿易壁壘，將「創造性破壞」阻擋在國門之外。那麼，為什麼不這麼做呢？保護主義的好處顯而易見，我們可以說出哪些工作會因此被保住。可惜，保護主義的代價卻較為隱晦，因為我們難以明確指出那些從未被創造出來的工作，或那些從未得到提升的收入。

要了解貿易壁壘的成本，我們要思考一個奇怪的問題：如果美國禁止密西西比河兩岸的貿易，我們會變得更好嗎？按照保護主義的邏輯，答案是肯定的。對於密西西比河東岸的我們來說，將會創造出新的工作機會，因為我們無法再獲得像波音飛機或北加州葡萄酒這樣的產品。然而，**密西西比河東岸幾乎所有技術熟練的工人早已有工作，而且做的是比製造飛機或釀酒更擅長的工作**。與此同時，西岸擅長製造飛機與葡萄酒的工人，將不得不放棄原本的工作，轉而做那些通常由東岸生產的商品，但他們的表現不會比現在從事這些工作的工人更好。阻止密西西比河兩岸的貿易，將使專業化的進步倒退，我們將無法獲得更優質的產品，並且被迫從事自己不擅長的工作。簡而言之，因為整體生產力下降，我們會變得更貧窮。這就是為什麼經濟學家支持不僅跨密西西比河貿易，也支持括跨越大西洋與太平洋的貿易。全球貿易能推動專業化進步；保護主義則阻礙了這個過程。

美國透過經濟制裁來懲罰流氓國家，在極端制裁的情況下，美國會幾乎完全禁止進出口貿易。最近《紐約時報》一篇文章曾評論了制裁對加薩地區造成的毀滅性影響，自哈瑪斯掌權並拒絕放棄暴力以來，以色列限制了該地區的進出口，使加薩「幾乎完全與世界正常貿易和旅行隔絕」。在伊拉克戰爭之前，美國對伊拉克實施的（未成功的）制裁導致了大約十萬到五十萬名兒童死亡，具體數字則取決於你相信的消息來源。[10] 內戰迷應該記得，北方的一個關鍵戰略就是對南方實施海上封鎖。為什麼？因為這樣南方就無法將他們擅長生產的棉花出口到歐洲，換取他們最需要的工業製品。

那麼，問題來了：為什麼我們要對自己實施貿易制裁——這正是任何形式的保護主義所做的事？反全球化的抗議者能否解釋，貧窮國家如何能在與世界減少貿易往來的情況下變得更富有？切斷貿易只會讓一個國家變得更貧窮、更缺乏生產力——這正是我們對敵人所做的事。而且，即便如此，我們不清楚對廉價進口商品徵收關稅是否能保住美國的工作機會，不管是從短期或長期來看。《經濟學人》指出，川普政府對中國鋼鐵和鋁材徵收關稅，可能導致失業人數超過保住的工作數量，因為受影響的產業（建築業、石油與天然氣開採、汽車製造）僱用的人數遠多於鋼鐵和鋁業。[11]

貿易降低了消費者購買商品的成本，這等於提高了他們的收入。先別管製鞋工人，來想想鞋子本身。為什麼耐吉在越南設廠？因為成本比在美國製造更低，這讓我們能以較低的價格買到鞋子。貿易爭論中的一個矛盾點在於，那些聲稱關心弱勢群體的人，往往忽略了一個事實——廉價的進口商品對低收入消費者（以及所有人）有益。商品變便宜，對我們的生活影響等於增加收入，因為我們能買得起更多東西。顯然，其他國家的情況也是如此。

貿易壁壘是一種隱形的稅收。假設美國政府對每加侖柳橙汁徵收三十美分的稅，保守派的反政府勢力肯定會強烈反對。自由派也會反對，因為他們通常反對對食品和衣物課稅，認為這類稅收是累退的，意味著它對低收入者的負擔相對更重。**好吧，美國政府確實讓每加侖柳橙汁增加了三十美分的成本，只是不像稅收那麼透明。**美國政府對巴西的柳橙和柳橙汁徵收高達六三％的關稅。巴西部分地區幾乎是最理想的柑橘生長環境，而這正是讓美國果農擔心的原因。因此，政府保護了他們。經濟學家估算，對巴西柳橙及其製品的關稅限制了進口供應，因此使柳橙汁的價格每加侖增加約三十美分。大多數消費者根本不知道政府正從他們口袋裡拿走這筆錢，轉交給佛羅里達的果農，[12]這筆費用不會顯示在購物收據上。

降低貿易壁壘對消費者的影響與減稅相同。世界貿易組織的前身是《關稅及貿易總協定》（GATT）。二戰後，GATT成為各國談判降低全球關稅、促進貿易的機制。在一九四八年至一九九五年間舉行的八輪GATT談判中，工業國家的平均關稅從四〇％降至四％，這等於大幅減少了進口商品所需繳納的「稅」，這也迫使國內生產商降低商品價格、提高品質，以保持競爭力。如果你今天走進汽車經銷商，有兩個原因能讓你比一九七〇年時的選擇更好。首先，市場上有更多優秀的進口選擇；第二，底特律也在回應（雖然緩慢、延遲且不完全），他們製造出更好的車。本田雅哥（Honda Accord）

的車更好了，福特Taurus的車也比沒有競爭時更好了。

貿易對貧窮國家也有好處。如果我們能耐心向西雅圖、華盛頓、達沃斯或熱那亞的抗議者解釋貿易的好處，也許他們就不會投擲汽油彈了。好吧，也許沒用。反全球化抗議的核心論點是，全球貿易是由富裕國家強加給開發中國家的。如果貿易對美國大多有益，那麼它對其他地方一定大多是有害的。然而，讀到這裡，我們應該已經了解，在經濟學中，零和思維通常是錯誤的，這個案例也不例外。在西雅圖WTO談判中斷時，開發中國家的代表們是最不滿的人，一些人認為，是柯林頓政府暗中策畫抗議活動，以破壞談判並保護美國的利益集團，例如工會。的確，在WTO西雅圖談判破裂後，聯合國秘書長柯菲·安南指責已開發國家設立貿易壁壘，阻礙開發中國家從全球貿易中受益，並呼籲推動「全球新政」。[13]目前WTO為降低全球貿易壁壘所進行的多哈回合談判（Doha Round）陷入僵局，主要原因之一是開發中國家組成的聯盟要求美國和歐洲降低農業補貼和貿易壁壘，而富裕國家至今仍拒絕讓步。

貿易讓貧窮國家能夠進入已開發國家的市場，而這些市場正是全球大多數消費者（或至少有能力消費的人）所在之處。以《非洲成長與機會法案》（African Growth and Opportunity Act）為例，這部於二〇〇〇年通過的法律允許非洲最貧窮的國家以極低、甚至零關稅的方式向美國出口紡織品。短短一年內，馬達加斯加對美國的紡織品出口成長了一二〇%，馬拉威與奈及利亞的出口激增了一〇〇〇%，南非的出口也成長了四七%。正如某位評論家所說：「這些是真正的工作，幫助真正的人。」[14]

貿易為貧窮國家開啟致富之路。出口產業支付的薪資通常比國內其他產業更高，而這僅僅是個開始。新的外銷工作機會增加了對勞工的競爭，進一步帶動整體薪資提升，甚至連農村收入也可能增加，因為當部分勞工離開農村尋找更好的機會，留在當地的人口減少，需要靠土地生產過活的人也變少了。還有其他重要的事情在發生，外國公司引入資本、技術和新技能，這不僅能提高出口產業工人的生產力，影響也會外溢到經濟的其他領域。工人透過「實作學習」（learning by doing），再將這些知識帶到其他領域。

威廉・伊斯特利（William Easterly）在其著作《難以捉摸的成長之謎》（*The Elusive Quest for Growth*）中，講述了孟加拉服裝業發展的故事——一個幾乎是偶然誕生的產業。一九七〇年代，南韓的大宇集團（Daewoo Corporation）是家大型紡織品生產商，但由於美國和歐洲對南韓紡織品設下進口配額，大宇這家以利潤最大化為目標的公司，為了規避這些貿易限制，將部分業務轉移到孟加拉。於是，在一九七九年，大宇與孟加拉的德許服裝（Desh Garments）公司簽訂合作協議，聯手生產襯衫。最重要的是，大宇將一百三十名德許的工人送往南韓培訓，換句話說，大宇投資了孟加拉工人的人力資本。與機器或金融資本不同，人力資本的特點在於它無法被奪走。一旦孟加拉工人學會了製衣技術，他們不可能被迫忘記。他們也沒有忘記。

大宇後來與孟加拉合作夥伴斷絕關係，但這個蓬勃發展的出口產業已經奠定了基礎。在大宇培訓的那一百三十名工人中，有一百一十五人在一九八〇年代離開，創辦了自己的成衣出口公司。伊斯特利提出令人信服的論證，大宇的投資是後來發展成三十億美元成衣出口產業的重要基石。若有人認為貿易壁壘是為了幫助最貧困的人，或者認為共和黨比民主黨更不願保護特定利益，那麼值得注意的是，雷根政府在一九八〇年代對孟加拉成衣產品施加了進口配額。我很難解釋，為何要限制一個人均GDP僅有一千五百美元的國家的出口機會。

最著名的例子是亞洲「四小龍」——新加坡、南韓、香港和台灣（以及更早的日本）——憑借廉價出口邁向繁榮。印度自一九四七年從英國獨立後的四十年間，實行極為封閉的政策，在這段期間，它是全球經濟表現最落後的國家之一（可惜的是，甘地和林肯一樣，是偉大的領袖，卻不是優秀的經濟學家；甘地甚至建議印度國旗上應該有一個紡車，以象徵經濟自給自足）。印度在一九九〇年代改變方向，放寬國內經濟管制，並對世界開放，結果是一場持續至今的經濟成功故事。中國同樣利用出口作為經濟起飛的跳板。事實上，若將中國的三十個省份視為獨立國家，那麼在一九七八年至一九九五年間，全球成長最快的二十個經濟體全都是中國省份。為了正確看待這項發展成就，要知道英國在工業革命後花了五十八年，人均GDP才加倍，而中國的人均GDP則是每十年就增加一倍。對印度和中國而言，這代表數以億計的人擺脫貧困，逐步邁向中產階級。曾長期派駐亞洲的《紐約時報》記者紀思道（Nicholas Kristof）和伍潔芳（Sheryl WuDunn）寫道：

> 我們和其他記者曾報導過中國與南韓的童工問題和壓迫性工作環境，但回顧來看，我們的擔憂或許過於誇大了。這些血汗工廠反而創造了財富，進而解決了它們本身帶來的問題。若美國人在一九八〇年代因這些駭人的故事，而選擇限制這些工廠的產品進口，那麼今日的中國南方與南韓恐怕不會有如此驚人的發展。[15]

中國與東南亞並非特例。顧問公司AT Kearney曾進行一項研究，分析全球化對三十四個已開發與開發中國家的影響。他們發現，在過去二十年間，快速全球化的國家，其經濟成長率比較少融入世界經濟的國家高出三〇%至五〇%，這些國家也享有更高的政治自由度，並在聯合國人類發展指數的評分較高。研究者估計，與全球化相關的經濟成長使大約十四億人擺脫了極端貧困。當然，也有壞消息。全球化程度較高的國家通常也有更嚴重的貧富差距、貪腐問題以及環境惡化。這些議題，我們稍後再談。

但是，還有個更簡單的方法來支持全球化。如果不選擇更多貿易與經濟整合，那麼替代方案是什麼？那些反對全球貿易擴展的人，必須回答哈佛經濟學家傑佛瑞・薩克斯曾提出的問題：在現代歷史中，是否有哪個國家能夠在不與全球經濟貿易往來、不進行整合的情況下成功發展？[16]

沒有。

這也是為什麼費里曼建議，反全球化聯盟應該被稱為「讓世界貧窮人民保持貧窮的聯盟」。

貿易的基礎是自願交換。個人做一些能讓自己變得更好的事，而這個顯而易見的觀點在全球化的辯論中常被忽略。麥當勞不會在曼谷開設餐廳，然後拿著槍強迫人們去吃。人們去麥當勞，是因為他們想去；如果不想，他們大可以不去。如果根本沒人去吃，那間餐廳就會虧損倒閉。麥當勞是否會改變當地文化？會。這也是十年前我報導肯德基進駐峇里島時，讓我印象深刻的地方。我當時寫道：「印尼人有自己的速食文化，比上校的紙盒和保麗龍餐盤更為實用。在路邊攤買的餐點，會用香蕉葉和報紙包裹起來，這片大大的綠葉能保溫、防油，還能摺成整齊的小包。」

然而，世界各地的香蕉葉似乎正逐漸輸給紙盒。不久前，我和妻子參加了一場在墨西哥巴亞爾塔港（Puerta Vallarta）舉辦的商務聚會。巴亞爾塔港是一座美麗的城市，從山丘一路延伸到太平洋。城市的焦點是一條濱海大道，而這條大道的中央，有一塊突出到海上的地方，在那個地方的盡頭，就我所知是城市裡最昂貴的地段，其上開著一間「Hooters」餐廳。當我們這群人看到這間惡名昭彰的美國連鎖店時，有人抱怨道：「這實在太不對勁了。」

或許，世界各大城市都出現一間「Hooters」，並不是亞當．斯密所想要的，但正如芝加哥大學教授馬文．佐尼斯所說：「美國流行文化的某些面向——墮落、粗鄙、暴力與過度強調性——的確令人反感。」[17]「文化同質化」的威脅，尤其是來自美國的影響，一直是全球化的爭議點。然而，這又讓我們回到第一章提過的關鍵問題：誰來決定？我不喜歡在巴亞爾塔港看到一間「Hooters」，但正如我在書中提到的，我並不掌控這個世界。更重要的是，我既不住在巴亞爾塔港，也不是當地的選民。同樣地，西雅圖、熱那亞或匹茲堡（或其他可能出現示威者的地方）那些拋擲石塊的暴徒也一樣。

限制速食餐廳這類商業擴張是否有正當理由？的確有，它們可能會帶來典型的外部性問題。速食店可能造成交通與垃圾問題，影響市容，甚至助長城市蔓延現象（在我全心投入反對富禰頓大道新建車站的寶貴工作之前，我曾參與過一個團體，試圖阻止對街開設麥當勞）。這些都是應該由當地居民決定的事——包括那些可能會在麥當勞乾淨安全的環境中用餐的顧客，以及那些不希望家門口的水溝裡堆滿速食包裝垃圾的居民。自由貿易與我們最基本的自由價值觀一致：我們有權決定自己的生活方式。

現在莫斯科有了麥當勞，北京的故宮內也有了星巴克。史達林當年是絕對不會允許前者的；毛澤東也不會允許後者。這是一個值得深思的問題。

文化同質化的論點或許根本不成立，文化的傳播是雙向的。如今，我可以在Netflix上租借伊朗電影，美國國家公共廣播電台（NPR）最近播放了一個節目，內容是關於來自世界偏遠地區的手工藝者如何透過網路販售作品，只要上Novica.com，便能進入一個全球性的藝術與工藝品市場。Novica的員工凱瑟琳·萊恩（Katherine Ryan）解釋道：「秘魯有一個社區，過去大多數工匠都被迫去煤礦工作。現在，隨著Novica上某位藝術家的成功，他得以聘請許多家人和鄰居回到織布行業，他們不再是礦工，而是重拾祖先世代相傳的手藝，織造出令人驚嘆的掛毯。」[18]全球化作者約翰·米克勒思韋特（John Micklethwait）與艾德里安·伍爾德里奇（Adrian Wooldridge）在其著作《完美的未來》（*A Future Perfect*）中指出，在商業領域中，像諾基亞這樣曾經默默無聞的芬蘭公司，已經能擊敗摩托羅拉這樣的美國巨頭。

關於全球化的副作用，我們才剛剛開始，在巴亞爾塔港的 Hooters 與亞洲血汗工廠相比只是小事。然而，同樣的原則仍然適用。耐吉在越南的工廠並未強迫勞工工作，那麼，為什麼工人願意接受一天一兩美元的工資？**因為這已經比他們能找到的其他工作選擇更好**。根據國際經濟研究所（Institute for International Economics），外資企業在低收入國家支付的工資平均是當地製造業平均薪資的兩倍。

紀思道和伍潔芳描述了他們與泰國勞工孟果．拉特拉科恩（Mongkol Latlakorn）的對話。他十五歲的女兒在曼谷的工廠工作，生產出口到美國的衣物。

她每天工作九小時，每周七天，日薪二美元。有幾次，她的手被針頭扎傷，經理幫她包紮後，又讓她繼續工作。

「真可憐。」我們同情地低聲說道。

孟果困惑地抬起頭說：「這薪水很好啊，我希望她能保住這份工作。現在大家都在說有工廠要關閉了，她也聽到傳聞自己的工廠可能關門。我希望這種事不會發生，不然我不知道她還能做什麼。」[19]

反全球化抗議隱含的訊息是，已開發國家的人似乎知道什麼對貧窮國家的人最有利——他們應該在哪工作，甚至應該在哪種餐廳吃飯。如《經濟學人》曾評論道：「這些懷疑論者不信任政府、政治人物、國際官僚機構，也不信任市場。因此，他們最終任命自己為裁判，不僅推翻政府與市場的決策，甚至否定那些直接相關工人的自願選擇。這似乎管得太多了。」[20]

貧窮國家勞工的比較優勢就是廉價勞力，這是他們唯一能提供的。他們並不比美國工人更有生產力，也沒有受過更好的教育，更無法獲得更先進的技術，他們的薪資以西方標準來看非常低，因為他們的工作成就以西方標準來看也非常低。如果外國公司被迫大幅提高工資，那麼在開發中國家設廠的優勢就不復存在。企業或是用機器取代勞工，或是遷往能以更高生產力支撐更高薪資的地區。**如果血汗工廠支付符合西方標準的合理工資，那它們根本不會存在**。人們願意為了微薄的薪水，在惡劣環境下長時間工作，這並不美好，但我們不該混淆因果關係。血汗工廠並非導致貧窮國家薪資低的原因，而是因為這些國家的勞工幾乎沒有其他選擇，所以才只能接受低薪。那些抗議者不如去對著醫院扔石頭和瓶子，因為那裡也有很多生病的人在受苦。

拒買血汗工廠生產的商品就能讓工人過得更好？這種想法同樣說不通。工業化，即便是最原始的形式，也能啟動一個讓貧窮國家變得更富裕的過程。紀思道和伍潔芳在一九八〇年代來到亞洲，他們在十四年後回憶道：「跟大多數西方人一樣，我們剛來時對血汗工廠感到憤怒。然而，隨著時間，我們接受了大多數亞洲人支持的觀點：反血汗工廠運動可能會傷害到它原本想幫助的對象。在他們骯髒的外表下，血汗工廠仍是亞洲工業革命正在重塑這片土地的明確證據。」他們描述了駭人的工作環境——工人被剝奪上廁所的權利、暴露在有毒化學物質中、七天無休地工作。最後，他們總結道：「如果美國消費者因抗議而抵制某些玩具或衣物，亞洲工人一定會震驚。真正能幫助亞洲最貧困人口的做法，不是少買，而是多買血汗工廠生產的商品。」[21]

還是不信？保羅．克魯曼提供一個出於善意卻事與願違的悲傷例子：

一九九三年，孟加拉的童工被發現正在為沃爾瑪生產衣物，參議員湯姆．哈金（Tom Harkin）提出立法，禁止從僱用童工的國家進口商品。這直接導致孟加拉的紡織工廠停止僱用兒童，但這些孩子回去上學了嗎？他們回到了幸福的家庭嗎？根據樂施會（Oxfam）的調查，這些被解僱的童工最後不是進入了更糟糕的工作，就是流落街頭——甚至有不少人被迫賣淫。[22]

糟糕透了。

收入改變了人們的偏好，尤其是在環境方面。貧窮的人關心的事情與富人不同。從全球標準來看，貧窮並不是指你想要一輛BMW卻只能買福特Fiesta，而是因為買不起一張五美元的蚊帳，只能眼睜睜看著自己的孩子死於瘧疾。在世界某些地方，五美元等於五天的收入，而按照這個標準來看，正在讀這本書的任何人都算是富有的。要終結任何關於全球化的有意義討論，最快的方法就是打出「環保牌」。但讓我們做一個簡單的練習，來說明為何將我們的環境偏好強加給世界其他地方可能是極大的錯誤。試試這個挑戰：請四位朋友各自說出世界上最迫切的環境問題。

很可能至少有兩個人會回答全球暖化，沒有人會提到乾淨飲水。然而，**缺乏安全飲用水——這個問題其實可以透過提升生活水準輕易解決——每年導致二百萬人死亡，另有五億人因此重病**。全球暖化是一個嚴重的問題嗎？是的。但如果你的城鎮裡的孩子因腹瀉而頻頻死亡，你還會把它當成首要關切的事嗎？不會。關於貿易與環境的第一個謬誤是，認為貧窮國家應該遵守與已開發國家相同的環保標準（關於工作場所安全的爭論幾乎如出一轍）。生產東西會產生廢棄物。我記得在環境經濟學課程的第一天，客座教授保羅．波特尼（Paul Portney）——他曾任「未來資源研究所」（Resources for the Future）的負責人——指出，單純活著這件事就會製造廢棄物。真正的挑戰是衡量我們生產的收益與其生產過程所帶來的成本，包括污染。在曼哈頓過著舒適生活的人，可能與在尼泊爾鄉村瀕臨餓死邊緣的人對成本與收益的看法截然不同。因此，影響尼泊爾環境的貿易決策應該由尼泊爾來做，並且要認識到，跨越政治邊界的環境問題會按照一貫的方式來解決，也就是透過多邊協議與國際組織來處理。

認為經濟發展本質上對環境有害的觀點，或許是錯的。短期內，幾乎所有經濟活動都會產生廢棄物，生產越多，污染就越多。然而，隨著我們變得富有，我們對環境的關注也會增加。我們再來做道測驗題：倫敦（我們擁有最完整長期污染數據的城市）哪一年的空氣品質最糟糕？為了讓問題更簡單，我們縮小選項範圍：一八九〇年、一九二〇年、一九七五年、二〇一五年。答案是一八九〇年。事實上，這座城市現在的空氣品質比自一五八五年以來的任何時刻都要好（在開放式火源上烹煮食物可一點也不「乾淨」）。環境品質在技術層面上屬於奢侈品，這意味著隨著財富增加，人們會更加重視它。這正是全球化帶來的一個強大益處：貿易讓國家變得更富有，而富裕的國家更關心環境品質，並擁有更多資源來解決污染問題。經濟學家認為，許多類型的污染會隨著一個國家的經濟成長而上升（例如每個家庭都買了摩托車），但在發展的後期階段則會下降（例如禁止含鉛汽油，並要求更高效能的引擎）。

貿易的批評者曾聲稱，讓各國自行決定環境政策，將導致一場「最低標準競賽」，即貧窮國家為了吸引商業機會而破壞環境。這種情況並未發生。世界銀行經過六年的研究後得出結論：「污染避風港」——那些成為污染產業永久落腳處的開發中國家——並未真正出現。相反地，較貧窮的國家和社區正在努力減少污染，因為它們認為控制污染的益處超過成本。23

氣候變遷的情況較為棘手，因為二氧化碳排放會隨著經濟成長而上升，至少在短期內對開發中國家是如此。像中國和印度這樣的大型快速成長國家對能源的需求如饑似渴，為了滿足這種需求，它們主要依賴化石燃料。中國極度依賴煤炭，而煤炭是二氧化碳的主要排放源。貿易使這些國家變得更富有，而隨著財富增加，它們的能源消耗也會上升，進而導致二氧化碳排放量上升。這確實是個問題。那麼，最好的解決方案是什麼？

如果你認為應該限制貿易，那麼讓我用稍微不同的方式，來呈現同樣的基本挑戰。中國和印度正讓越來越多公民接受大學教育（同時也在擴展基礎教育），教育讓中國和印度更富裕，隨著他們變得富裕，他們使用更多能源……你看出問題所在了嗎？我們應該禁止教育嗎？

當然不是。無論在印度、中國、美國及世界各地，解決二氧化碳排放問題的答案，是在將環境損害降到最低的情況下促進經濟成長。最有效的方式是透過跨國協調的碳稅來抑制污染性燃料的使用，而且應該儘早實施，因為印度和中國正在做出發展決策，例如建設發電廠，而這些決策將持續影響未來五十年。

主張讓人們保持貧窮以保護地球，這樣的說法在經濟上和道德上都是站不住腳的。

「貧窮是一場災難。」芝加哥羅伯特．泰勒住宅區附近一所高中的校長曾經這樣對我說，那時我正在撰寫一篇關於城市教育的報導。他當時談的是教育那些自幼貧困、資源匱乏的孩子時面臨的挑戰，但他的話同樣適用於整個世界的現狀。世界上許多我們不常想到、更不會去拜訪的地方，仍然處於極度貧困之中，我們應該讓它們變得更富有，而經濟學告訴我們，貿易是達成這個目標的重要途徑。保羅．克魯曼用一句法國諺語精闢地總結了人們對全球化的焦慮：「三十歲之前不是社會主義者的人沒有良心，三十歲之後還是社會主義者的人沒有頭腦。」他寫道：

> 如果你買了一件第三世界國家製造的產品，那麼它很可能是由薪資極低（以西方標準來看）且工作環境惡劣的工人所製造的。任何對此完全無動於衷的人，至少在某些時候，是沒有良心的。但這並不代表抗議者是對的。相反，任何認為解決世界貧困問題的方法，就是對全球貿易表達憤怒的人，是沒有頭腦，或選擇不用腦的人。反全球化運動已經有了傷害它聲稱要捍衛的人與事的驚人紀錄。24

全球貿易的擴展常被形容為一股無法阻擋的力量，事實並非如此。我們曾走過這條路，結果卻因戰爭與政治因素讓全球貿易體系四分五裂。全球化最迅速的時期之一，發生在十九世紀末到二十世紀初。《完美的未來》作者約翰・米克勒思韋特與艾德里安・伍爾德里奇指出：「回顧一百年前，你會發現，從許多經濟指標來看，當時的世界甚至比今天還要更加全球化。那時，人們無需護照即可旅行，金本位制是國際貨幣體系的基礎，技術進步（汽車、火車、輪船與電話）讓世界迅速縮小。」然而，他們也補充道：「這場美夢最終在第一次世界大戰的索姆河戰場上被徹底擊碎。」[25]

政治邊界仍然很重要，政府可以關上全球化的大門，就像過去曾做過的那樣。然而，這對富國和窮國而言，都將是一場遺憾。

第十三章

發展經濟：國家的富有與貧窮

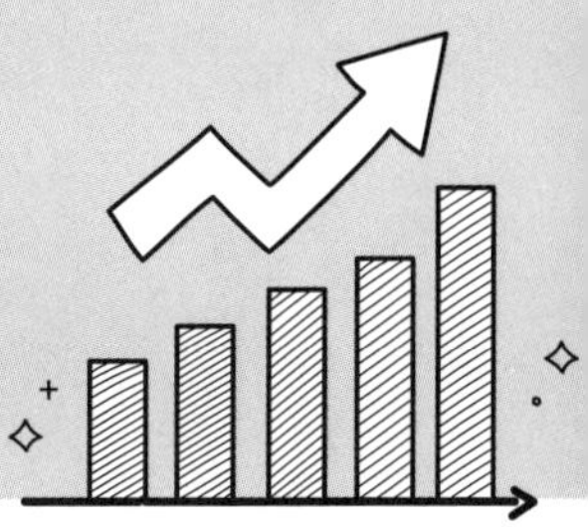

我們來短暫思考一下納尚・辛巴的生活。他是一名二十五歲的男子，和妻子和幼女一起生活在馬拉威，他是個非常勤勞的人，這一點毫無疑問。正如《經濟學人》所描述的，他親自建造了自己的房屋：

> 他挖土，將泥塑造成長方體，放在陽光下晾乾，製成磚塊。他還用泥土調成水泥，砍樹做樑，再用瓊麻或草編織屋頂，他唯一使用的工業材料是斧頭上的金屬刀片。在獨自工作的同時，他還要為家人種植食物，辛巴建造的房子又暗又擁擠，冬天很冷，夏天潮濕，唯一的自來水供應只有來自熱帶暴風雨透過屋頂灌進來的雨水。[1]

儘管辛巴先生如此辛勤工作，他依然是一名窮人，他在二〇〇〇年的現金收入大約只有四十美元。他並不孤單。當時，馬拉威的人均GDP低於二百美元。即使到了今天，這個國家的全年經濟產值也僅約二百二十五億美元——大約是佛蒙特州經濟規模的三分之二。若有人天真地以為這樣的生活或許別有一番簡樸之美，那麼他們應該知道，馬拉威有一七%的幼童營養不良，而馬拉威兒童在五歲前夭折的機率，比瑞典的孩子高出十八倍。

根據聯合國糧食及農業組織的統計，全球有八億一千五百萬人吃不飽，其中絕大多數來自開發中國家。怎麼可能？在這個時代，我們能夠分裂原子、登陸月球、解碼人類基因組，但世界上仍然有七億六千七百萬人每天的生活費不足一・九美元？[2]

簡單來說，是這些國家的經濟體制辜負了他們。歸根究柢，創造財富的過程，就是利用各種投入（包括人力）來生產有價值的事物，而貧窮的經濟體系並未有效地組織起來達成這個目標。世界銀行經濟學家威廉．伊斯特利在其經濟發展著作《難以捉摸的成長之謎》中，描述了巴基斯坦拉合爾的一個街頭場景：

人群擠滿了舊城區的市場，巷弄狹窄，讓車子完全淹沒在人潮中。有人在買東西，有人在賣東西，有人在吃東西，有人在煮東西。每條街道、每條巷弄都擠滿了商店，每間商店又擠滿了人。這是一個充滿活力的私營經濟。[3]

然而，他指出，這個國家大多數人仍不識字，住房條件惡劣，糧食不足。巴基斯坦政府能夠製造核武器，卻無法執行痲疹疫苗接種計畫。「這裡的人很棒，」伊斯特利寫道，「但政府糟透了。」而這個糟糕的政府，讓世界其他地方也變得日益危險，我們（大概）可以放心地忽略馬拉威，但不能忽視巴基斯坦。

每個國家都有人民的智慧與辛勤勞動的資源，包括一些世界上最貧窮的國家，大多數國家擁有的資源遠不止於此。在全球貧困問題上，其實也有好消息。聯合國於二〇〇〇年提出的千禧年發展目標之一，是在二〇一五年之前將全球貧困人口比例減半，而這個目標在二〇一〇年便提前五年達成了。無論是相對於全球總人口的貧困比例，還是貧困人口的絕對數量，都已經大幅下降，這在很大程度上是因為印度和中國明顯變得不那麼貧困了。出於不同的原因，印度與中國這兩個世界人口最多的國家，在二十世紀的最後幾十年都更加融入全球經濟（如果想了解這是如何讓他們擺脫貧困的，可以回頭看看第十二章）。

然而，也有壞消息。儘管在反貧困方面取得了進步，經濟學家仍沒有一個能讓貧窮國家變得富裕的公式。確實，有一些令人驚嘆的成功案例，例如印度、中國，以及最初的亞洲「四小龍」——香港、新加坡、南韓和台灣——這些地區的經濟曾連續三十年以超過八％的速度增長。但我們尚未找到一個經過驗證的成長公式，可以像連鎖發展模式那樣在各國推展。光是看看印度和中國就能明白：一個是全球最大的民主國家，另一個則根本不民主。

另一方面，我們對於富裕國家為何富裕有相當的理解。如果我們能整理出成功經濟體共有的政策，那麼我們就可以回應諾貝爾經濟學獎得主道格拉斯・諾斯（Douglass North）提出的常識性問題：「為什麼貧窮國家不直接採用那些能帶來繁榮的政策？」[4]

以下是發展經濟學家認為能夠區分國家富裕與貧困的幾種政策，以及在某些情況下有利的地理條件。

有效的政府機構。國家若想發展並繁榮，必須擁有法律、執法機構、法院、基礎建設，以及能夠徵稅的政府，同時公民對這些制度必須有基本的尊重。這些機構就像是資本主義運行的軌道，必須相當廉潔，腐敗不只是不便，它就像一種癌症，會錯置資源、扼殺創新，並阻礙外資進入。儘管美國民眾對政府的態度從冷漠到敵視不等，但正如《紐約時報》國際專欄作家湯姆．費里曼所說，世界上大多數國家都渴望擁有美國這樣良好的政府：

> 兩周前，我在中國南京大學參加研討會，我至今仍記得一名中國研究生迫切地詢問：「我們該怎麼擺脫腐敗？」你知道一般中國人願意付出多少代價，來換取一個像華盛頓那樣的首都，擁有相對誠實且高效的官僚體系嗎？你知道美國在世界上多麼特殊，不需要賄賂官員就能拿到最簡單的許可證嗎？[5]

政府機構與經濟成長之間的關係促成一項聰明且發人深省的研究。經濟學家戴倫．艾塞默魯（Daron Acemoglu）、西蒙．強森和詹姆斯．羅賓森（James Robinson）假設，曾經被殖民的開發中國家，其經濟成功受到殖民者所留下的政府機構品質影響。[6]歐洲列強在世界不同地區採取了不同的殖民政策，主要取決於當地是否適合定居。在歐洲人可以輕鬆定居的地方，例如美國，殖民者建立了對經濟成長能產生正面且持久影響的機構。而在歐洲人難以定居的地區，例如剛果，由於當地疾病導致的高死亡率，殖民者的重點則放在迅速掠奪財富，創造了研究者所稱的「掠奪型國家」。

該研究分析了六十四個前殖民地，發現它們當今財富的差異，最多有四分之三的原因可用政府機構品質的差異來解釋。而這些政府機構的品質，至少部分可追溯至當初殖民者的定居模式。殖民者的法律起源——如英國、法國或比利時——對治理品質的影響較小（不過英國的表現相對較好，因為他們通常選擇殖民較適合定居的地方）。

基本上，良好的治理至關重要。世界銀行針對一百五十個國家，在問責機制、監管負擔、法治、貪污（腐敗）等六大治理指標上進行評估。結果顯示，較好的治理品質與較好的發展成果（如人均所得較高、嬰兒死亡率較低、識字率較高）之間，存在明確的因果關係。[7]我們不必熱愛國稅局，但至少應該對它懷有一絲勉強的敬意。

財產權。私人財產看來似乎是富人的專利，事實上，它對窮人也會產生至關重要的影響。開發中國家充滿了非正式財產權的例子——例如建在社區共有或政府擁有但被忽視的土地上的住房或企業（如許多大城市郊區的貧民窟）。家庭和企業家對這些「財產」

投入了大量投資，但在已開發國家中，這些財產與其他資產有很大的分別：擁有者並沒有合法財產權，他們不能合法出租、分割、出售或將其傳給家人。最重要的是，他們無法用這些財產作為抵押來獲取資金。

秘魯經濟學家埃爾南多・德・索托（Hernando de Soto）提出了一個有力的論點，認為這些非正式的財產安排不應被忽視。他估計，開發中國家貧困人口所擁有但沒有合法產權的財產總價值超過九兆美元。這代表了大量抵押品將被浪費，或者正如他所稱的「死資本」。為了讓這個數字更有意義，他指出，這筆資產價值相當於過去三十年來富裕國家提供給開發中國家的發展援助總額的九十三倍。

《經濟學人》講述了一對馬拉威夫婦的故事，他們靠屠宰山羊維生。由於生意興隆，他們希望擴大經營。然而，要實現這一目標，他們需要投資二百五十美元——比馬拉威的平均年收入多出五十美元。這對夫婦「擁有」一棟價值超過這筆金額的房屋，他們能否以土地和自建的平房作為抵押來借款？不行。這間房屋建在「傳統」土地上，並沒有正式產權。他們與當地村長簽有契約，但該契約在法院並不具法律效力。《經濟學人》進一步指出：

> 馬拉威約三分之二的土地都是以這種方式擁有的。人們通常耕種父母曾經

> 耕種的土地，如果發生邊界糾紛，由村長裁決。如果某個家庭嚴重違反部落規範，村長可以收回他們的土地，分配給其他人。[8]

這些非正式的產權制度就像以物易物——在簡單的農業社會中運作良好，但在更複雜的經濟體系中則顯得極為不足。貧窮國家本就貧困，然而更糟糕的是，他們最有價值的資產也被削弱，無法發揮應有的生產力。

財產權還有另一項較不明顯的好處：它讓人們減少保護自己財產的時間，進而能投入更具生產力的活動。一九九六年至二〇〇三年間，秘魯政府向一百二十萬戶都市違章住戶發放產權，讓他們正式擁有原本非正式占有的土地。哈佛經濟學家艾莉卡・菲爾德（Erica Field）發現，獲得產權的居民能夠投入更多時間於正規的勞動市場。她推測，擁有產權讓人們有更大的彈性，擺脫過去必須留在家中，或為了保護自己財產而在家裡經營臨時性生意的人。她還提出另一個重要觀點：大多數旨在幫助窮人的計畫反而會降低他們的工作意願（這就是所謂的「撒馬利亞人的困境」，當我減輕你的困境時，你幫助自己的動機也隨之降低）。相較之下，提供正式財產權則恰恰相反：它鼓勵人們努力工作。[9]

避免過度管制。政府有許多該做的事——但也有更多不該做的事，市場必須承擔重責。以俄羅斯《民法》的第五七五條與第六一五條為例，如果你是一家在莫斯科做些像安裝自動販賣機這種簡單事情的公司，這些條文將會對你產生極大影響。第五七五條禁止企業免費贈送任何物品，包括在安裝販賣機時「提供」給可口可樂公司的空間。而第六一五條則禁止未經房東同意轉租房產，而自動販賣機所占用的那一平方公尺的空間，可能被視為一種轉租。此外，稅務機關規定，所有商業企業（包括自動販賣機）不得在沒有現金收銀機的情況下營運。由於販賣機銷售飲料屬於零售貿易，業者還必須接受各種消防、衛生與安全檢查。[10]

過度管制與腐敗息息相關。政府官僚設置重重障礙，目的就是為了向想要跨越或繞過這些障礙的人索取賄賂。如果能「聘請」對的「保全公司」，在莫斯科安裝一台自動販賣機，事情就會變得容易許多。那麼，在開發中國家創業又如何呢？秘魯經濟學家埃爾南多．德．索托做過一項相當有趣的研究，他和研究團隊嘗試在利馬郊區開設一間合法登記的一人服飾攤，並詳細記錄整個過程。他們發誓不支付賄賂，因此他們的努力會完全反映出遵守法律的全部成本（最終，他們在十次被要求行賄的情況下支付了兩次，以防計畫完全停擺）。這個過程花費了四十二周，每天六小時的時間，才從七個不同的政府機構獲得十一張不同的許可證。他們除了花費大量時間之外，還支付了一千二百三十一美元，相當於秘魯當時最低月資的三十一倍，而這一切只是為了開設一間小小的個人商店。[11]

第四章已經討論過政府應該專注於基礎工作的各種理由。哈佛經濟學家羅伯特・巴羅對全球約一百個國家在三十年間的經濟成長進行的經典研究發現，政府消費（不包括教育與國防的所有政府支出）與人均GDP成長呈現負相關。他的結論是，這類支出（以及相應的徵稅）並不太可能提升生產力，反而更可能帶來負面影響。亞洲四小龍，經濟發展界的全明星隊，在經濟起飛時期，政府支出僅占GDP的二〇%左右。世界上其他地方則面臨稅率過高且分配不均的問題，導致經濟扭曲，並為貪汙與舞弊創造了機會。許多貧窮國家的政府若能實施低稅率、簡單且易於徵收的稅制，實際上或許能徵得更多的稅收。

網際網路對於提升政府透明度具有巨大潛力，尤其是在貧窮國家。例如在線上公布中央政府規畫給特定地方專案的預算（如道路或健康診所），這樣簡單的措施就能讓公民檢視他們應該拿到的跟實際到手的。比如：「社區中心的預算是五千美元？這看來不像五千美元的社區中心。我們去找鎮長談談。」

人力資本。人力資本決定了個人的生產力，而生產力則決定了我們的生活水準。諾貝爾經濟學獎得主蓋瑞・貝克指出，所有收入持續成長的國家，其勞動力的教育與訓練程度也大幅提升（我們有充足的理由相信，教育促成經濟成長，而非經濟成長促進教育）。他曾寫道：「所謂的亞洲四小龍能夠快速成長，正是因為仰賴一群受過良好教育、訓練有素、勤奮且認真負責的勞動力。」[12]

在人口較貧窮的國家，人力資本能帶來我們預期的所有好處，甚至更多。教育可以改善公共衛生（而公共衛生本身也是一種人力資本）。開發中國家一些最嚴重的公共衛生問題，其實有相對簡單的解決方式，例如煮沸飲用水、挖掘化糞池、使用保險套等。開發中國家的女性教育程度較高時，嬰兒死亡率也會較低。此外，人力資本還能促進採用已開發國家的先進技術。發展領域一直有一個樂觀的假設：理論上，貧窮國家應該能夠透過引進富裕國家的創新技術來縮小差距。一項技術一旦發明，就能幾乎零成本地分享到貧窮國家，像是迦納人民無需自行發明個人電腦才能受惠於它的存在，他們只需要知道如何使用它。

現在，又有一個壞消息。第六章中曾提到，技術勞工能夠透過創造新工作或提升現有工作的效率來推動經濟成長。技術對個人或整體經濟而言至關重要，這一點依然成立，但在開發中國家卻存在一個小問題：技術勞工往往需要其他技術勞工的合作才能成功。一名受過心臟外科訓練的醫生，只有在擁有設備完善的醫院、受過專業訓練的護理人員、出售藥品與醫療器材的企業，以及能夠負擔手術費用的病人時，才能真正發揮作用。貧窮國家可能會陷入人力資本陷阱，如果技術勞工稀少，其他人投資於學習技術的誘因就會減弱。而那些掌握技術的人會發現，他們的才華在那些有較多技術勞工的區域或國家更具價值，於是形成了我們所熟知的「人才流失」。正如世界銀行經濟學家威廉・伊斯特利所說，這可能導致惡性循環：「如果一個國家起步時技術勞工較多，它將變得更有技術；如果它起步時技術勞工較少，那麼它將一直停滯在低技術狀態。」[13]

順帶一提，這種現象在美國鄉村地區也同樣存在。很久以前，我曾為《經濟學人》撰寫一篇文章，我們在內部稱之為「不可置信的縮小中的愛荷華州」。[14]顧名思義，愛荷華州的部分地區以及美國中西部廣大的鄉村區域，相較於全國其他地區，人口正在減少。令人驚訝的是，到二〇〇〇年，愛荷華州九十九個郡中有四十四個的總人口數比一九〇〇年還要少。部分人口減少的原因來自農業生產力的提升；愛荷華州的農民們幾乎是「種」掉了自己的工作。但還有其他因素。經濟學家發現，具備相似技能和經驗的個人在都市地區通常能獲得比其他地方更高的薪資。為什麼？一個合理的解釋是，專業技能在大都市的價值較高，因為那裡聚集了大量擁有互補技能的勞工（像是矽谷，或是曼哈頓的心臟外科中心）。美國的鄉村地區有某種深深困擾開發中國家的問題，只是情況輕微許多。與科技、基礎建設或製藥業不同的是，我們無法將大量的人力資本輸出到貧窮國家，我們無法空運一萬張大學文憑到非洲某個小國。然而，只要貧窮國家的個人機會受到限制，他們就會缺乏投資於人力資本的誘因。

那麼，國家要如何突破這一困境？記住這個問題，當我們談到貿易的重要性時再來討論。

地理。這裡有一個令人吃驚的數字：世界銀行將三十個國家分類為富裕國家，其中只有兩個——香港和新加坡——位於北回歸線（穿越墨西哥、北非與印度）與南回歸線（穿越巴西、南非北端與澳洲）之間。對於已開發國家的人來說，地理優勢可能是理所當然的福利。發展經濟學專家傑佛瑞・薩克斯曾發表一篇重要論文，認為氣候可以解釋全球收入分布的許多現象。他寫道：「考量到世界各地不同的政治、經濟和社會歷史，幾乎所有熱帶地區在二十一世紀初仍未發展，這一定不只是巧合。」[15]美國與整個歐洲都位於熱帶地區之外，而大部分的中南美洲、非洲及東南亞則都處於熱帶地帶之內。

熱帶氣候非常適合度假，但為什麼對其他方面卻這麼不利？根據薩克斯的研究，答案在於高溫和大量降雨對糧食生產不利，並且有利於疾病傳播。因此，富裕國家的兩大進步——更好的糧食生產與更好的公共衛生——在熱帶地區無法被複製。為什麼芝加哥的居民不會感染瘧疾？因為寒冷的冬季能控制蚊蟲生長，而不是因為科學家已經徹底戰勝了這種疾病。因此，在熱帶地區，我們又發現了一個貧困陷阱：大部分人口被困在低生產力的農業之中。由於貧瘠的土壤、不穩定的降雨，以及長期存在的病蟲害，他們的農作物和他們的生活都很難有所改善。

在非洲，一種特別惡劣的昆蟲可能阻礙該地區無法像其地地方一段實現經濟發展：采采蠅（編按：Tsetse fly，一種生活在非洲撒哈拉以南地區的吸血昆蟲）。這種吸血昆蟲以人類和動物的血液為食，並透過叮咬傳播寄生蟲到人類體內導致昏睡病。對於山羊、牛等常見的家畜來說，采采蠅的叮咬更加致命，動物可能因此死亡。史丹佛大學的經濟學家（兼醫生）馬塞拉．阿爾桑（Marcella Alsan）提出了一個假設：采采蠅的存在讓畜牧業變得更加困難，從而阻礙了農業發展。她的研究發現，在采采蠅盛行的地區，當地人在殖民時代前較少飼養家畜。而在非洲以外、氣候相似但沒有采采蠅的地方，則沒有發現這種家畜數量稀少的歷史現象，代表這種吸血昆蟲的確在一定程度上限制了非洲農民的發展。[16]

顯然，國家不可能搬遷到氣候更為有利的地區。薩克斯提出了兩個解決方案。首先，我們應該鼓勵更多針對熱帶地區特殊生態環境的技術創新。令人遺憾的現實是，科學家和銀行搶匪一樣，總是追隨金錢的腳步，製藥公司靠為已開發國家市場製作熱賣的藥物來獲取利潤。在一九七五年至一九九七年間獲得專利的一千二百三十三種新藥中，只有十三種是針對熱帶疾病的。[17]這個數字甚至還高估了業界對該地區的關注，因為其中有九種藥物其實來自美國軍方為越戰所做的研究，或是用於畜牧業和寵物市場的研發。如何讓私人企業像關心犬類阿茲海默症（輝瑞已經開發出相關藥物）一樣重視昏睡病（目前沒有任何大型公司進行相關研究）？關鍵在於改變誘因。二〇〇五年，英國首相戈登·布朗（Gordon Brown）採納了一個經濟學家討論已久的構想：找出主要影響貧困地區的疾病，然後向第一家成功研發出符合特定標準疫苗（如有效、安全、適用於兒童、不需要冷藏等）的企業提供高額獎金。布朗的計畫實際上更加精細，他提議富裕國家事先承諾，以特定價格購買一定數量的「獲勝」疫苗。這樣，貧困人口能獲得救命藥物，而製藥公司也能獲得開發疫苗所需的投資回報，就像他們為富裕國家消費者開發藥物一樣（英國政府很久以前就有類似的想法。一七一四年，當一支艦隊因迷航撞上岩岸沉沒，導致兩千名水手喪生後，英國政府懸賞二萬英鎊，獎勵任何能發明海上測量經度儀器的人。這筆獎金促成了航海天文鐘的發明）。[18]

薩克斯認為，熱帶地區貧窮國家的另一個希望，是向世界開放經濟，以擺脫自給自足農業的困境。他指出：「如果一個國家能通過非農業部門（例如大幅擴大製造業出口）提高收入，那麼熱帶地區的負擔就能減輕。」[19]這又回到了我們的老話題：貿易。

貿易的開放性。我們已經用一整章討論貿易在理論上的益處。但可以說，在過去幾十年來，許多貧窮國家的政府（以及一些富裕國家）似乎沒有領悟這些道理。保護主義的謬誤邏輯極具吸引力——認為阻止外國商品進入國內，能讓國家變得更富裕。「自給自足」和「國家主導」等策略曾是許多後殖民時代政府（例如印度及許多非洲國家）的特徵，貿易壁壘被認為能「培育」本國產業，讓其壯大後再面對國際競爭。然而，經濟學告訴我們，缺乏競爭的企業不會變得更強大，反而會變得臃腫懶散；政治學則告訴我們，一旦某個產業獲得保護，就幾乎不可能長大。結果，正如某位經濟學家所說，這些國家陷入了「很大程度上是自我造成的經濟流放」。[20]

這種選擇的代價相當高昂。大量證據顯示，開放經濟的成長速度遠高於封閉經濟。在一項極具影響力的研究中，現任哥倫比亞大學地球研究所所長的薩克斯與哈佛國際發展中心研究員安德魯．華納（Andrew Warner），比較了採取高關稅及其他貿易限制的封閉經濟與開放經濟的經濟表現。在貧窮國家中，封閉經濟在一九七〇年代和一九八〇年代的人均年成長率僅為〇．七%，而開放經濟則達到四．五%。更有趣的是，當原本封閉的經濟體開始開放後，成長率每年增加超過百分之一。當然，也有些知名經濟學家對這項研究提出異議，部分原因是封閉經濟體通常還伴隨著許多其他問題。究竟是缺乏貿易導致這些國家經濟成長緩慢，還是因為總體經濟失調所致？此外，貿易是否促進了成長，或它只是在經濟成長時順便發生的現象？畢竟，當經濟景氣長期成長時，電視機的銷量也會大幅增加，但看電視並不會讓國家變得更富裕。

對我們而言幸運的是，《美國經濟評論》（*American Economic Review*），這份最具聲望的經濟學期刊，最近發表了一篇名為〈貿易是否促進增長？〉的論文。作者的結論是肯定的。在其他條件相同的情況下，貿易量較大的國家，其人均收入也較高。[21]哈佛大學的傑佛瑞・法蘭克爾（Jeffrey Frankel）和加州大學柏克萊分校的大衛・羅默（David Romer）得出結論：「我們的研究結果支持貿易及促進貿易政策的重要性。」

研究人員還有許多細節可以爭論，畢竟這正是研究者的工作。但同時，我們已經有強而有力的理論基礎，相信貿易能夠讓國家變得更好，並且有大量實證數據顯示，在過去幾十年間，貿易正是區分經濟輸贏的關鍵因素之一。富裕國家應該負起責任，對貧窮國家的出口保持開放。薩克斯曾呼籲建立一個「非洲新約」（New Compact for Africa），他寫道：「富裕國家目前的模式——一方面向熱帶非洲提供財政援助，另一方面卻阻止非洲出口紡織品、鞋類、皮革製品及其他勞力密集型產品——這種行為不僅是虛偽，甚至可能從根本上破壞非洲的經濟發展機會。」[22]

負責任的財政策略與貨幣政策。無論是政府還是個人，如果持續在無法提升未來生產力的事物上過度支出，就會陷入嚴重困境。至少，大規模的財政赤字會迫使政府大量借款，這樣便會抽走私人借款者手中的資本，而這些人往往能更有效率地利用這些資本。長期的赤字支出還可能預示其他未來的問題：更高的稅收（用來償還債務）、通貨膨脹（以稀釋債務價值），甚至是違約（直接放棄償還債務）。

如果政府為了肆意揮霍而向國外大量借貸，這些問題會變得更加嚴重。如果外國投資者失去信心，決定撤回資金——容易受驚的全球投資者常會做出這種事——那麼原本用來支撐赤字的資金來源將枯竭，或者變得無比昂貴。簡而言之，音樂停止了，政府將處於違約邊緣，墨西哥、土耳其等國家都出現過這種情況（順帶一提，有些人也擔憂美國可能發生此情況）。

貨幣政策方面，第十章已經清楚說明讓貨幣政策失控的危險，然而，這種情況仍時常發生。阿根廷就是不負責任的貨幣政策的典型例子；從一九六〇年至一九九四年間，阿根廷的年均通貨膨脹率高達一二七％。為了讓這個數字更具體，假設一位阿根廷投資者在一九六〇年擁有等值十億美元的存款，並將這筆錢全部以阿根廷披索存放至一九九四年，那麼最終這筆錢的購買力將只剩下一美分的十三分之一。經濟學家威廉·伊斯特利曾指出：「在高通膨時期試圖維持正常的經濟成長，就像試圖單腳跳躍贏得奧運短跑比賽一樣。」

自然資源的重要性比你想像中還要低。以色列幾乎沒有可供開採的石油，但它的富裕程度遠遠超過許多擁有豐富石油儲備的中東鄰國。以色列的人均ＧＤＰ為三萬六千二百美元，而石油資源豐富的伊朗則為二萬美元。此外，資源貧乏的日本與瑞士的經濟表現，遠勝於擁有豐富資源的俄羅斯。[23]再看看石油富國安哥拉，該國自一九七五年脫離葡萄牙獨立後，每年從石油產業獲得約三十五億美元的收入。[24]對於一個年輕的新國家來說，這是項寶貴的資源，但實際上，大部分的石油收入都被用來資助持續三十年的內戰，使國家飽受戰火摧殘。在這段期間，安哥拉的地雷致殘率是全球最高，每一百三十三人中就有一人因地雷致殘；三分之一的兒童在五歲前夭折，平均壽命僅四十二歲。儘管擁有豐富的石油資源，安哥拉首都魯安達的許多地區卻沒有電力、沒有自來水、沒有下水道，垃圾也無人清理。[25]如今，安哥拉已進入和平時期，石油仍占該國GDP約五〇%，但人均GDP僅有六千八百美元。

這些並非刻意挑選的個別案例，經濟學家認為擁有豐富自然資源可能反而阻礙經濟發展。在其他條件相同的情況下，發現世界上最大的鉡礦確實是一件好事，**但所有條件並不相同**。資源豐富的國家往往因資源而改變，而這種改變可能帶來更多的負面影響。一項針對九十七個國家二十年的經濟表現研究顯示，那些資源較少的國家，經濟成長更快。在全球經濟成長最快的前十八個國家中，只有兩個擁有豐富的可開採資源。為什麼？

礦產資源會改變一個國家的經濟。首先，它們會將資源從其他更有利於長期發展的產業（如製造業與貿易）中轉移出去。例如，亞洲四小龍的資源相對貧乏，它們的致富之路始於勞力密集型出口，然後逐步轉向科技密集型出口，並在這個過程中持續變得更加富裕。其次，資源豐富的經濟體更加脆弱，容易受到大商品價格劇烈波動的影響。一個依賴石油的國家在油價從每桶九十美元暴跌至十五美元時，經濟將面臨一段艱難時期。與此同時，當世界各地開始購買該國的鑽石、鋁礦、石油或天然氣時，對該國貨幣的需求也會上升，導致貨幣升值。而貨幣升值會讓該國的其他出口（如製造品）變得更昂貴。

經濟學家將這種豐富自然資源帶來的負面效應稱為「荷蘭病」，這一名稱源自荷蘭在一九五〇年代於北海發現大型天然氣田後的經濟影響。當時，天然氣出口激增，推高了荷蘭盾的價值（因為世界各地都需要荷蘭盾來購買荷蘭的天然氣），結果讓其他出口商的日子變得更加困難。此外，荷蘭政府利用天然氣收入擴大社會福利支出，提高了雇主的社會安全保險費用，進而增加了他們的生產成本。長期以來，荷蘭是一個以貿易為主的國家，出口占GDP的五〇%以上。然而，到了一九七〇年代，其他出口產業，也就是經濟的傳統命脈，競爭力大幅下降。有商業雜誌評論道：「天然氣帶來的經濟膨脹與扭曲，對這個貿易國家來說既是福祉，也是一場災難。」[26]

最後，也許是最重要的一點，國家本可以利用自然資源的收入讓國家變得更好，但事實往往並非如此。這些資金本可以投入回報率極高的公共投資，例如教育、公共衛生、環境衛生、疫苗接種和基礎設施，但這些收入卻被浪費掉了。例如，世界銀行曾協助興建一條從查德連接到喀麥隆海岸的輸油管，然而查德總統伊德里斯・德比（Idriss

Déby）卻將第一筆四百五十萬美元款項拿去購買武器，以鎮壓叛軍。[27]

民主。對於貧窮國家來說，讓火車準時運行是否比言論自由和政治代表權這類「細節」更重要？或許是的。中國在沒有民主治理的情況下，依然實現了驚人的經濟增長。另一方面，民主制度能夠防止最嚴重的經濟政策錯誤，例如財富和財產的強制徵收。哈佛大學經濟學與哲學教授阿馬蒂亞．森於一九九八年獲得諾貝爾經濟學獎，他的研究涉及多個與貧困和福利相關的領域，其中之一便是對饑荒的研究。森的主要發現令人震驚：世界上最嚴重的饑荒不是因為作物歉收，而是源於不良的政治體系，使市場無法自我調整。相對輕微的農業波動之所以可能演變成災難，是因為不允許進口、不允許價格上漲、不允許農民改種其他作物，或是其他政治因素阻礙了市場的正常調節機制。他寫道：「在任何獨立、定期舉行選舉、擁有反對黨批評政府，並且允許新聞自由報導、質疑政府決策的國家，饑荒都從未發生過。」[28]中國在一九五八年至一九六一年間的「大躍進」期間發生了歷史上規模最大的饑荒，造成三千萬人死亡。印度則自一九四七年獨立以來則從未發生過饑荒。

經濟學家羅伯特．巴羅對全球約一百個國家、涵蓋數十年的經濟成長進行了開創性的研究，結果顯示，基本民主制度與較高的經濟成長率相關。然而，在更加成熟的民主國家，經濟增長率則略低。這一發現與我們對利益團體的理解一致，即這些團體可能推動對整體經濟並不有利的政策。

中國在這個問題上占有重要地位，特別是在全球民主遭遇挑戰的時刻。我們很難忽視一個事實：在我們這一生中，最令人驚嘆的經濟發展故事發生在一個在此期間民主程度不升反降的國家。同時，新加坡在「自由之家」（Freedom House）的評級中被列為「部分自由」，卻已成為世界上最富裕的國家之一。我曾與印度的政策制定者進行過多次對話，這個國家擁有令人敬佩的民主制度，但這些決策者同時也羨慕中國政府執行政策的高效率。需要為新機場拆遷一個擁有一萬人的村莊嗎？在印度，這可能需要數十年才能完成，因為案件需要經過冗長的政治和司法程序；而在中國，只要北京的領導層下令，二十分鐘內就能完成。我對民主與經濟發展之間的關係深感興趣，因此我會在本書的後記再次探討這個問題。

戰爭是壞事。這真是令人震驚的發現。然而，極度貧困國家捲入武裝衝突的比例高得驚人。牛津大學非洲經濟研究中心主任、《底層十億》（*The Bottom Billion*）的作者保羅．科利爾（Paul Collier）指出，世界最貧困的十億人口中，將近四分之一正身陷內戰，或剛經歷過內戰。在戰爭中，很難做生意或接受教育（當然，這種因果關係是雙向的：戰爭摧毀國家，而混亂的國家更容易陷入內戰）。此外，天然資源會使情況更加惡化，因為它們可用來資助武裝，並為交戰各方提供爭奪的目標（科利爾創造了一個令人難過但巧妙的詞句：「鑽石是游擊隊最好的朋友。」）[29]重點是，安全是經濟繁榮的先決條件。二〇〇四年，《經濟學人》曾刊登一篇文章，描述在索馬利亞經商的挑戰，該國當時已陷入內戰十三年。文中寫道：「在索馬利亞經商有兩種方式。你可以賄賂當地軍閥——但他們往往不太值得信任，然後祈禱他會阻止他的部下殺害你的員工。或者，你可以不甩他，自己僱一支武裝部隊。」[30]

女性的力量。想像兩個農夫各擁有一千英畝土地，其中一位每年耕種所有土地，而另一位則年年讓一半土地閒置。誰的產量會比較高？這不是陷阱問題，當然是那位充分利用所有土地的農夫。這與女性有什麼關係？比爾．蓋茲在沙烏地阿拉伯為分性別就坐的聽眾講解技術進步時，點出了其中的關聯。《紐約時報雜誌》曾刊載一篇關於女性在經濟發展中所扮演角色的文章，描述了當時的場景：

> 在聽眾席上，五分之四是男性，坐在左側；剩下的五分之一是女性，全身披著黑色長袍與面紗，坐在右側，兩邊由一道屏風隔開。在最後的問答環節中，某位聽眾提問：沙烏地阿拉伯計畫在二〇一〇年前成為全球十大科技強國之一，這是否現實？比爾．蓋茲回答：「如果你沒有充分利用國家一半的人才，那麼你根本無法接近前十名。」[31]

沙烏地人不該感到驚訝，「阿拉伯人類發展報告」早在幾年前就得出了相同的基本結論（只是用了更多頁數來說明）。二〇〇二年的報告中，幾位知名的阿拉伯學者試圖解釋阿拉伯聯盟二十二個國家的經濟成長低迷的原因。在過去二十年間，這些國家的實際人均收入年增長率僅為〇．五％，比世界上任何地區都低，僅優於撒哈拉以南非洲。報告作者指出的三個關鍵問題之一就是「女性的地位」（另外兩個問題則是缺乏政治自由與人力資本不足）。《經濟學人》在報導這份研究時寫道：「每兩名阿拉伯女性中，仍有一人不識字。她們在國家的政治與經濟活動中的參與度是全球最低的。」[32]投資於女性與女孩的教育，就像是在那塊一千英畝的土地上多種植一半的作物。此外，「女性力量」還有另一個較為隱晦（且略帶趣味）的面向：開發中國家的女性（或許在其他地方也是如此）往往能更明智地運用金錢。當女性的收入增加時，她們會將更多的錢花在家庭的營養、醫療與住房上；而當男性的收入增加時，他們則會花更多的錢在酒精與菸草上。真的。在象牙海岸就有一個相當精妙的小實驗來印證這一點。當地的男性與女性通常種植不同的農作物，在某些年份，男性的經濟作物豐收；在其他時間，則是女性的經濟作物表現突出。麻省理工學院經濟學家艾絲特．杜芙洛（Esther Duflo）發現，當男性豐收時，家庭的酒精與香菸支出會增加；而當女性豐收時，家庭的食物支出會增加。[33]因此，發展援助機構已學到一個寶貴的教訓：若將現金補助發放給家庭中的女性負責人，會帶來更多好處。

專家還可以列出許多其他影響經濟發展的因素，例如儲蓄與投資率、生育率、族群衝突、殖民歷史、文化因素等。這些都引出了另一個問題：如果我們對什麼是好政策已有相當的認識，為何擺脫貧困的道路仍如此艱難且充滿險阻？這答案就像，描述喬登・史畢斯（Jordan Spieth）為何是位優秀的高爾夫球手，與真的像他那樣打球的區別。解釋富裕國家的運作方式是一回事，為開發中國家制定轉型策略是另一回事。舉幾個簡單的例子：在人民識字且受過教育時，建立有效的政府機構較容易，然而良好的公共教育又需要有效的政府機構。公共衛生至關重要，但當龐大的資金遭貪腐官員侵占時，要建造醫療診所又談何容易？依此類推。

關於富裕國家能否改善全球其他地區生活的問題，專家們的看法不一。傑佛瑞・薩克斯有個極端的觀點，從本章的一些研究內容來看，你或許已經推測出，薩克斯認為貧困國家被困於「貧窮陷阱」，唯有來自已開發國家的資本才能拯救它們。若已開發國家能投入更多關心與資金，便能如同推動山頂的大石般，幫助貧窮國家啟動發展過程。例如，薩克斯認為，全球富裕國家應共同執行一項全面的計畫，以對抗非洲的愛滋病。他估計，美國在這項計畫中的分擔費用大約是每人十美元——相當於一場電影加上一桶爆米花的價格。[34]然而，美國目前對這類計畫的貢獻要小得多。事實上，美國的對外援助預算僅占國內生產毛額（GDP）的千分之一，不僅低於其實際能夠承擔的水平，也僅為歐洲國家援助額度的三分之一。薩克斯早在九一一事件發生前便警告，我們應該投資於開發中國家，「不僅是出於人道主義理由，也因為即使是處於動盪的偏遠國家，也會成為全球混亂的前哨站。」[35]

而另一個極端的觀點，則是威廉·伊斯特利，他的研究在本書中亦被廣泛引用。他認為整個發展援助體系已經徹底失敗。他的觀點可用一個老笑話來概括，這個笑話嘲諷過去半個世紀以來，不斷流行又被淘汰的發展策略：

> 一位農夫發現他的雞群大量死亡，於是向一位神父求助。神父建議農夫為雞群祈禱，但雞仍然不斷死去。神父又建議在雞舍播放音樂，但情況依舊未見好轉。經過一番思考，神父又建議將雞舍漆成鮮豔的顏色。最終，所有的雞都死了。「真是可惜，」神父對農夫說，「我還有很多好主意呢。」[36]

伊斯特利應該懂的。他在世界銀行工作了數十年，曾是那位試圖拯救垂死雞群的人。他在《白人的負擔》（*The White Man's Burden*）以及其他著作中主張，傳統的援助計畫往往過於僵化且無效。從微觀層面來看，援助機構提供的蚊帳最後卻被用來當作捕魚網或婚紗；從宏觀層面來看，我們無法明確證明這些援助是否真正改善了受援國的狀況，兩種層面的結果都是令人難過的。然而，我們仍然執著於計算「投入」——我們有多慷慨？——這種做法類似於用製作預算來評估好萊塢電影的好壞。

伊斯特利認為傳統的發展援助是一個錯誤——因為我們仍然沒有搞清楚如何做。[37]他在《美國經濟評論》中寫道：

> 經濟學家相當有信心，自由市場與良好制度的某種組合在歷史上有卓越的發展記錄（相較於由貪污的極權政府控制經濟的方式）。只是，我們不知道該如何從現狀走向那個目標；我們不清楚哪些具體行動能夠促進自由市場與良好的組織，也不了解所有細節如何組合在一起。換句話說，我們不知道如何實現發展。[38]

伊斯特利並不認為我們應該放棄幫助貧窮國家。他主張，我們應該進行小規模、符合當地情境的計畫，並且要能帶來可具體衡量的效益。他寫道：「（援助）應該致力於為窮人創造更多機會，而非試圖改造貧窮社會。」

公平地說，貧窮國家發展的主要絆腳石並非來自富裕國家的糟糕建議。經濟增長的最佳方案其實相當簡單。然而，正如本章所指出的，許多開發中國家的領導人仍在經濟層面上做出等同於「抽菸、吃漢堡、開車不繫安全帶」的決策。哈佛國際發展中心曾對一九六五年至一九九〇年間的全球經濟成長模式進行研究，結果顯示，東亞的巨大成功與南亞、撒哈拉以南非洲和拉丁美洲相對低迷的表現，主要可歸因於政府政策的差異。在這方面，國際援助與其他社會福利政策面臨類似的挑戰。貧窮國家（如同貧困人口）往往有許多不良習慣，提供援助可能會延續那些本應被改變的行為。某項研究得出了一個不令人意外的結論：在已經有良好政策的情況下，外援對經濟成長的確有正面影響；但在政策不佳的情況下，影響極其有限。研究作者建議，援助應該以受援國實施良好政策為前提，這樣可以使援助更有效，也能激勵政府實施更好的政策[39]（類似的標準也曾被提出，幫助減輕那些背負重債的貧困國家的債務）。當然，對最貧困國家「置之不理」，或拒絕對陷入經濟危機的國家提供紓困，在理論上很容易，實際上不然。二〇〇五年，世界銀行發布了一份報告，可能可視為官僚體系的自我反思——「一九九〇年代的經濟成長：從十年改革中學習」。與一九九〇年相比，今日的決策者對於如何修復世界的信心小得多。哈佛大學發展經濟學家丹尼・羅德里克（Dani Rodrik）描述該報告的基調，他認為這份文件在承襲威廉・伊斯特利懷疑態度的同時，並未完全放棄傑佛瑞・薩克斯的決心：「這份報告沒有自信滿滿的結論，沒有什麼政策行得通、什麼行不通的絕對判斷，也沒有任何可供決策者直接套用的藍圖。它強調的是謙卑、政策多樣性、選擇性與適度改革，以及試驗的必要性。」[40]

最後，世界大多數地方的貧困是因為富裕國家並未非常努力改變這一現狀。我知道，先指出發展援助的失敗，然後又主張應該提供更多援助，就像是棒球名將尤吉・貝拉（Yogi Berra）批評一家餐廳東西難吃、份量又不夠多。然而，當一個議題獲得強大政治意願支持時，事情往往就會有所改善。而這是比經濟更大的問題。

後記

AFTERWORD

生活在二〇五〇年的八個問題

經濟學可以幫助我們理解並改善這個不完美的世界。然而，最終它只是一套工具，我們必須決定如何運用它們。經濟學無法預先決定未來，就像物理定律並沒有讓人類探索月球成為必然一樣。物理學讓這件事成為可能；人類選擇這樣做，將本可以用在其他地方的資源投入太空探索。約翰・甘迺迪在宣示美國將把人類送上月球時，並沒有改變物理法則，而是設定了一個需要先進科學才能實現的目標。經濟學也是如此。要充分利用這些工具，我們應該思考目標是什麼，我們需要決定優先事項，我們願意做出的取捨，我們願意或不願意接受的結果。引用經濟史學家、諾貝爾獎得主羅伯特・福格爾的說法，我們必須先定義「美好生活」，然後經濟學才能幫助我們達成。以下是關於二〇五〇年值得思考的八個問題，不是為了預測未來，而是因為我們現在做出的決定，將影響我們未來的生活。

一條麵包需要多少分鐘的工作時間才能買到？這是生產力的問題。從物質角度來看，這幾乎是最重要的問題。我們之前討論的許多內容——制度、財產權、投資、人力資本——都是為了提升生產力（當然也有其他目標）。如果生產力在未來四十年內每年成長一%，到二〇五〇年，我們的生活水準將提高約五成；如果生產力成長率達到二%，生活水準將加倍——前提是我們仍然像現在這樣努力工作。然而，這又引出一個更有趣的問題：多富有才算夠？

美國人的收入比大多數已開發國家高，但美國人也更努力工作、休假更少、退休更晚。這種情況會改變嗎？在勞動經濟學中，有一個概念叫做「後彎勞動供給曲線」（backward-bending labor supply curve）。幸運的是，這個概念比名稱看起來更簡單且更有趣。經濟理論預測，隨著薪資上升，人們會選擇更長的工作時間——但到了某個臨界點，他們就會開始減少工作時間，因為時間比金錢更重要。但經濟學家尚未確定這條曲線從哪裡開始彎曲，也不確定它會彎曲得多陡。

生產力成長為我們提供了選擇。我們可以選擇維持相同的工時，但提高產量；也可以選擇用更少的工時生產等量的產品，或者在兩者之間取得平衡。如果美國人的生產力持續穩定增長，那麼到了二〇五〇年，我們會選擇每周工作六十小時，過著物質富裕的生活嗎？還是有一天，我們會決定每周工作二十五小時，剩下的時間在公園裡聆聽古典音樂？不久前，我與一位大型投資公司的基金經理共進晚餐，他堅信美國人終有一天會醒來，意識到自己工作過度。諷刺的是，他自己並不打算減少工作時間，而是計畫投資於生產休閒產品的公司。

到時候，還會有多少人睡在芝加哥的瓦克大道（Wacker Drive）下？這是蛋糕分配的問題。二〇〇〇年，我曾受《經濟學人》委託撰寫關於美國貧困問題的報導。當時經濟依然繁榮，我希望能找到一種方式，突顯美國巨大的貧富差距，而這個對比就在我辦公大樓的門口：

> 漫步在芝加哥的瓦克大道，可以立刻感受到美國蓬勃發展的經濟景象。年輕的專業人士邊走邊對著手機大聲下達指令，購物人潮湧向密西根大道上的高級商店，建築起重機高聳於天際，一棟嶄新的豪華公寓正在拔地而起。一切都充滿活力、繁華與經濟繁榮的氣息。
>
> 但瓦克大道也有不那麼光鮮亮麗的一面，而且就藏在表面之下。下瓦克大道（Lower Wacker）是一條地下服務道路，專供貨運卡車穿梭於城市核心地

帶。同時，它也是芝加哥流浪漢最愛的避難所，許多人就睡在水泥柱間的紙板屋裡。他們遠離上方耀眼的燈光，幾乎被社會遺忘。瓦克大道的光鮮與陰暗，正如同整個美國的縮影。[1]

我們願意對最弱勢的人承諾什麼？已開發國家的市場經濟分布在一條光譜上，美國位於一端，而較具家長作風的歐洲經濟體，如法國與瑞典，則位於另一端。歐洲提供了一種更溫和、更具同理心的市場經濟模式，但這是有代價的。一般而言，歐洲國家對勞工提供更多保護，且擁有更完善的社會安全網。法律規定了寬厚的福利制度，醫療保健更是與生俱來的權利，這些措施在許多方面塑造了一個更有同情心的社會。歐洲的貧困率，尤其是兒童貧困率，遠低於美國，收入不均的情況也較輕微。

這也導致了較高的失業率，以及較慢的創新和就業機會成長。員工因享有許多強制性福利，使成本變得昂貴。由於不能隨便解僱員工，企業在一開始就會更加謹慎。同時，慷慨的失業和福利金拉長了員工接受新工作的時間，導致經濟學家所說的「僵化」的勞動市場。在正常的經濟時期，歐洲的失業率往往明顯高於美國，尤其是年輕族群的失業率。

美國的經濟體系更富裕、更具活力，也更具創業精神，但同時也更加嚴苛且不平等，這種模式有助於創造更大的經濟蛋糕，贏家可以獲得極大的一部分，而歐洲的模式更能確保每個人至少能分得一塊蛋糕。資本主義有許多不同的版本，我們會選擇哪一種？

我們會以創新的方式，運用市場的力量解決社會問題嗎？要推動某件事最簡單且有效的方法，就是讓相關人員有動機去完成它。我們都同意這種觀點，彷彿這是世上最顯而易見的道理，然而現實中，我們卻經常制定與之背道而馳的政策。例如，整個公立學校體系仍未真正獎勵那些讓學生表現優異的老師和校長（或懲罰學生表現不佳的學校）。我們談論教育的重要性，但聰明人想成為老師卻困難又耗時（儘管有證據表明師資培訓效果有限），我們也不會讓優秀教師得到比壞老師更高的薪水。

我們人為地壓低了開車出行的成本，間接補貼了從都市蔓延到全球暖化的所有問題。我們對大部分生產活動徵稅，例如工作、儲蓄和投資，儘管我們本可以通過更多的「綠色稅收」，如對二氧化碳排放徵稅，來增加收入並節約資源。

如果誘因設置得當，我們就可以利用市場解決各種問題。以罕見疾病為例，患有嚴重疾病已經很不幸了，但如果這種疾病還非常罕見，情況就更糟。曾經有大約五千種疾病太過罕見，藥廠認為即使找到治療方法，也無法回收研究成本，因而選擇忽視這些疾病。[2]一九八三年，美國國會通過了《孤兒藥法案》（*Orphan Drug Act*），提供多種激勵措施，讓這類工作更有利可圖，包括研發獎助金、稅務優惠，並允許孤兒藥（針對罕見疾病的藥物）在市場上擁有七年的獨家銷售權與定價權。在該法案通過前十年，市場上的孤兒藥少於十種，法案通過後，已有約兩百種孤兒藥進入市場。

再來看看更簡單的瓶罐押金制度。毫不意外，實施押金制度的州，其回收率明顯高於未實施的州，垃圾與廢棄物也較少。如果垃圾掩埋場空間非常有限（這在許多地方都是現實問題），那麼我們是否應該根據家庭垃圾的產生量來收取處理費？這樣的政策會如何影響消費性包裝的數量呢？

市場不會自行解決社會問題（否則它們就不會成為社會問題）。但如果我們設計出具有適當誘因的解決方案，那解決過程就更像是划船順流而下。

二〇五〇年還會有購物商城嗎？我們不必全盤接受市場所提供的東西。《紐約時報》專欄作家安東尼．路易斯（Anthony Lewis）曾讚美義大利托斯卡尼和翁布里亞地區的田園美景：「銀色的橄欖樹林、盛開的向日葵田、葡萄園、石砌房屋與穀倉」，並感嘆在企業化農業的時代，這些小型農場或許不再具備經濟效益，但仍應該被保留。他寫道：「義大利證明了，文明的生活不只是市場的無規範競爭。人性、文化、美感與社區的價值，這些價值可能需要離開市場理論的冷酷邏輯。」[3]在經濟學上，這並沒有錯。我們完全可以集體決定，為了保護一種生活方式，或某種令人愉悅的事物付出代價，即便這意味著更高的稅收、更昂貴的食品或較慢的經濟成長。對經濟學家來說，對路易斯來說，生活的目標是最大化效用，而非收入。有時，效用的提升意味著保護一片橄欖園，或一座古老的葡萄園，純粹因為我們喜歡它的樣貌。隨著財富的增長，人們往往更願意將美感置於金錢之上。我們可能投資美國的鄉村地區，因為這對我們的國家認同很重要；我們或許補貼佛蒙特州的小農場，不是因為這能讓牛奶更便宜，而是因為它們很美。如此種種。

但這個觀點也帶來幾個重要的提醒。首先，不論調整市場的成本為何，我們都應該清楚明確地說明。這樣的結果會與原本有何不同，又是誰來買單？其次，我們應該注意這些成本主要由受益者承擔。最後也是最重要的一點，我們應該確保，像那些認為購物商城醜陋不堪的人，不會利用政治與法規強行將其美學偏好施加到其他群體身上（例如擁有購物商城，還有喜愛便宜便利購物的人）。儘管如此，我們仍然可以憧憬一個沒有購物商城的世界。

我們真的弄清楚貨幣政策了嗎？在二○○二年本書的第一版中就提出過這個問題，當時的部分答案是：「一九八○年代奇蹟般崛起的日本經濟，至今仍頑強地對傳統貨幣和財政修復措施無動於衷，因而引發了《華爾街日報》所稱的『當代最偉大的經濟辯論』。」[4]那麼，類似的情況會發生在美國嗎？

它真的發生了，從二〇〇七年開始。但這並不代表我是天才（畢竟，我也曾多次預測芝加哥小熊隊會贏得世界大賽）。*1這只證明，我們仍然無法完全掌控經濟周期——這種導致周期性衰退的經濟起伏。我們以為已經馴服了它，結果金融危機差點讓整個經濟脫軌，而這種波動往往會殃及許多無辜的受害者。

班．柏南奇與聯準會似乎做對了很多事情，但他們做錯什麼是我們還不知道的？別忘了，艾倫．葛林斯潘曾被視為天才（因為成功抑制通膨），直到人們開始批評他（因為寬鬆的貨幣政策助長了資產泡沫）。

金融危機告訴我們，我們還面臨著監管挑戰。我們如何管理相互依賴的金融體系中存在的「系統性風險」？資本主義的鐵律是，犯下大錯的企業應該倒閉。我們允許雷曼兄弟倒閉，結果差點把所有人都拖下水。全球金融體系並不像課本中的模型那樣，強大的公司在危機中茁壯成長，弱小的公司倒閉；它更像是一群在懸崖邊緣用繩索連在一起的登山客。我們如何讓市場懲罰犯錯的人，但不讓所有人都墜下山崖？更廣泛地說，我

*1 現在，小熊隊真的拿下冠軍了！

們能否更有效地調節全球經濟的繁榮與衰退？

三十年後，「非洲虎」會是指野生動物，還是發展成功的故事？你可以做個練習：找一個八、九歲的小孩，試著解釋為什麼世界上許多人生活舒適，甚至奢華，而世界上其他地方卻有數百萬人正在挨餓，數十億人僅能勉強度日。說到某個程度後，似乎怎麼解釋都說不通。很明顯，我們沒有針對經濟發展的靈丹妙藥，我們對癌症也沒有完全的治療方法，但我們沒有放棄。二〇五〇年的世界會明顯減少貧窮嗎？答案並不明顯。我們可以想像一種東亞情景，國家在幾十年間完成了自我轉型；或者，我們也可以想像一個撒哈拉以南非洲的情景，國家在幾十年間陷入停滯，沒有明顯的經濟成長。前者將數十億人從貧困和痛苦中解救出來，後者則不會。

當我們問三十年後，貧窮國家是否依然貧窮時，這個問題似乎遙遠且抽象，彷彿答案將由未來的星象決定。但若是將問題分解——問那些已知會使富國和貧國之間有所區別的問題時——全球貧窮問題似乎更易處理。開發中國家的政府是否能夠建立並維持支撐市場經濟的機構？他們能否發展出口產業，從而打破依賴自給自足農業的困境？美國會向這些產品敞開大門嗎？富裕國家是否會運用其科技與資源，對抗正在蹂躪開發中國家的疾病，尤其是愛滋病？一個明天出生在印度鄉村的女孩，她的家庭是否有足夠的誘因來投資她的人力資本？

美國能否讓財政恢復穩定？美國是全球最大的債務國，對中國債權人就負債超過一兆美元。過去十年來，我們不得不大量借款來支付各種支出。更令人警醒的是，隨著「嬰兒潮世代」開始退休，他們將開始申請社會安全保險和老人醫療照護保險，未來的重大政府開支仍在前方等著。冷戰結束後的「和平紅利」只持續了大約四十五分鐘，這意味著美國在可預見的未來仍將維持龐大的國防預算。金融危機帶來了沉重的財政成本；政府支出增加的同時，稅收卻大幅減少。當經濟復甦時，本應該是調整財政狀況的好時機——但美國卻通過了大規模減稅，使原已沉重的國債又增加了一兆美元。數學就是數學，所有合理的財務計算都顯示，美國當前的財政路線不可持續。

那麼，我們該怎麼辦？美國社會不僅對增稅感到厭惡，甚至有著明顯的敵意。如果我們願意將政府規模縮減到可以負擔的程度，本可以解決問題，但我們也沒有做到這一點。

想想這代表什麼。往後我們必須以某種方式籌集足夠的收入來：一、支付我們選擇的政府運作費用，而我們現在未能完全負擔；二、支付過去累積的利息；以及三、支付因人口老化和昂貴的社會福利承諾所帶來的新支出。

這將需要強而有力的政治領導，美國人也必須認識到，維持現狀並非選項。對金融危機擁有豐富經驗的前國際貨幣基金組織首席經濟學家西蒙．強森曾指出：「過度舉債的結局總是很糟，不論是對個人、企業，還是一個國家。」[5]在二十一世紀的前十年，消費者、金融公司和美國政府這三個群體都借了大量的錢，目前，已有兩方為這些槓桿付出巨大代價，還有更大的危機即將爆發嗎？

極權或寡頭國家能否進入全球富裕國家的行列，甚至取得經濟主導地位？政治變革是否必不可少？這其實不是我的問題，而是一位《華爾街日報》專欄作家在二〇一一年提出的。[6]不過，我也有類似的疑問。當一九八九年柏林圍牆倒塌時，我們假設有兩個制度將成為主流：市場資本主義與自由民主制度。人們認為這兩者密不可分，一個保障了人民的自由，另一個則是建立在商品、服務、勞動力與資訊自由流動之上的經濟體系。一九八九年，法蘭西斯．福山（Francis Fukuyama）發表了一篇如今廣為人知的文章〈歷史的終結？〉（The End of History?）。他認為，隨著共產主義的崩潰，我們經歷了「經濟與政治自由主義的徹底勝利」，二十世紀的意識形態之爭已經結束，勝負已然分明。福山寫道：

> 我們所見證的，或許不僅是冷戰的結束，或是某個特定戰後歷史時期的終結，而是歷史本身的終結：也就是，人類意識形態演變的終點，以及西方自由民主制度作為人類政府最終形式的普及化。[7]

幾乎正好二十年後，中國國家主席習近平，在未經選舉的情況下，坐上世界上最大經濟體最高領導人之位，並在全國人民代表大會（常被描述為「橡皮圖章立法機構」）修改憲法，取消國家主席的任期限制後，真正成為終身統治者。

重點在於，我們在二十一世紀初，曾相信全球大多數國家正穩步邁向民主與資本主義，而這兩個制度本質上是相輔相成的。如今，中國正對這一信念提出挑戰。《華爾街日報》指出：「中國將威權統治、國家主導投資與有限的資本主義結合，成為一種新的替代模式。」有些經濟學家對此模式在一定發展程度後，是否仍然可行持懷疑態度。歷史顯示，缺乏高度成熟的制度，包括公正的法院與普遍財產權保障的國家，通常難以突破中等收入狀態，即人均國內生產毛額約一萬五千美元的門檻，而中國目前正處於這一關鍵點。研究此問題的兩位法國經濟學家語帶諷刺地將這道發展障礙稱為「長城」。[8] 考量到現代經濟高度依賴資訊與知識的流通，以及迅速且自由地分享這些資源的能力，中國對網際網路的嚴格限制，遲早會在某個時刻造成經濟上的阻力。

也許中國會找到一種方式，能夠在不經歷民主制度的混亂與低效的情況下，利用市場經濟帶來的好處。如果真是如此，那將會是〈歷史的終結？〉值得注意的後記。又或者，中國強勁的經濟成長終究會趨緩。可能有一天，擁有終身領導人、橡皮圖章式的立法機構，以及有限的個人自由的體制，帶來的經濟成本將開始超過其好處，屆時會發生什麼事？

我想，還有第三種可能性，那就是中國模式繼續帶來快速成長，但隨著人民越來越富裕，他們開始要求更多自由。這同樣會帶來政治不穩定，但原因不同。

重點是，某些有趣的事將會發生，可能我有生之年還能看到。我不知道是什麼事，這正是這些問題被列入問題清單的原因。

以上只是我的問題。希望此刻的你，已經擁有更多自己的問題。經濟學的奇妙之處在於，一旦你接觸了這些大概念，它們會開始無處不在。經濟學導論的悲哀諷刺在於，許多學生被迫忍受枯燥又艱澀的課堂講解，卻沒有意識到經濟學就在他們周圍不斷發生。經濟學能洞察財富、貧窮、性別關係、環境、歧視、政治等議題，而這些只是我們討論過的部分範疇。經濟學怎麼可能不有趣呢？

註釋 ENDNOTES

序

1. Thomas Friedman, "Senseless in Seattle," *New York Times,* December 1, 1999.
2. Claudia Goldin and Cecilia Rouse, "Orchestrating Impartiality: The Impact of 'Blind' Auditions on Female Musicians," *American Economic Review,* September 2000.
3. Charles Himmelberg, Christopher Mayer, and Todd Sinai, "Assessing High House Prices: Bubbles, Fundamentals and Misperceptions," *Journal of Economic Perspectives,* vol. 19, no. 4 (Fall 2005).
4. David Brooks, "An Economy of Faith and Trust," *New York Times,* January 16, 2009.

第 1 章　市場的力量

1. M. Douglas Ivester, Remarks to the Economic Club of Chicago, February 25, 1999.
2. Stephen Moore and Julian Simon, *The Greatest Century That Ever Was: 25 Miraculous Trends of the Past 100 Years,* Cato Institute Policy Analysis, No. 364 (Washington, D.C.: Cato Institute, December 15, 1999).
3. Cara Buckley, "A Man Down, a Train Arriving, and a Stranger Makes a Choice," *New York Times,* January 3, 2007.
4. "The Joy of Giving," *The Economist*, October 12, 2006.

5. Meg Sullivan, "Your Brain Might Be Hard-Wired for Altruism," UCLA Newsroom, March 18, 2016.
6. Michael Grossman, "Health Economics," *NBER Reporter,* Winter 1998/99.
7. "America Then and Now: It's All in the Numbers," *New York Times,* December 31, 2000.
8. "Relieving O'Hare," *The Economist,* January 10, 1998.
9. June 21, 2001, p. A1.
10. David Kushner, "The Latest Way to Get Cocaine Out of Colombia? Underwater," *New York Times Sunday Magazine,* April 26, 2009.
11. Tamar Audi, "Drug Tunnels Have Feds Digging for Answers," *Wall Street Journal*, February 1, 2013.
12. Fernanda Santos, "Border's New Sentinels Are Robots, Penetrating Deepest Routes," *New York Times*, February 23, 2014
13. Taylor Hom, "Drug Smugglers Shoot Drugs Across Border with Canon," Good Morning America/Yahoo News, December 12, 2012.
14. Michael Cooper, "Transit Use Hit Five-Decade High in 2008 as Gas Prices Rose," *New York Times,* March 9, 2009.
15. Fernando A. Wilson, Jim Stimpson, and Peter E. Hilsenrath, "Gasoline Prices and Their Relationship to Rising Motorcycle Fatalities, 1990–2007," *American Journal of Public Health,* vol. 99, no. 10 (October 2009).
16. Jaime Sneider, "Good Propaganda, Bad Economics," *New York Times,* May 16, 2000, p. A31.
17. Richard H. Thaler and Cass R. Sunstein, *Nudge: Improving Decisions about Health, Wealth, and Happiness* (New Haven, Conn.: Yale University Press, 2008).

18. Richard Thaler, Speech at the Nobel Banquet, December 10, 2017.
19. Press release from The Royal Swedish Academy of Sciences, October 9, 2002.
20. Jonathan Gruber, "Smoking's 'Internalities,'" *Regulation,* vol. 25, no. 4 (Winter 2002/2003).
21. Annamaria Lusardi, "The Importance of Financial Literacy," *NBER Reporter: Research Summary,* no. 2 (2009).
22. Thomas Gilovich, Robert Vallone, and Amos Tversky, "The Hot Hand in Basketball: On the Misperception of Random Sequences," *Cognitive Psychology* 17 (1985).

第11章　誘因很重要

1. Costa Rican Embassy, Washington, D.C.
2. Ian Fisher, "Victims of War: The Jungle Gorillas, and Tourism," *New York Times,* March 31, 1999.
3. Richard Coniff, "A Rhino Trophy Hunt That's Good for Rhinos," *New York Times*, January 21, 2014.
4. Daniel Yergin and Joseph Stanislaw, *The Commanding Heights* (New York: Simon & Schuster, 1998), pp. 216–17.
5. "Satchel, Uniform, Bonus," *The Economist*, May 20, 2010.
6. Uri Gneezy and Aldo Rustichini, "A Fine is a Price," *Journal of Legal Studies*, vol. XXIX (January 2000).
7. David Stout, "Child Safety Seats to Be Required for Commercial Planes," *New York Times*, December 16, 1999, p. A20.
8. Julia Preston, "Mexico's Political Inversion: The City That Can't Fix the Air," *New York Times*, February 4, 1996, Sect. 4, p. 4.

9. Ibid.; Lucas W. Davis, "The Effect of Driving Restrictions on Air Quality in Mexico City," *Journal of Political Economy*, vol. 116, no. 1 (February 2008).
10. "Avoiding Gridlock," *The Economist*, February 17, 2003.
11. "Ken's Coup," *The Economist*, March 20, 2003.
12. "How to Pay Bosses," *The Economist*, November 16, 2002.
13. Floyd Norris, "Stock Options: Do They Make Bosses Cheat?" *New York Times*, August 5, 2005.
14. Simon Johnson, "The Quiet Coup," *The Atlantic*, May 2009.
15. John Tierney, "A Tale of Two Fisheries," *New York Times Magazine*, August 27, 2000, p. 38.
16. "A Rising Tide," *The Economist*, September 20, 2008.
17. Dirk Johnson, "Leaving the Farm for the Other Real World," *New York Times*, November 7, 1999, p. 3.
18. Virginia Postrel, "The U.S. Tax System Is Discouraging Married Women from Working," *New York Times*, November 2, 2000, p. C2.
19. Friedrich Schneider and Dominik H. Enste, "Shadow Economies: Size, Causes, and Consequences," *Journal of Economic Literature*, March 2000.

第三章　政府和經濟

1. Donald G. McNeil, Jr., "A Fouled City Puts Its Foot Down, but Carefully," *New York Times*, November 9, 1999.
2. "Mum's the Word," *The Economist*, December 5, 1998.
3. "Czechs Puff Away to the Benefit of State Coffers," United Press International, July 17, 2001.

4. Robert Frank, "Feeling Crash-Resistant in an SUV," *New York Times*, May 16, 2000.
5. Katharine Q. Seelye, "Utility Buys Town It Choked, Lock, Stock and Blue Plume," *New York Times*, May 13, 2002.
6. "Here's Hoping: A Survey of Nigeria," *The Economist*, January 15, 2000.
7. Jeffrey Gettleman, "Pact Would Force Out Joseph Kabila from Congo. If, of Course, He Agrees," *New York Times*, January 3, 2017.
8. The World Bank, 2016: https://data.worldbank.org/indicator/SH.DYN.MORT?view=chart&year_high_desc=false.
9. Barbara Crossette, "U.N. Says Bad Government Is Often the Cause of Poverty," *New York Times*, April 5, 2000, p. A11.
10. John G. Fernald, "Roads to Prosperity? Assessing the Link Between Public Capital and Productivity," *American Economics Review*, vol. 89, no. 3 (June 1999), pp. 619–38.
11. Jerry L. Jordan, "How to Keep Growing 'New Economies,'" *Economic Commentary*, Federal Reserve Bank of Cleveland, August 15, 2000.
12. Barry Bearak, "In India, the Wheels of Justice Hardly Move," *New York Times*, June 1, 2000.
13. Thomas L. Friedman, "I Love D.C.," *New York Times*, November 7, 2000, p. A29.
14. Amartya Sen, *Development as Freedom* (New York: Alfred A. Knopf, 1999).
15. Giacomo Balbinotto Neto, Ana Katarina Campelo, and Everton Nunes da Silva, "The Impact of Presumed Consent Law on Organ Donation: An Empirical Analysis from Quantile Regression for Longitudinal Data," Berkeley Program in Law & Economics, Paper 050107–2 (2007).

第四章　政府和經濟 II

1. John Markoff, "CIA Tries Foray into Capitalism," *New York Times,* September 29, 1999.
2. March 6, 2001.
3. Jackie Calmes and Louise Story, "In Washington, One Bank Chief Still Holds Sway," *New York Times,* January 19, 2009.
4. Milton Friedman, *Capitalism and Freedom* (Chicago: University of Chicago Press, 1982).
5. Celia W. Dugger, "A Cruel Choice in New Delhi: Jobs vs. a Safer Environment," *New York Times,* November 24, 2000.
6. "A Useful Poison," *The Economist,* December 14, 2000.
7. "Fighting Malaria," *The Economist,* May 1, 2003.
8. "A Useful Poison," *The Economist,* December 14, 2000.
9. Gary Becker and Guity Nashat Becker, *The Economics of Life* (New York: McGraw-Hill, 1996).
10. Les Christie, "'Deadliest Catch' Not So Deadly Anymore," CNN Money, July 27, 2012.
11. Simeon Djankov, Rafael La Porta, Florencio Lopez-de-Silanes, and Andrei Shleifer, *The Regulation of Entry,* NBER Working Paper No. W7892 (National Bureau of Economic Research, September 2000).
12. Geeta Anand, "India's Colleges Battle a Thicket of Red Tape," *Wall Street Journal,* November 13, 2008.
13. Stephen Castle, "Europe Relaxes Rules on Sale of Ugly Fruits and Vegetables," *New York Times,* November 13, 2008.
14. Nicholas Lemann, "The Quiet Man: How Dick Cheney Rose to Power," *The New Yorker,* May 7, 2001.
15. Bruce Bartlett, "How Supply-Side Economics Trickled Down," *New York Times,* April 6, 2007.

16. Greg Mankiw's blog, March 11, 2007.
17. Dylan Matthews, "Trump's Team Says the Tax Bill Will Pay for Itself. It Won't," Vox, November 30, 2017.
18. IGM Forum, "Tax Reform," November 21, 2017: http://www.igmchicago.org/surveys/tax-reform-2.
19. Dylan Matthews, "Trump's Team Says the Tax Bill Will Pay for Itself. It Won't," Vox, November 30, 2017.
20. Rebecca M. Blank, "Fighting Poverty: Lessons from Recent U.S. History," *Journal of Economic Perspectives,* vol. 14, no. 2 (Spring 2000).
21. Jerry L. Jordan, "How to Keep Growing 'New Economies,'" *Economic Commentary,* Federal Reserve Bank of Cleveland, August 15, 2000.

第五章　資訊經濟學

1. Jordan Weissman, "Oregon's Very Radical and Very Terrible Plan to Make College 'Tuition-Free,'" *The Atlantic*, July 11, 2013.
2. Gary Becker, *The Economics of Discrimination* (Chicago: University of Chicago Press, 1971).
3. Harry Holzer, Steven Raphael, and Michael Stoll, "Perceived Criminality, Criminal Background Checks, and the Racial Hiring Practices of Employers," *Journal of Law and Economics,* vol. XLIX (October 2006).
4. David Leonhardt, "In Health Reform, a Cancer Offers an Acid Test," *New York Times,* July 8, 2009.
5. "Testing Times," *The Economist,* October 19, 2000.
6. "Outsourcing: Separate and Lift," *The Economist,* September 20, 1997.

7. Geoffrey A. Fowler, "Kind of Blue: In Asia, Elite Offices Show Off with Icy Temperatures," *Wall Street Journal,* August 24, 2005.

8. Alan B. Krueger, "Children Smart Enough to Get into Elite Schools May Not Need to Bother," *New York Times,* April 27, 2000, p. C2.

9. 所有關於種族描述的例子都來自一篇引人深思的文章：Jeffrey Goldberg, "The Color of Suspicion," *New York Times Magazine,* June 20, 1999.

第六章　生產力與人力資本

1. Brier Dudley, "Gates Wants to Expand Mega-House," *Seattle Times,* February 28, 2001.

2. "The Rich Get Richer: A Survey of India's Economy," *The Economist,* June 2, 2001.

3. Evelyn Nieves, "Homeless Defy Cities' Drives to Move Them," *New York Times,* December 7, 1999.

4. "From Boots to Electronics: Shutting Military Bases," *The Economist,* June 21, 1997.

5. T. Paul Schultz, "Health and Schooling Investments in Africa," *Journal of Economic Perspectives,* vol. 13, no. 3 (Summer 1999), pp. 67–88.

6. Gary Becker, "Economic Evidence on the Value of Education," Remarks to executives of the Lotus Development Corporation, January 1999.

7. Gary S. Becker, Ryerson Lecture at the University of Chicago, as reprinted in Becker, *Human Capital* (Chicago: University of Chicago Press, 1993), p. 21.

8. 所有數據都來自美國勞工局統計資料：https://www.bls.gov/lpc/prodybar.htm

9. Becker, *Human Capital,* p. 23.

10. Roger Lowenstein, "The Inequality Conundrum," *New York Times Sunday Magazine,* June 10, 2007.
11. Brookings Papers on Economic Activity, Media Release: "Wealth and Income Inequality Rising Less Rapidly than Estimated by Piketty, Others, New Brookings Research Finds," Spring 2016.
12. Dora Costa, "The Wage and the Length of the Work Day: From the 1890s to 1991," *Journal of Labor Economics,* January 2000.
13. 所有收入不平等資訊，包括H．L．孟肯的引言，都來自：Robert H. Frank, "Why Living in a Rich Society Makes Us Feel Poor," *New York Times Magazine,* October 15, 2000.
14. Philippe Aghion, Eve Caroli, and Cecilia Garcia-Penalosa, "Inequality and Economic Growth: The Perspective of the New Growth Theories," *Journal of Economic Literature,* vol. 37 (December 1999), pp. 1615–60.
15. Marvin Zonis, Remarks Presented at the University of Chicago Business Forecast Luncheon, December 6, 2000.

第七章　金融市場

1. Johanna Berkman, "Harvard's Hoard," *New York Times Magazine,* June 24, 2001.
2. Richard Bradley, "Drew Gilpin Faust and the Incredible Shrinking Harvard," *Boston Magazine,* June 18, 2009.
3. "For Those in Peril," *The Economist,* April 22, 2006.
4. Darren Rovell, Sports Biz, CNBC, September 15, 2009.
5. Joseph Treaster, "Even Nature Can Be Turned into a Security; High Yield and Big Risk with Catastrophe

Bonds," *New York Times,* August 6, 1997.

6. "Fighting Disease with Finance," *The Economist*, July 29, 2017.
7. Simon Johnson, "The Quiet Coup," *The Atlantic,* May 2009.
8. Jeff Sommer, "The Not-So-Predictable King of Predictable Markets," *New York Times*, October 26, 2013.
9. Aye M. Soe and Ryan Poirier. "SPIVA U.S. Scorecard," S&P Dow Jones Indices, 2016: https://us.spindices.com/documents/spiva/spiva-us-year-end-2016.pdf.
10. Jeff Sommer. "How Many Mutual Funds Routinely Rout the Market? Zero," *New York Times*, March 14, 2015.
11. "A Very Rational Award," *The Economist*, October 19, 2013.
12. Jane Spencer, "Lessons from the Brain-Damaged Investor," *Wall Street Journal,* July 21, 2005.
13. Peter Coy, "Can You Really Beat the Market?" *Business Week,* May 31, 1999.
14. Burton G. Malkiel, "The Price Is (Usually) Right," *Wall Street Journal,* June 10, 2009.
15. Emily Price, "Warren Buffett Just Won a $1 Million Bet," *Fortune*, December 30, 2017.
16. Jon E. Hilsenrath, "As Two Economists Debate Markets, the Tide Shifts," *Wall Street Journal,* October 18, 2004.
17. Jesse Eisinger, "Finding the Human Factor in Bank Risk," *New York Times*, April 3, 2013.
18. Ruth Simon, "Bonds Let You Sleep at Night but at a Price," *Wall Street Journal,* September 8, 1998.
19. Matthew Kaminski, "The Age of Diminishing Endowments," *Wall Street Journal,* June 6–7, 2009.

第八章 組織利益的力量

1. http://www.igmchicago.org/surveys/china-us-trade.
2. Robert Davis, "Museum Garage Is a Fine Cut; It May Be Pork, but City Hungry," *Chicago Tribune,* May 5, 1994.
3. Jason Hill, Erik Nelson, David Tilman, Stephen Polasky, and Douglas Tiffany, "Environmental, Economic, and Energetic Costs and Benefits of Biodiesel and Ethanol Biofuels," *Proceedings of the National Academy of Sciences,* vol. 103, no. 30 (July 25, 2006).
4. Nicholas Kristof, "Ethanol, for All Its Critics, Fuels Farmer Support and Iowa's Role in Presidential Races," *New York Times,* January 21, 2000.
5. Timothy Cama, "Trump Calls for Higher Ethanol Mandate," *The Hill*, January 19, 2016.
6. Robert Gordon, Thomas Kane, and Douglas O. Staiger, "Identifying Effective Teachers Using Performance on the Job," The Hamilton Project Policy Brief No. 2006–01, April 2006.
7. Roger Ferguson, Jr., "Economic Policy for Our Era: The Ohio Experience," *Economic Commentary,* Federal Reserve Bank of Cleveland, May 15, 2000.
8. Joe Klein, "Eight Years: Bill Clinton Looks Back on His Presidency," *The New Yorker,* October 16, 2000, p. 201.
9. Andrea Cerrato, Francesco Ruggieri, and Federico Maria Ferrara, "Trump Won in Counties That Lost Jobs to China and Mexico," *Washington Post*, December 2, 2016.
10. Elizabeth Kolbert, "Back to School," *The New Yorker,* March 5, 2001.

第九章　註釋

1. Michael Cox and Richard Alm, *Time Well Spent: The Declining Real Cost of Living in America,* Federal Reserve Bank of Dallas, 1997 Annual Report.
2. Oded Galor and David N. Weil, "Population, Technology, and Growth: From Malthusian Stagnation to the Demographic Transition and Beyond," *American Economic Review,* vol. 20, no. 4 (September 2000).
3. Miriam Jordan, "Leprosy Remains a Foe in Country Winning the Fight Against AIDS," *Wall Street Journal,* August 20, 2001.
4. Jane Spencer, "Why Beijing Is Trying to Tally the Hidden Costs of Pollution as China's Economy Booms," *Wall Street Journal,* October 2, 2006.
5. David Leonhardt, "If Richer Isn't Happier, What Is?" *New York Times,* May 19, 2001.
6. Daniel Kahneman, Alan B. Krueger, David Schkade, Norbert Schwarz, and Arthur Stone, "Toward National Well-Being Accounts," *American Economic Review,* vol. 94, no. 2 (May 2004).
7. "Economics Discovers Its Feelings," *The Economist,* December 23, 2006.
8. Alexander Stille, "A Happiness Index with a Long Reach: Beyond GNP to Subtler Measures," *New York Times,* May 20, 2000, p. A17.
9. Edward Hadas and Richard Beales, "Sarkozy Imagines: No GDP," *Wall Street Journal,* January 10, 2008; David Jolly, "G.D.P. Seen as Inadequate Measure of Economic Health," *New York Times,* September 15, 2009.
10. Emma Vandore, "France: GDP Stays, Happiness Too Hard to Pin Down," Associated Press, November 17, 2009.

11. David Gonzalez, "A Coffee Crisis' Devastating Domino Effect in Nicaragua," *New York Times,* August 29, 2001.
12. Christina D. Romer, "Back from the Brink," speech delivered at the Federal Reserve Bank of Chicago, September 24, 2009.
13. James B. Stewart, "Eight Days: The Battle to Save the American Financial System," *The New Yorker,* September 21, 2009.
14. Rebecca Kern, "Girl Scout Cookie Sales Crumble," *USA Today,* February 20, 2009.
15. "Hard Times," *The Economist,* September 10, 2009.
16. Christina D. Romer, "The Economic Crisis: Causes, Policies, and Outlook," testimony before the Joint Economic Committee, April 30, 2009.
17. Bruce Bartlett, "What Tax Cuts Can't Do," *New York Times,* December 20, 2000.
18. Romer, Chicago Federal Reserve speech.
19. Jim Tankersley, "Trump Hates the Trade Deficit. Most Economists Don't," *New York Times*, March 5, 2018.
20. Jagadeesh Gokhale, "Are We Saving Enough?" *Economic Commentary,* Federal Reserve Bank of Cleveland, July 2000.
21. "What a Peculiar Cycle," *The Economist,* March 10, 2001.
22. James W. Paulsen, *Economic and Market Perspective,* Wells Capital Management, October 1999.

第十章　聯邦準備制度

1. R. A. Mundell, "A Reconsideration of the Twentieth Century," *American Economic Review,* vol. 90, no. 3 (June 2000), pp. 327–40.
2. Justin Scheck, "Mackerel Economics in Prison Leads to Appreciation for Oily Filets," *Wall Street Journal,* October 2, 2008.
3. David Berreby, "All About Currency Printers: The Companies That Make Money from Making Money," *New York Times,* August 23, 1992.
4. Paul Krugman, "Fear Itself," *New York Times Magazine,* September 30, 2001.
5. Stephanie Strom, "Deflation Shackles Japan, Blocking Hope of Recovery," *New York Times*, March 12, 2001.
6. N. Gregory Mankiw, *Principles of Economics* (Fort Worth, Tex.: Dryden Press, 1998), p. 606.
7. Stephen G. Cecchetti, "Crisis and Responses: The Federal Reserve in the Early Stages of the Financial Crisis," *Journal of Economic Perspectives,* vol. 23, no. 1 (Winter 2009).
8. "The Very Model of a Central Banker," *The Economist,* August 27, 2009.

第十一章　國際經濟

1. Thomas Jaffe and Dyan Machan, "How the Market Overwhelmed the Central Banks," *Forbes*, November 9, 1992.
2. Anatole Kaletsky, "How Mr. Soros Made a Billion by Betting Against the Pound," *The Times of London*, October 26, 1992

3. "Big Mac Currencies," *The Economist*, April 25, 2002.

4. Sylvia Nasar, "Weak Dollar Makes U.S. World's Bargain Bazaar," *New York Times*, September 28, 1992.

5. Ian Rowley, "Why Japan Hasn't Stopped the Yen's Rise," *Business Week* (online), January 15, 2009.

6. Paul Krugman, "Misguided Monetary Mentalities," *New York Times*, October 12, 2009.

7. Maurice Obstfeld and Kenneth Rogoff, "The Mirage of Fixed Exchange Rates," National Bureau of Economic Research Working Paper W5191, July 1995.

8. Anthony Ramirez, "Pepsi Will Be Bartered for Ships and Vodka in Deal With Soviets," *New York Times*, April 9, 1990.

9. Peter Gumble, "Iceland: The Country That Became a Hedge Fund," CNN Money.com, December 4, 2008.

10. "Cracks in the Crust," *The Economist*, December 11, 2008.

11. Associated Press, as reported by Yahoo! Finance. "Iceland Says Goodbye to the Big Mac," October 26, 2009.

12. "No Pain, No Gain," *The Economist*, December 13, 2003.

13. James Fallows, "The $1.4 Trillion Question," *The Atlantic*, January/February 2008.

14. Ibid.

15. "Reforming the Sisters," *The Economist*, February 17, 2001.

16. Ibid.

第十二章　貿易和全球化

1. Paul Krugman, "The Magic Mountain," *New York Times,* January 23, 2001.

2. Charles Wheelan, "Fast Food, Balinese Style," *Valley News,* January 25, 1989, p. 18.
3. "The Battle in Seattle," *The Economist,* November 27, 1999.
4. Federica Cocco, "Most US Manufacturing Jobs Lost to Technology, Not Trade," *Financial Times*, December 2, 2016.
5. "Economic Nationalism: Bashing Foreigners in Iowa," *The Economist,* September 21, 1991.
6. Mary E. Burfisher, Sherman Robinson, and Karen Thierfelder, "The Impact of NAFTA on the United States," *Journal of Economic Perspectives,* vol. 15, no. 1 (Winter 2001).
7. Dan Barry, "A Mill Closes, and a Hamlet Fades to Black," *New York Times,* February 16, 2001.
8. Marvin Zonis, "Globalization," *National Strategy Forum Review: Strategic Outlook 2001,* National Strategy Forum, Spring 2001.
9. Kenneth F. Scheve and Matthew J. Slaughter, "A New Deal for Globalization," *Foreign Affairs,* July/August 2007.
10. David Cortright and George A. Lopez, eds., *The Sanctions Decade: Assessing UN Strategies in the 1990s* (Boulder, Colo.: Lynne Rienner, 2000).
11. "Donald Trump Mulls Restrictions on Steel and Aluminum Imports," *The Economist*, February 22, 2018.
12. Anthony DePalma and Simon Romero, "Orange Juice Tariff Hinders Trade Pact for U.S. and Brazil," *New York Times,* April 24, 2000, p. A1.
13. "UN Chief Blames Rich Nations for Failure of Trade Talks," *New York Times,* February 13, 2000, p. 12.
14. Thomas Friedman, "Protesting for Whom?" *New York Times,* April 24, 2001.
15. Nicholas D. Kristof and Sheryl WuDunn, "Two Cheers for Sweatshops," *New York Times Magazine,*

September 24, 2000, pp. 70–71.
16. Thomas Friedman, "Parsing the Protests," *New York Times,* April 14, 2000, p. 31.
17. Zonis, "Globalization."
18. "Web Sites Provide Opportunity for Artisans Around the World to Sell Their Wares Thus Increasing Living Standards," National Public Radio, September 11, 2000.
19. Kristof and WuDunn, "Two Cheers for Sweatshops."
20. "A Survey of Globalization," *The Economist,* September 29, 2001.
21. Kristof and WuDunn, "Two Cheers for Sweatshops."
22. Paul Krugman, "Hearts and Heads," *New York Times,* April 22, 2001.
23. "Economic Man, Cleaner Planet," *The Economist,* September 29, 2001.
24. Krugman, "Hearts and Heads."
25. John Micklethwait and Adrian Wooldridge, "Why the Globalization Backlash Is Stupid," *Foreign Policy,* September/October 2001.

第十三章　發展經濟

1. "No Title," *The Economist,* March 31, 2001.
2. The World Bank, *Poverty and Shared Prosperity 2016: Taking on Inequality*, (Washington, D.C.: World Bank Publications, 2016).
3. William Easterly, *The Elusive Quest for Growth* (Cambridge, Mass.: MIT Press, 2001), p. 285.
4. *World Development Report 2002: Building Institutions for Markets,* World Bank, Oxford University Press, p. 3.

5. Thomas L. Friedman, "I Love D.C.," *New York Times,* November 7, 2000, p. A29.
6. Daron Acemoglu, Simon Johnson, and James Robinson, *The Colonial Origins of Comparative Development: An Empirical Investigation,* NBER Working Paper No. W7771 (National Bureau of Economic Research, June 2000).
7. Daniel Kaufmann, Aart Kraay, and Pablo Zoido-Lobatón, *Governance Matters* (Washington, D.C.: World Bank, October 1999).
8. "No Title," *The Economist,* March 31, 2001.
9. Erica Field, "Entitled to Work: Urban Property Rights and Labor Supply in Peru," undated manuscript.
10. "A Coke and a Frown," *The Economist,* October 7, 2000, p. 73.
11. "No Title," *The Economist,* March 31, 2001.
12. Gary S. Becker, *Human Capital,* p. 24.
13. Easterly, *The Elusive Quest for Growth,* p. 160.
14. "Fare Thee Well, Iowa," *The Economist,* August 18, 2001.
15. Jeffrey Sachs, *Tropical Underdevelopment,* NBER Working Paper No. W8119 (National Bureau of Economic Research, February 2001).
16. "In the Ointment," *The Economist*, January 15, 2015.
17. Donald G. McNeil, "Drug Companies and Third World: A Case Study in Neglect," *New York Times,* May 21, 2000.
18. Rachel Glennerster and Michael Kremer, "A Better Way to Spur Medical Research and Development," *Regulation,* vol. 23, no. 2.

19. Jeffrey Sachs, "Nature, Nurture, and Growth," *The Economist,* June 14, 1997.
20. Jeffrey Sachs, "Growth in Africa: It Can Be Done," *The Economist,* June 29, 1996.
21. Jeffrey A. Frankel and David Romer, "Does Trade Cause Growth?" *American Economic Review,* vol. 89, no. 3 (June 1999), pp. 379–99.
22. Sachs, "Growth in Africa."
23. Jeffrey D. Sachs and Andrew M. Warner, "The Big Push: Natural Resource Booms and Growth," *Journal of Development Economics,* June 1999, as cited in *Economic Intuition,* Montreal, Fall 1999.
24. "Tracking Angola's Oil Money," *The Economist,* January 13, 2000, p. 48.
25. Blaine Harden, "Angolan Paradox: Oil Wealth Only Adds to Misery," *New York Times,* April 9, 2000.
26. "Open to the Winds: A Nation of Traders," *The Economist,* September 12, 1987.
27. Norimitsu Onishi and Neela Banerjee, "Chad's Wait for Its Oil Riches May Be Long," *New York Times,* May 16, 2001.
28. Amartya Sen, *Development as Freedom* (New York: Alfred A. Knopf, 1999), p. 152.
29. Paul Collier, *The Bottom Billion: Why the Poorest Countries Are Failing and What Can Be Done About It* (New York: Oxford University Press), 2007.
30. "Coka and Al-Qaeda," *The Economist,* April 3, 2004.
31. Nicholas D. Kristof and Sheryl WuDunn, "The Women's Crusade," *New York Times Magazine*, August 23, 2009.
32. "Self-Doomed to Failure," *The Economist,* July 6, 2002.
33. Kristof and WuDunn, "The Women's Crusade."

34. Jeffrey Sachs, "The Best Possible Investment in Africa," *New York Times,* February 10, 2001.
35. "What's Good for the Poor Is Good for America," *The Economist,* July 14, 2001.
36. Jeffrey Sachs, "Growth in Africa: It Can Be Done," *The Economist,* June 29, 1996.
37. William Easterly, *The White Man's Burden* (New York: Penguin, 2007).
38. William Easterly, "Was Development Assistance a Mistake," *American Economic Review,* vol. 97, no. 2 (May 2007).
39. Craig Burnside and David Dollar, "Aid, Policies, and Growth," *American Economic Review,* vol. 90, no. 4 (September 2000), pp. 847–68.
40. Dani Rodrik, "Goodbye Washington Consensus, Hello Washington Confusion? A Review of the World Bank's *Economic Growth in the 1990s: Learning from a Decade of Reform,*" *Journal of Economic Literature,* vol. XLIV (December 2006).

後記：生活在二〇五〇年的八個問題

1. "Out of Sight, Out of Mind," *The Economist,* May 18, 2001.
2. Denise Grady, "In Quest to Cure Rare Diseases, Some Get Left Out," *New York Times,* November 16, 1999.
3. Anthony Lewis, "A Civilized Society," *New York Times,* September 8, 2001.
4. Phred Dvorak, "A Puzzle for Japan: Rock-Bottom Rates, but Few Borrowers," *Wall Street Journal,* October 25, 2001.
5. Simon Johnson, "The Quiet Coup," *The Atlantic,* May 2009.
6. Mark Whitehouse, "Politics Plays Part in Achieving Rich-Nation Status," *Wall Street Journal*, May 16,

2011.

7. Francis Fukuyama. "The End of History?" *The National Interest*, no. 16 (Summer 1989).

8. Mark Whitehouse, "Politics Plays Part in Achieving Rich-Nation Status," *Wall Street Journal*, May 16, 2011.

國家圖書館出版品預行編目(CIP)資料

把經濟學剝光光：從生活小事中搞懂世界運作邏輯/查爾斯.惠倫(Charles Wheelan)著；許可欣譯. -- 初版. -- 臺北市：今周刊出版社股份有限公司, 2025.07
464面；21 × 14.8公分. -- (Future；25)
譯自：Naked economics : undressing the dismal science.
ISBN 978-626-7589-45-8(平裝)

1.CST: 經濟學 2.CST: 通俗作品

550 114008044

FUTURE 025

把經濟學剝光光

從生活小事中搞懂世界運作邏輯

Naked Economics: Undressing the Dismal Science

作　　者 查爾斯・惠倫 Charles Wheelan
譯　　者 許可欣
總 編 輯 蔣榮玉
資深主編 李志威
特約編輯 白宜君
校　　對 白宜君、李志威
封面設計 FE設計
內文排版 菩薩蠻數位文化有限公司

企畫副理 朱安棋
行銷專員 江品潔
業務專員 孫唯瑄
印　　務 詹夏深

出 版 者 今周刊出版社股份有限公司
發 行 人 梁永煌
地　　址 台北市中山區南京東路一段96號8樓
電　　話 886-2-2581-6196
傳　　真 886-2-2531-6438
讀者專線 886-2-2581-6196轉1
劃撥帳號 19865054
戶　　名 今周刊出版社股份有限公司
網　　址 http://www.businesstoday.com.tw

總 經 銷 大和書報股份有限公司
製版印刷 緯峰印刷股份有限公司
初版一刷 2025年7月
定　　價 600 元
I S B N 978-626-7589-45-8